Single Fatherhood

싱글아빠로
살아가기

Chuck Gregg, Ph.D. 지음
정 은 옮김

INNER
BOOKS
이·너·북·스

Single Fatherhood
by Chuck Gregg

심리학자 싱글아빠의
감동 어린 체험기

10년 전, 나는 그해 여름을 시카고에서 보내고 있었다. 시간이 날 때마다 로욜라대학과 일리노이대학 도서관이나 가까운 서점을 찾았다. 그러던 어느 날, 한 서점에서 전공 서적의 유혹에 이끌려 지나치던 발길을 문득 되돌린 순간, 한쪽 눈을 찡긋하면서 내게 뭔가 말을 하고 싶어 하는 한 권의 책과 눈길이 마주쳤다. *Single Fatherhood*와 나는 그렇게 만났다.

책장을 넘기던 나는 그냥 책 속으로 빨려 들어가고 말았다. 정성 껏 아이들을 보살펴 온 한 싱글아빠(지은이)의 수고와 열성이 담긴 마음은 축복이었다. 나만의 감동으로 갈무리하기에는 너무 아쉬워, 우리는 함께 귀국했다.

일상에 쫓기다 보니 어느새 10년이 지났다. '10년이면 강산도 변한다.'는데 주변 현실은 오히려 그레그 교수(지은이)의 경험을 필요로 하는 싱글아빠와 싱글엄마가 증가하는 분위기다. 더는 미룰 수 없다는 절박감마저 들어, 때로는 마음이 바빠 밤을 새우고 때로는 공감되는 내용에 울면서 번역을 했다.

죽음이든 이혼이든, 사랑하는 사람을 잃었을 때 엄습해 오는 고통은 우리를 삼키고도 남는다. 이러한 상실의 슬픔을 쉽게 극복할 수 있는 방법은 없다.

　　가시밭길 같은 이혼의 과정이었든, 이승의 삶을 떠나 영혼의 고향으로 돌아갔든, 위로해 주는 수많은 목소리들이 귓가를 맴돈다 하더라도 어떻게 세상이 전과 같을 수 있으랴.

　　많은 사람들이 사별을 경험한 이들에게는 위로와 눈물로 격려를 한다. 그러나 이혼에서 오는 상실과 실패와 고립감으로 힘들어하는 이들에게는 그 위로와 눈물은 인색하다.

　　결혼 전에 "너 없으면 못 살아!" 하던 마음이 언제부터인가 "너 때문에 못 살아!"가 된 커플들……. 이혼에서 진정한 승리자는 없다. 아이들의 양육을 맡게 된 경우에는 더더욱 그렇다. 싱글엄마든 싱글아빠든, 혼자서 자녀를 키워야 하는 현실은 얼마나 자신을 무겁게 짓누르는가.

　　그때 나는 뜨거운 여름도 추웠다. 차갑고 가혹한 것으로 다가오는 삶의 의미를 알아차릴 때까지 오로지 침묵하며 견뎌야 했다. 겪었던 고통과 죽음을 슬퍼하며 늘 혼자서 걷던 어느 날, 싱그러운 풀 냄새와 그윽한 흙냄새가 내 몸의 일부가 되어 따스하게 녹아들었다. 일과 가족과 신앙과 자신에게 헌신하면서, 삶은 비로소 빛나기 시작했다.

『싱글아빠로 살아가기』는 심리학 전문서적이 아니다. 그야말로 '어느 날 갑자기' 어린 세 자녀를 떠안고 싱글아빠가 되어 버린 그레그 교수가 아이들을 올곧게 성장시키기까지의 '싱글아빠 체험기'다. 심리학자답게 빈틈없이 목차를 짜고 자신의 체험 사례와 함께 저술하여, 때로는 눈물겹게 때로는 감동으로 이해를 돕는다.

싱글아빠는 물론, 싱글엄마나 새로운 만남을 시작하는 커플에 이르기까지 꼭 한 번 만나 보기를 권한다. 그들 모두에게 건강과 행복과 평화를 바라는 온 마음을 담아 전하고 싶은 간절함으로…….

2007년 여름에
옮긴이 정 은

얼떨결에 싱글아빠가
되어 버린 그해 가을

1979년 가을, 아내는 결혼 생활을 끝내고 싶다고 선언했다.

이란 주재 미국 대사관 인질 사태가 일어나던(11월 4일) 무렵이었다. 저녁 뉴스는 성난 테헤란 군중 앞에서 인질로 잡힌 미국인들이 거리를 행진하는 사진으로 가득했다. 인질들의 얼굴에는 당혹스러움과 절망감이 역력했다. 순식간에 뒤죽박죽이 되어 버린 삶 앞에서 끙끙대는 내 자신의 모습을 바라보는 듯했다.

가방을 챙긴 나는 아이들에게 작별 인사를 하고 친구의 아파트로 향하면서 생각했다.

남자들은 결혼 생활이 와해되었을 때 으레 이렇게 밀려나나 보다. 집을 나가서 다시 독신 생활로 돌아가고, 2주일에 한 번씩 아이들을 만날 수 있는 시간이 주어지고, 운이 좋으면 아이들과 함께 동물원에 갈 수도 있을 것이다. 또 금목걸이를 하고 독신자 바에나 가는 이혼남의 모습이 떠올랐다.

그러나 홀로 몇 주를 지낸 뒤, 나는 다음과 같은 결론에 이르렀다.

첫째, 결혼 생활을 끝내고 싶어 한 것은 아내의 생각이지 내 생각이 아니다. 둘째, 단지 결혼 생활을 지속할 수 없다고 해서 왜 내가 집과 가족을 포기해야 하는지 이유를 찾을 수 없다. 셋째, 누군가 떠나야 한다면 그건 바로 아내여야 한다.

어느 날 저녁, 아내와 나는 마주 앉아 대화를 했다. 놀랍게도 아내는 자기가 집을 나가는 것에 흔쾌히 동의했다. 그리고 불과 몇 시간 뒤, 나는 어린아이 셋을 돌보는 싱글아빠가 되어 있었다.

나에게 1979년은 혼란스럽고 복잡했던 시간으로 기억된다. 되돌아보면, 슬프고 우울하고 침울하기만 했던 시기였다. 지금 생각해도 어떻게 헤쳐 나왔을까 싶은 아득한 시절이었다.

나는 여러 개의 기다란 막대에 여러 개의 접시를 올려서 돌리는 서커스 단원이 된 기분이었다. 마지막 막대 끝에 접시를 올리자마자 첫 번째 접시가 떨어지려고 해서 허둥대는 서커스 단원…….

낮에는 대학교수로서의 바쁜 일정을 소화해야 했고, 시간에 맞춰 아이들을 학교나 탁아소에서 데려와야 했으며, 가족의 한 끼 식사를 위해 귀가를 서둘러야 하는, 아슬아슬한 접시 돌리기를 겨우겨우 해냈던 것이다. 그리고 가까스로 혼자가 되었을 때 소리 죽여 실컷 울기라도 하려고 차고에 하염없이 앉아 있노라면, 가을을 밀어낸 초겨울의 찬 기운이 온몸을 휘감았다.

물론 결코 잊을 수 없을 만큼 감동적인 기억들은 지금도 떨림으로 다가온다. 난생 처음으로 내 생일 케이크를 굽던 일, 잠자리에서 문득 오래전 함께 즐겼던 캠프송의 멜로디를 흥얼거렸던 일, 옷을 사주기 위해 처음 쇼핑에 데려갔을 때 딸아이의 눈에서 반짝이던 기쁨과 감사의 마음, 내가 들여놓은 새 침대에서 아들 녀석들이 뛰고 구르며 깔깔대던 모습 등 지금은 감동으로 다가오는 그러한 순간들도 처음에는 기쁨보다 침울함으로 가슴을 흔들곤 했다.

특히, 휴가는 매우 힘들었다. 아내와 나는 아이들을 생각해서 우리들의 거리감을 배제하자는 데에 합의를 했고, 그 결과 온 가족이 함께 크리스마스를 보내게 되었다. 그러나 그 만남은 그동안 우리에게 얼마나 많은 변화가 일어났는지를 일깨워 주는 어색한 모임으로 끝났다.

가까스로 1979년을 넘기고 1980년이 되자, 우리는 일단 안도의 한숨을 내쉬었다. 1980년은 새해이자 새로운 십 년의 시작이었다. 우리의 사정도 나아질 것이라는 희망이 생겼다.

새해 첫날은 내가 싱글아빠가 된 지 석 달째 되는 날로, 그날 나는 두 가지 중요한 결심을 하고 실행에 옮겼다.

첫째, 일주일에 한 번씩 집에 와서 아이를 돌봐 주는 사람을 고용했다. 일주일에 하루 저녁은 내가 원하는 시간을 갖게 된 것이다. 영화를 보러 가거나, 친구와 술을 마시러 가기도 하고, 아니면 편한 마음으로 산책을 할 수도 있었다. 그날 저녁만은 모든 긴장을 풀고 완벽한 휴식을 취했다.

둘째, 비록 생활비가 많이 나가는 선택이었지만, 일주일에 한 번

집에 와서 다소 힘든 집안일을 해 주는 대학생을 고용했다. 처음에는 집안일조차 내 스스로 처리하지 못한다는 사실에 당혹스러웠다.

아내가 있을 때에도 나는 내 몫의 요리, 세탁, 청소 등을 했었다. 그러나 싱글아빠가 된 뒤에는 달랐다. 아이들 돌보는 일과 더불어 파경에 적응하는 일이 힘든 집안일에 대한 나의 열의를 무참히 꺾어 버렸다. 오래지 않아 집안은 엉망이 되어 버렸고, 결국 외부의 도움이 필요해졌다. 되돌아 보건대, 사람을 사서 대청소를 하는 것은 돈이 쉽게 나가는 일이었지만, 한편으로는 내 컨디션을 회복하는 기회가 되었다.

겨울이 가고 봄이 왔다. 친구의 권고대로 함께 '크레이머 대 크레이머(전통적인 가정의 해체와 부성애를 조명한 미국 영화, 더스틴 호프만 주연)' 를 보러 갔다. 내가 살면서 부딪쳐야 하는 것과 똑같은 문제를 다룬 영화를 본다는 것이 왠지 내키지 않았다. 그러나 영화는 내게 매우 유익한 깨달음을 주었다.

우선 싱글아빠가 되는 것의 긍정적인 측면을 보여 주었다는 점에서 공감이 갔다. 게다가 아내가 결혼 생활을 끝내자고 선언한 이후에 겪었던 문제들을 깨닫는 데도 도움이 되었다. 마지막으로 직업 생활이 가정생활과 조화를 이루지 못하면 갈등과 긴장이 시작된다는 것도 깨닫게 되었다.

'크레이머 대 크레이머'는 내게 일종의 역할 모델이 되었다. 최소한 그 영화는 내가 아이들과 함께하겠다는 결정이 올바른 것이었다는 확신을 갖게 해 주었다.

또 다른 놀랄 만한 우연이 그 해 봄에 찾아왔다.

바로 옆집에 사는 건축기사가 갑자기 세 살짜리 아들과 두 살짜리 딸을 돌보는 싱글아빠가 되었다. 이웃한 건축기사와 대학교수가 다섯 명의 아이들, 그것도 그중 셋은 이제 겨우 기저귀를 뗀 아이들을 맡게 된 것이다.

우리는 차츰 뒤뜰 담장 너머로 동병상련의 처지를 함께하였고, 오래지 않아 식사와 가족 산책, 아이돌보기를 상부상조하는 요령도 터득하게 되었다. 아이들이 잠든 뒤, 함께 맥주를 마시면서 울다가 웃다가 서로를 격려하고 지지하는 시간도 자주 가졌다. 우리에게 다가오는 힘든 시기를 그렇게 견디고 이겨냈다.

그해 초여름, 나는 '근대 미국의 가족'을 주제로 한 토론회에 참석했다.

주제 발표 가운데 '이혼 적응 과정'도 있었다. 발표자의 '결손가정'이라는 용어가 귀에 거슬렸다. 발표가 끝나고 질의응답이 이어지는 동안 나는 '결손가정'이라는 용어의 사용에 강한 거부감을 갖게 된 나를 발견했다. 우리 가정은 결손가정이 아니라는 이의를 제기했다. 그러자 패널 중 한 명이 이해되지 않는 부분이 태반인 장황한 설명을 했다. 그리고는 '결손가정'보다 더 공감하기 어려운 '재구성된 가족'이라는 용어를 사용했다.

오렌지 주스는 재구성된 것이다. 냉동 건조된 커피도 마찬가지다.

하지만 분명히 우리 가족은 재구성된 것이 아니다.

여름이 지나갈 무렵, 아이들과 나는 비로소 새로운 일상에 적응해 갔다.

아이들은 다양한 여름 프로그램에 계속 참가했고, 나는 여름 학기 강의를 단 한 과목으로 줄였다. 8월 초의 주말, 우리는 텐트, 캠프 스토브, 침낭을 꾸려서 여행을 떠났다. 캠핑은 아주 즐거웠다. 새로 사귄 여자 친구도 동행할 수 있어서 더욱 즐거웠다. 함께 휴식을 취하고 즐겁게 지낸 가족 여행이었다.

우리 가족은 1년 전의 사건에 의해 붕괴된 것이 아니었다. 우리는 각자, 또는 함께 많은 변화를 겪었지만 여전히 가족이었다.

이러한 사실은 이른 봄에 딸아이가 학교에서 스케치북에 그린 그림을 집으로 가져왔을 때 입증되었다. 딸아이가 보고 느낀 새로운 가족 구성원을 표현한 그림이었는데, 종이로 만든 작은 사람들이 두 개의 옷걸이에 붙은 형태였다.

딸아이는 그림을 가리키며 자랑스럽게 말했다.

"끝에 있는 것이 저예요. 제 옆이 둘째, 그 다음이 막내, 아빠와 아빠 여자 친구, 두 마리 고양이, 엄마와 엄마 남자 친구 그리고 엄마네 고양이 두 마리예요."

딸아이는 가족이라는 개념이 보는 사람의 눈에 따라 전혀 다를 수 있다는 사실을 보여 주었다.

이 책은 가족이라는 것이 무엇을 의미하는지에 대한 새로운 개념이 필요한 모든 싱글아빠와 자녀들을 위한 것이다. 이 책이 싱글아빠와 그 자녀들에게 도움이 되기를 바란다.

Chuck Gregg

싱글아빠가 가는 길은 첩첩산중

싱글아빠가 가는 길은 첩첩산중

해마다 증가하는 싱글아빠들

현재 미국에서 자녀들의 주된 보호자 역할을 하는 싱글아빠들은 140만 명 정도다. 지난 10년간 두 배 이상 증가한 수치로, 앞으로도 증가 속도는 비슷할 듯하다. 이러한 편부(偏父) 가정의 증가에는 몇 가지 이유가 따른다.

첫째, 남성들이 자녀 양육에 점점 더 많이 참여한다. 과거처럼 이혼할 경우, 여성에게 전적으로 양육권을 양도하는 남성들이 줄고 있다.

둘째, 자녀들이 아빠나 엄마와 살면서 중요한 시간을 보낼 수 있도록 공동 양육권 계약에 따른 법원의 조정을 선택하는 이혼부부들이 많아졌다.

셋째, 법원은 이혼한 남성의 양육권을 예전보다 더 지지하고 있다. 여성에게 더 호의적인 판결을 내렸던 과거와는 달리, 이제 아빠에게도 자녀 양육권을 부여하는 추세다.

넷째, 사회적으로 이혼한 여성이 남성에게 자녀 양육권을 양도하는 것을 많이 용인하고 있다. 여성들은 자신의 선택권을 점점 더 추구하고, 여성의 삶이 가사와 가족을 돌보는 것에 한정된다는 편견에 과감히 도전한다.

다섯째, 이혼할 때 대개의 남성들은 여성들보다 직업적·재정적·개인적으로 더 나은 위치에 있는 경우가 많다. 그래서 어렵지 않게 편부 가정을 꾸려 나간다.

사실 19세기에는 아빠가 양육권을 갖는 것이 예외가 아닌 관례였다. 가정부나 유모를 고용하거나 다른 형태의 외부 도움을 통해, 이혼한 아빠들이 자녀의 욕구를 더 충족시켜 준다는 것이 전통적인 입장이었다.

역사적으로 자녀들은 재산의 한 유형으로 간주되었으며, 따라서 이혼 합의의 일부로 아빠에게 맡겨졌다(자녀들은 가족 농장이나 가정을 일구는 또 다른 일손이었다.). 여성은 남성에게 부여된 사회적 지위에서 이득을 얻지 못했다. 그래서 여성들은 자녀들을 부양하기는커녕 자활하기도 어려웠다.

세기가 바뀔 무렵, 사회는 여성들이 양육권을 부여받는 상황으로 점차 변화하기 시작했다. 산업혁명의 뒤를 이은 사회개혁운동은 여성과 아동도 자신의 권리를 가지며, 모든 이혼 사건에 이러한 권리가 고려되어야 한다는 생각을 대중화시켰다.

또한 많은 가족들이 농촌에서 도시로 이주함에 따라 더 많은 수의 여성들이 노동시장에 진입하기 시작했으며, 자신과 자녀들을 독립적으로 돌볼 능력을 확보하게 되었다. 게다가 인간발달을 강조하는 심리학 분야의 출현으로 유·아동기 엄마의 역할을 점차 중요하게 여기게 되었다.

그리고 사법제도는 관례적으로 이혼한 아빠의 역할을 면접교섭권과 더불어 재정적인 지원에 한정시키기 시작했다. 엄마에 유리한 이러한 편견은 무척 심해서, 여러 해 동안 아빠는 엄마가 아이들을 극도로 학대 또는 방치할 경우에만 양육권을 부여받았다.

그러나 최근 여성운동과 성 역할 기대의 변화 덕분에 양육권은 보다 중립적인 위치로 천천히 되돌아오고 있다. 지역에 따라 다양하지만, 양육권을 다투는 사건에서 아빠의 위치는 지난 20년간 현저하게 개선되어 왔다. 현재는 부모 모두 적합하다고 판결을 받는 경우에도 아빠에게 양육권을 부여하는 경우가 늘어 가는 추세다.

어떤 사람은 상처(喪妻)로 싱글아빠가 되고, 또 어떤 사람은 혼외자녀를 양육한다. 또 어떤 남성들은 입양을 통해 싱글아빠가 되기도 한다.

이유가 개인적이든, 감정적이든, 사회적이든, 재정적이든, 법적이든 아빠가 자녀의 복지에 점점 더 많이 관여하게 되었다는 것은 분명하다. 수반되는 보상이나 어려움과 함께, 점점 더 많은 아빠들이 싱글아빠의 세계에 뛰어들고 있다.

싱글아빠에 대한 편견

편견 1. 싱글아빠는 재정적인 곤란을 겪지 않을 것이다?

이혼한 남성들은 이혼한 여성들보다 재정적으로 더 나을 것이라고 인식되어 왔다. 자주 인용되는 수치에 따르면, 이혼 후 남성의 재정 자원은 50% 가량 증가하는 반면 여성들은 거의 75% 감소한다고 한다. 이것은 최저임금을 받는 직업을 가졌고, 자녀에 대한 지원을 거의 받지 못하여 빚을 지지 않기 위해 애쓰며 살아가는 싱글엄마의 경우에나 걸맞은 수치다.

자녀를 양육하는 싱글아빠들도 집안 살림 예산과 매달 청구되는 고지서를 맞추기 위해 애써야 하는 상황은 마찬가지다. 자녀들을 더 잘 보살피기 위해 근무시간을 줄이거나 초과 근로 수당의 기회를 줄여야만 하는 싱글아빠들은 수입 손실을 겪거나, 적어도 추가 수입을 얻을 기회를 포기해야 한다. 또한 이러한 변화에도 불구하고 여전히 싱글아빠들은 전처가 부담하기로 한 양육비 분담액을 받는 경우가 흔치 않다.

편견 2. 싱글아빠는 가사 도우미를 구할 것이다?

싱글아빠가 드물고 가정의 이동이 심하지 않았던 30, 40년 전에는 이러한 편견이 사실이었다. 그때의 싱글아빠들은 집안일이 정상적으로 돌아가도록 하기 위해 할머니나 여자 형제나 다른 친척들의 도움을 요청했다. 하지만 요즘은 더 이상 그런 요청을 할 수도 없고, 대부분의 싱글아빠들은 자신의 선택이나 조건 때문에 홀로 살아간다.

편견 3. 싱글아빠는 영아나 유아를 돌볼 수 없다?

엄마만이 영아(젖먹이)의 욕구를 살필 수 있다는 영아기 개념에 근거한 편견이다. 하지만 이는 사실이 아니다. 많은 싱글아빠들은 별 어려움 없이 걸음마를 시작한 아이와 취학 전의 자녀를 돌본다. 현재 싱글아빠 가정의 아이들 3분의 1은 6세 미만의 유아들이다.

편견 4. 싱글아빠에게 딸을 키우게 해서는 안 된다?

딸을 키우는 싱글아빠들에게는 선천적으로 무언가 모자란 점이 있다는 생각에서 비롯된 편견이다. 싱글아빠들은 아들은 물론 딸도 잘 키우고 있기 때문에, 이는 사실과 크게 다르다. 최근의 연구 결과에 따르면, 이러한 유형의 부녀 관계에는 일정한 이점까지 있다고 한다. 예를 들면 아빠가 기른 딸은 엄마가 기른 딸보다 생각이 훨씬 더 독립적이고, 자신의 의사 결정 능력을 훨씬 더 신뢰한다고 한다.

편견 5. 싱글아빠는 곧 재혼할 것이다?

몇몇 이혼남들은 곧바로 재혼하기도 하지만, 대부분은 오랫동안 홀로 지낸다. 싱글아빠들은 재혼이 문제의 해결이 아니라, 오히려 자신과 자녀들에게 새로운 문제와 혼란을 가져다준다는 사실을 깨닫기 때문이다.

싱글아빠의 욕구

자존심　　싱글아빠 대부분은 자존심 유지를 위해 애쓴다. 자신의 부모 역할이나, 집안 살림을 효율적으로 꾸려 나가는 능력이 부족하다고 느끼기도 하며, 자신의 개인적인 의미와 정체성에 의문을 가지기도 한다.

사회적 고립　싱글아빠들은 극도로 바쁜 생활을 해 나간다. 낮에는 직장에 매달리고 밤에는 집안일과 아이들 돌보는 일로 쉴 틈이 없다. 어떤 형태이든지 사회생활에 필요한 여가를 내기가 어렵다. 문제를 더 크게 만드는 것은, 많은 싱글아빠들이 동료들에게서 고립된다는 느낌을 받는 일이다. 친구들이 누리는 자유와 유연성을 그리워하는 자신을 발견하게 될지도 모른다.

가사와 직장의 조화　싱글아빠들은 집안일에 잘 적응하기 위해 직장생활을 조정할 필요성을 발견한다. 이제 더 이상 "나 출장 가!"라는 한마디만 던지고 출장을 떠날 수가 없다. 아픈 아이와 함께 집에 있거나, 의사나 치과의사에게 데려가거나, 학부모 회의에 참석하기 위해 근무시간의 유연성을 확보하려고 고용주와 협상할 필요도 생긴다. 직장생활이 우리 아이들의 최대 관심사가 아니라는 것을 알기 때문에, 승진에 누락되거나 직장을 옮기게 되면서 직장생활에 대한 싱글아빠들의 생각 전체가 변화할 것이다.

연애와 성(性)　싱글아빠들은 데이트나 연애와 관련된 문제들을 겪게 된다. 이성과 친밀한 관계를 갖기에 충분한 시간과 관심과 에너지를 바랄 것이다. 이성과의 새로운 관계가 아이들에게 어떤 영향을 줄 것인지, 여자 친구를 밤새 함께 있도록 할 것인지 등을 걱정해야 할지도 모른다.

슈퍼 대디 신드롬   다른 사람의 도움을 받는 법을 배울 필요가 있다. 이는 결코 쉬운 일이 아니다. 우리는 대부분 독립과 자립에 가치를 부여하도록 사회화되었다. 하지만 싱글아빠로 살아가게 되었을 때에는 주위의 도움을 기꺼이 요청할 필요가 있다.

전처와의 관계   싱글아빠들은 전처와의 관계를 유지할 필요성을 잘 느끼지 못한다. 하지만 아이들에게 영향을 주는 중요한 문제가 생겼을 때 전처는 가장 좋은 협력자다. 물론 대부분의 싱글아빠들에게는 어려운 일이겠지만, 반드시 확보해 두어야 할 일이라고 생각한다. 전처와의 관계를 항상 수용하고, 연락을 유지하도록 노력해야 한다.

새로운 양육 방법   아이들 문제를 다룰 때, 이제 방패 역할을 해 줄 다른 사람은 없다. 우리는 자신의 직관과 통찰력을 더 믿어야만 하고, 긴급 상황에 재빨리 대응해야 하며, 잘못했을 때에는 기꺼이 사과할 수 있어야 한다.

가족의 새로운 의미   함께 했던 이전의 생활을 간직하면서도, 아이들과 새로운 가족의 의미를 만드는 방법을 배워 나가야 한다. 휴가와 생일에 얼마나 많은 일들이 변했는지를 알려 주는 것은 특히나 힘들다. 하지만 휴가와 생일은 또한 새로운 가족 전통을 만들기 위해 더할 나위 없이 좋은 기회가 되기도 한다.

집안일 관리하기　가정을 성공적으로 경영하기 위해서는 다양한 주제를 포괄하는 기술과 정보의 결합이 필요하다. 가계, 자녀의 성장, 자질구레한 집안일, 가족의 건강과 영양, 의류, 아이돌보기, 가족 오락과 같은 영역을 포함한다.

싱글아빠의 도전

식료품 구입과 식단 짜기　가정용 그릴에 햄버거를 굽는 일과 갑자기 가족 전체의 영양을 책임지는 것에는 큰 차이가 있다. 게다가 싱글아빠 대부분은 식품 영양 분야의 공식적인 교육을 거의 받지 않았다.

부엌은 전통적으로 여성의 영역이라 생각돼 왔고, 남성은 오로지 초대받아 가는 곳일 뿐이었다. 하지만 몇 해 동안 식단을 짜고 식사 준비를 하는 적극적인 역할을 맡게 되면서 사정이 달라졌다. 그럼에도 불구하고 여자 친구가 내게 툭 던지듯이 물었다.

"남자들은 미식가를 위한 요리사가 되는데, 왜 여자들은 그냥 요리사일 뿐인 거야?"

적어도 날마다 아이들에게 밥을 먹여야 하는 싱글아빠들에게는 사실이 아니다.

파출부　여자가 집안일을 할 때 남자는 주변에서 거들기만 한다는 말은 이제 싱글아빠들에게는 해당되지 않는다. 매일 집에 오는 파출부를 고용하는 사치를 누릴 수 없다면, 근무를 끝내고 지친 몸으로 집에 들어섰을 때 폭풍이 지나간 듯이 변해버린 거실과 맞닥뜨리는 일은 각오해야 된다.

바느질과 세탁　　“제때의 한 바늘은 훗날 아홉 바늘을 던다.” 벤자민 프랭클린의 말처럼, 싱글아빠들은 단추 다는 일이나 간단한 옷 수선에도 익숙해져야 한다. 또한 기본적인 빨래하는 방법을 알아 두는 것도 분명 도움이 된다.

운전과 약속 기입장　　음악 레슨, 축구 연습, 무용 발표, 방과 후 활동, 일과 전 활동 등은 물론 진료 예약, 치과 예약과 같이 기록해 두어야 할 일들이 많다.

의류 구매자와 패션 컨설턴트　　조금만 생각하고 주의를 기울이면 아이들 옷을 계획하여 구매하는 방법을 알게 된다. 딸을 키운다면 여성복 사이즈 기준도 알아 둘 필요가 있다.

전화 받는 사람　　중학교 때부터 계속 아이들은 전화기를 귀에 달고 산다. 유일한 해법은 아이들을 위해 별도의 전화를 놓거나, 최소한 자동응답기라도 설치하는 것이다.

여가 지도자이자 엔터테이너　　가족 휴가 계획 말고도 주말 활동도 고려해야 한다. 여름휴가를 어디서 보내고, 어떻게 평가할 것인지를 알아두어야 한다. 장마철에는 아이들과 무슨 일을 할 것인지, 아이가 아파 집에 있어야 할 때는 어떻게 해야 하며, 잠자리에 들 때 들려주는 이야기는 어떤 것이 좋을지, 테이블 게임은 무엇을 할지, 저녁에는 어떤 활동을 할 것인지 등에 대해서도 염두에 두어야 한다.

중재자이자 상담자　　자녀끼리의 말싸움을 중재하거나 논쟁을 수습해 주도록 요청을 받기도 한다. 그리고 항상 누군가는 상담을 필요로 한다.

더 계속할 수도 있지만, 도전 목록은 이미 꽤 많아진 듯하다. 머잖아 싱글아빠 여러분은 자신의 시간과 에너지를 필요로 하는 넘치는 요구에 압도당하게 될 것이다.

싱글아빠 역할의 과부하

싱글아빠들은 일에 치이는 느낌을 받기도 한다. 낮에는 모든 일을 끝마칠 시간이 충분치 않다. 주어진 낮 시간에 일을 어느 정도 끝마치더라도, 다음날 아침에는 또 일이 쌓이기 시작한다.

이렇게 느낄 때, 싱글아빠들은 역할의 과부하를 경험한다. 매사추세츠대학교 사회학과 로버트 와이스 교수에 따르면, 싱글아빠의 역할은 다음 세 가지 방식으로 과부하된다.

첫째, 해야 할 일을 모두 끝마칠 수 없다는 사실을 알게 되어 좌절감을 맛보게 된다(업무 과부하). 둘째, 아이들의 끊임없는 관심 욕구에 싱글아빠들은 점차 긴장하고, 신경이 예민해지고, 감정적으로 지치게 된다(감정 과부하). 셋째, 머리에 쓴 왕관이 머리를 짓누르는 듯

한 무게에 일이 잘 풀려나갈 때에도 싱글아빠들은 부담을 벗지 못하고, 항상 짐을 어깨에 지고 있다는 느낌을 받는다(책임 과부하).

빨리 깨달아야 할 것은 싱글아빠가 항상 아이들의 전부가 될 수는 없다는 점이다. 싱글아빠가 됨으로써 개인적·감정적으로 의지할 자원에 한계가 생긴다. 우리 모두가 모든 차이를 해결하고, 모든 상처를 치유하고, 모든 요구를 다 들어줄 초능력 아빠(Super Dad)가 될 수는 없다.

더욱이 아이들 양육을 떠맡음으로써, 다른 사람에게 무언가를 증명해야 할 것 같다는 생각은 갖지 말아야 한다. 특히 이혼한 경우, 가끔 정서적으로 잊을 수 없는 사건(emotionally traumatic event)을 겪게 되면, 한결같이 사랑과 가족이라는 느낌을 유지할 수 있는 일만을 고집한다. 집이 좀 어수선하다고, 피자를 자주 주문해 먹는다고 해서 당장 무슨 일이 터지는 건 아니다.

특히 가족 안에서 싱글아빠의 역할이 돈 버는 일뿐이었다면, 아빠가 된다는 의미에 대한 자신의 견해를 재평가하게 된다. 아내가 떠나간 직후, 아이들은 엄마가 하던 일, 예컨대 요리하기·목욕시키기·쇼핑·머리 땋기·옷 개기 등을 아빠가 한다는 사실을 받아들여야 한다. 그래도 나는 '엄마'가 아니라 여전히 '아빠'였다. 나는 돈 버는 아빠일 뿐만 아니라 요리하는 아빠이기도 했다.

싱글아빠는 직장생활과 가정생활의 건강한 균형을 어떻게 유지할 것인가. 정확히 하자면, 어느 하나는 다른 하나에 양보해야 된다.

감정적 스트레스와 이혼에 따른 긴장에서 벗어나는 과정이라면, 특히 아침에 출근하는 것은 목적의식과 성취감을 줄 것이다. 일을 잘했을 때 느끼는 만족감과 더불어 직장 동료들과의 관계도 원활해지게 된다. 물론 이는 싱글아빠가 집에서 해야 할 일이 늘더라도 직장생활에 지장을 받지 않는다는 전제가 필요하다.

직장 상사가 동정적이고, 근무시간이나 작업량을 유연하게 조정할 수 있다면 더욱 좋다. 일과 사랑은 인생의 두 가지 커다란 열정이며, 일과 사랑이 양립해서는 안 되는 이유는 없다.

마지막으로, 복합적인 역할 욕구에 적응하기 위해 분투할 때 결코 혼자가 아니라는 사실을 명심해야 한다. 싱글아빠의 가장 큰 자원은 여러분을 바라보는 사람들, 바로 여러분의 자녀들이다. 자녀가 지닌 능력을 찬찬히 살펴보면, 아주 어린아이들도 집안일을 도울 수 있다는 사실을 깨닫게 된다.

싱글아빠의 시간 관리

싱글아빠의 시간은 결국 크게 두 가지 일에 투입된다. 한 가지는 가족을 위한 돈을 벌어들이는 일이다. 여기에는 실제 일하는 시간, 출퇴근 시간, 초과 근로, 출장 등이 포함된다.

다른 한 가지는 아이돌보기, 운전, 가사, 식사 준비, 집수리를 포함하여 가정을 유지하기 위해 하는 모든 일들이다. 두 가지 일과 더불어 여러분이 시간을 어떻게 관리하느냐에 따라 싱글아빠로서의 성공이 좌우된다.

시간 조직을 하는 것이 유리하다. 무엇보다 어떤 일을 먼저 해야 하는지, 그 일을 하기 위해 시간을 가장 효과적으로 사용하는 방법이 무엇인지, 그와 관련하여 자신의 처지가 어떠한지를 살펴보아야 한다. 지금 시간을 조직하면 나중에 큰 이익을 얻게 된다.

할 일의 목록을 작성하라. 해야 할 일들을 적어두는 습관이 기억에 의존하는 것보다 훨씬 낫다. 문방구에서 메모지나 작은 수첩을 구입한다. 매일 아침 그날 해야 할 일들의 상세한 목록을 작성할 시간을 확보한다. 식료품 구입, 진료 예약, 강아지 목욕 등 최소한 6개에서 최고 8개의 항목을 작성한다. 메모지나 수첩을 몸에 지니고, 한 가지 일을 마칠 때마다 지워 나간다. 하루 일과를 끝마칠 때 목록을 살펴보고 얼마나 잘 했는지를 점검한다. 남은 항목은 다음날 목록에 옮겨 적는다.

일의 우선순위를 정하라. 일의 우선순위를 정하는 법을 배우게 되면 골칫거리를 덜 수 있다. 목록에 적어 놓은 일들의 긴급성과 중요성을 함께 고려해야 한다.

가장 우선적인 일은 다음날로 연기할 수 없다. 예컨대 부엌 싱크대 막힌 것 뚫기나 타이어 펑크 때우기 또는 식료품 구입이나 처방전 받기 등은 가족의 생활에 반드시 필요하고 긴급한 일들이다. 또 치과진료 예약하기나 새 신발 사기 등은 우선적인 일이지만 긴급하지는 않다. 그리고 지하실 정리 같이 우선순위에서 뒤로 밀리는 일은 한가할 때로 밀어 놓아도 좋다.

주와 월 단위로 계획을 세워라. 매일 해야 할 일들의 우선순위를 정하는 것도 중요하지만, 장기 계획이 필요한 일도 많다. 부엌 리모

델링, 차고 청소, 자동차 검사 등과 같은 일들이다. 일일 목록과 함께 어떤 일이 긴급한지, 중요하지만 긴급하지는 않은지, 당장 할 수 없다면 다음 주나 다음 달로 미뤄도 되는지를 확인한다.

계획은 단순하되 유연하게 세워라.　일상적인 일에 소요되는 시간을 줄이는 방법을 찾는 것도 무척 중요하다. 대부분의 시간 절약은 보다 복잡하지 않게 일하는 방법을 발견하는 것으로 이루어진다. 가능한 한 생활을 단순화해야 된다. 해야 할 일들의 목록을 유연하게 작성할 필요가 여기에 있다. 볼펜보다는 연필로 적고, 필요하면 자유롭게 수정해야 한다.

자신을 위한 자유 시간을 확보하라.　자신을 위해 매일 일정한 시간을 확보하는 것이 필요하다. 이러한 자유 시간은 아이들이 잠자리에 든 하루의 끝인 경우가 대부분이다. 독서나 텔레비전 시청, 친구와의 전화 통화, 그냥 발 들어 올리고 쉬기 등을 한다. 그렇지만 이 시간에 부엌 청소나 세탁기 돌리기, 거실 청소 등은 하지 말아야 한다.

싱글아빠가 된다는 것은 마라톤 훈련과 같다. 처음부터 여유를 갖고 자신만의 편안한 장소를 확보해 두어야 한다. 언덕에서는 천천히 꾸준하게, 평지에서는 긴장을 완화하는 방법을 챙겨놓아야 한다.

싱글아빠의 선천적인 부모 기술　"예전에는 애가 아파도 집에 꼭 있어야 하지는 않았는데……." "집안일 꾸려나가는 방법을 안다는 것이……." "생일 파티에 아이들이 몇 명이나 올까?" "아빠, 내 속옷이 다 분홍색으로 변해버렸어요!"

대부분의 싱글아빠들이 자신의 능력에 대해 심각한 의문을 갖게 되는 상황들이다. 미처 집안일과 아이들에 관한 책임을 떠맡을 준비가 되지 않았기 때문이다.

　이제는 초·중학교에서도 남학생들에게 가사, 영양, 가정 관리, 기초적인 생활 기술 등을 가르쳐야 한다는 주장이 나온다. 주장이 실현되면 장차 싱글아빠들의 사정은 많이 변하겠지만, 당분간은 이미 습득했거나 긴급히 습득할 수 있는 기술로 해결해 나가는 수밖에 없다.

　하지만 효율적으로 아이들을 양육하고 가정을 관리하는 일에 대해 우리 의지대로 처리할 능력을 이미 지니고 있다는 사실을 알면 매우 놀랄 것이다. 싱글아빠들은 이러한 기술들을 확인하고 일상생활에 활용하기만 하면 된다.

　아직 이해가 안 된다면, 일상생활 속에서 우리가 활용하고 있는 능력들을 되새겨 보자. 쉽게 말해서, 그 능력을 다른 부분으로 이전하는 것이다.

　예를 들어서, 전에 영업을 해 본 적이 없지만 지역 종합채권 모금운동의 관리를 책임지게 되었다고 하자. 여러분의 지휘 아래 모금운동이 목표의 25%를 넘어섰다. 여러분의 노력이 순전히 자발적인 것이었다 하더라도, 여러분의 상사는 사람들을 조직하고 조화시키고 동기를 부여하며 영업 사원들을 사로잡는 여러분의 능력에 많은 관심을 갖게 될 것이다.

　자발적으로 일한 결과 얻게 된 기술로 직장에서 지위를 얻게 되는 셈이다. 마찬가지로 직장생활에서 습득한 여러 가지 기술을 응용하면, 원활한 가사 운영이 가능해질 것이라는 뜻이다.

　육아에 필요한 효율적인 기술들을 몇 가지 열거해 보자.

1. 훈련시키기: 막내 아이에게 자전거 타는 법을 가르치거나 운전 교육을 시키러 나간다.

2. 감독하기: 어느 토요일 오후, 차고 청소를 위해 아이들을 모두 불러낸다.

3. 영양 공급하기: 수두에 걸린 아이를 간호한다.

4. 중재하기: 작은 아이들 둘에게 한 아이는 사탕을 나누게 하고, 다른 아이는 선택하게 하는 방법을 제안한다.

5. 조언하기: 장남이 스테레오 구입에 대한 아빠의 의견을 구한다.

6. 멘터링: 딸에게 고등학교에서도 응용과학과 수학과목을 계속 하도록 용기를 준다.

7. 순서 정하기: 누가 상을 차리고 누가 설거지를 할 것인지, 아이들과 순서를 정한다.

8. 조직하기: 주말 캠핑 여행에 필요한 장비, 옷, 음식 등을 준비한다.

9. 계획하기: 딸아이와 친구들을 위해 밤샘 파티를 마련한다.

10. 조사하기: 일주일에 두 번의 저녁 식사를 인스턴트로 때우려면, 가장 좋은 것을 값싸게 구입할 수 있는 정보를 상품 포장지를 비교 조사하여 찾는다.

11. 창조하기: 아이들과 함께 크리스마스 트리 장식을 만들면서 겨울 오후를 보낸다.

12. 임시변통하기: 팬케이크를 만들 때 필요한 단풍당밀이 떨어졌을 때, 황설탕과 섞은 여러 가지 잼과 젤리를 사용한다.

이상의 리스트에 모든 것이 다 포함된 것은 아니다. 하지만 이제 이전에 겪어보지 못한 상황과 마주쳤을 때는 잠시 멈추고 다음과 같이 생각해 보자.

"여기엔 어떤 기술이 필요하지? 내가 이미 습득한 기술로 안 될까? 아니라면, 어떻게 해야 가장 빠르고 쉽게 습득해서 활용하게 될까?"

싱글아빠의 감정 다스리기

이혼이나 상처(喪妻)로 싱글아빠가 되면 충격적인 느낌과 감정에 휩싸이게 된다. 이러한 감정들 가운데서도 심각한 것은 부정, 우울, 분노 등이다. 때로는 이러한 감정에 압도당하는 것처럼 느끼게 된다. 일종의 롤러코스터를 탄 것처럼 일순간 가라앉았다가 다음 순간 솟구쳐 올라오는 느낌 때문에 첫 해에는 특히 힘들 것이다.

부정   아내와 헤어진 직후 나는 새 칫솔을 구입했다. 몇 달이 지나서야 나는 헌 칫솔을 내버리지 않았음을 알았다. 헌 것과 새 것이 함께 세면대 칫솔 통에 들어 있었다. 나는 곧 이 일이 단순한 건망증 이상의 일임을 깨달았다.

낡은 칫솔을 버리지 않고 계속 둠으로써 내 인생의 공허함을 채우고자 했고, 또한 문제가 있음을 부인한 것이었다. 마침내 용기를 내어 그 낡은 칫솔을 버리던 날, 이전의 내 삶은 끝나고 새로운 삶이 시작되었음을 인정하게 되었다.

우리 모두는 낡은 칫솔 같은 무언가를 갖고 있다. 그것을 내버릴 방법을 찾는 것이 중요하다.

우울   가장 혼란하고 고통스러운 감정 중 하나가 바로 우울이다. 여기서 우울은 단지 하루나 이틀 동안의 울적한 기분을 말하는 것이 아니다. 적어도 2, 3주 동안 지속되는, 좀 더 강렬한 부정적인 감정이다.

다음과 같은 심한 우울 감정은 다스려야 한다.

1. 일상적인 활동에 대한 관심과 흥미의 상실.
2. 까닭 모를 체중의 증감을 포함한 식욕이나 식습관의 변화.
3. 수면 장애, 수면 과다, 수면 부족을 포함한 수면 습관의 변화.
4. 기운이 빠지거나 지속되는 피로감.
5. 성욕 감퇴.
6. 정신적인 흥분이나 지체.
7. 쓸모없다는 느낌이나 죄책감의 반복.
8. 집중할 수 없음.
9. 죽음이나 자살을 빈번히 생각함.

이러한 증상들 중에 몇 가지를 정기적으로 경험한다면 치료 여부를 주치의나 정신보건 전문가(정신과 의사, 심리 상담사, 가족 치료사, 임상 사회복지사)와 상담할 것을 권한다. 계속되는 우울감이라도 대부분 쉽게 치료된다. 하지만 가벼운 우울증이라도 심각해질 수 있다. 항상 시간과 에너지가 부족해 압박감을 느낄 때에는 여유를 가져야 한다. 마냥 침대에 누워 있고 싶은 아침, 텔레비전 채널 돌리는 것조차 힘든 저녁도 있을 것이다.

다음은 가벼운 우울증에 대처하기 위한 몇 가지 방법이다.

❶ 한 번에 한 가지 문제·관심사·쟁점만을 생각하라.

이미 언급했듯이, 홀로 자녀를 양육하는 것은 지속적으로 균형을 유지하는 일이다. 여러분이 가정생활에 대처할 수 없다고 느끼는 지점까지 도달하는 데에는 그리 오래 걸리지 않는다. 이때는 우선순위를 결정하는 감각을 유지하고, 한 번에 한 가지 문제에만 집중하는 것이 좋다. 아이들은 특히 부모를 화나게 만드는 일을 곧잘 한다. 아이들 중 하나가 응급책이 필요한 경우, 아이들 모두가 응급책이 필요한 것처럼 보인다. 해결책은 한 번에 한 아이만을 다루는 것이다. 아이들 모두 차례대로 기회를 갖게 되면 밀려났다는 느낌을 받지 않을 것이다.

❷ 문제 영역에 개략적이 아닌 상세한 태도를 취하라.

잘되는 일은 하나도 없고, 모든 일이 잘못되는 것처럼 보이는 함정에 빠지기 쉽다. 그러나 한 걸음 물러나서 차분하게 살펴보면, 단지 몇몇 일들이 엉켜 있음을 곧 깨닫게 될 것이다. 흔히 이런 일들은 쉽게 고쳐지거나 개선되는 일들이다.

❸ 기존에 지녔던 기대를 완화하라.

그 누구도 이혼의 정서적 외상(trauma)이나 별거의 상처(injury)를 피할 수는 없다. 치료 과정에서는 그 누구라도 시간이 필요하다. 어쩌면 여러분 자녀가 학교에서 유급할 수도 있다. 명심할 것은, 여러분이 새로운 프로젝트를 시작하거나 새로운 직장을 구하기에 적절한 때가 아니라는 것이다.

❹ 부모 역할 외의 활동을 일과에 추가하라.

내 자신의 경우, 아이들을 10시까지 잠자리에 들게 하면 되는 간단한 것이었다. 그런 뒤에 '매쉬(MASH · 한국전쟁을 배경으로 한 TV 시리즈)' 재방송을 보았다.

❺ 인내하고 기적을 바라지 말라.

전환기에는 진행되는 일을 모두가 알고 가족 사이에 발생하는 변화를 이해하는 것이 요구된다. 최적 조건에서도 이러한 적응 과정은 시간이 걸린다. 그러나 상당한 시간이 흘러도 여전히 힘든 순간들이 남는다. 결혼기념일이나 별거 또는 이혼한 날은 특히 언짢음으로 남을 것이다.

❻ 감정을 솔직히 나타낼 준비를 하라.

별거나 이혼 뒤의 첫해에는 상당한 감정의 기복을 경험하게 된다. 뉘라서 편안한 마음이거나 전혀 흔들림이 없겠는가. 그러나 최선책은 가능한 한 유연한 태도로 그 감정의 소용돌이를 받아들이는 것이다. 함께 웃고 울어 줄 진정한 친구는 많은 도움이 된다.

분노　　풀리지 않는 분노를 무시해서는 안 된다. 분노는 고혈압이나 심장병의 위험을 증가시킬 뿐 아니라, 최근 연구에서 밝혀지는 것처럼 혈관 수축이나 고지혈증을 초래한다. 미해결된 만성적인 분노는 폭발하듯 표현을 하거나 억누르거나 똑같이 문제가 될 수 있다.

여러분은 분노를 어떻게 다룰 것인가? 스스로 분노를 통제할 수 없다고 느끼거나, 주위 사람들이 느끼기에 적절한 수준을 넘었다고 판단된다면, 최우선적으로 전문가의 도움을 구해야 한다.

예를 들어, 이혼에 따른 분노는 첫해가 지나기 전까지는 담담해져야 한다. 만약 여전히 부숴버리고 싶은 무언가를 찾아 집 주위를 돌아다닌다거나, 아이들에게 끊임없이 고함을 친다면 심각한 문제다. 지역 복지관이나 정신보건 센터의 공식적인 분노 대처 프로그램에 참여하는 것이 좋다.

성인군자(聖人君子)가 아닌 바에야 가끔씩 치밀어 올라오는 분노의 폭발은 막을 길이 없다. 그럴 때에는 다음과 같이 대처하는 것도 좋은 방법이다.

❶ 긴장을 풀어라.

분노를 다스리는 가장 건강한 방법은 휴식과 운동을 함께 하는 것이다. 육체적으로 훨씬 산뜻한 느낌을 받게 될 것이고, 여러분의 전체적인 사고방식도 좋아진다.

❷ 관점을 유지하라.

우리를 가장 화나게 하는 것은 우리가 통제할 수 없는 것들이다. 고함치고 화를 낼 수야 있지만, 그런다고 상황이 바뀌는 것은 아니다.

❸ 단호함을 연습하라.

유일한 선택은 발끈 화내는 것뿐일지라도, 처음부터 자신의 입장이나 요구를 명확히 말하는 것이 좋다. 매사에 일정한 한계는 있어야 한다.

❹ 침착하라.

폭발 가능성의 상황에서 단 2분만 자기 감정을 지켜보면, 냉정함을 회복하여 객관성을 유지할 기회가 생긴다.

❺ 재구조화하라.

다른 감정들과 마찬가지로, 분노는 직접적인 상황에 압도되는 느낌에서 비롯된다. 상황을 다시 생각하고, 긍정적인 결과를 얻기 위해 다른 전략이나 가능성을 찾는 여유가 도움이 된다.

❻ 알코올 남용을 주의하라.

싱글아빠들은 알코올 남용을 주의해야 한다. 술을 마신다면, 스스로 자신의 음주 태도를 조심스럽게 관찰해야 한다.

여기에는 몇 가지 요소들이 작용한다.

음주는 여러분의 삶 속에서 필요로 하는 욕구의 증대로부터 도망가는 수단이 된다. 또한 과도한 음주는 여러분이 새로 발견한 자유를 주장하는 방법이 되기도 한다. 이제 더 이상 결혼 생활과 음주 태도를 놓치지 않고 기억하는 아내에게서 제약을 받지 않는다. 게다가 여러분의 생활양식은 술집을 옮겨 다니면서 마시기, 칵테일 파티 초대 등 더 관대한 음주 형태로 변화되기 쉽다. 결국 싱글아빠들은 자신들이 겪은 나쁜 감정을 상쇄하려고 음주에 의존하게 된다.

알코올 섭취는 일종의 자기 스스로 처방한 약물치료다. 그러나 이 특별한 약은 단순하게 작용하지 않는다는 것이 문제다. 나중에는 아무것도 해결하지 못하게 하며, 때때로 더 악화시킨다. 여러분의 음주가 걱정된다면 전문가의 조언을 구하라.

싱글아빠의 지지 네트워크

싱글아빠든 아니든 남자들은 특히 개인적인 문제와 관련해서는 다른 사람의 충고를 잘 받아들이지 못한다. 우리들 대부분은 자신의 문제는 스스로 다룰 수 있어야 하고, 외부의 도움이나 지도를 구하는 것은 나약함의 상징이라는 신념을 갖도록 내면화되었다.

나이아가라 폭포로 가는 도중 길을 잃게 된 신혼부부 존과 메리는 한 시간도 넘게 제자리를 맴돌고 있었다. 그들의 다음 대화를 생각해 보자.

메리는 들여다보던 지도를 덮고 말했다.

"존, 마지막에서 돌아야 했던 것 같아요. 차를 세우고 누구에게 좀 물어보면 어떨까요?"

존은 액셀러레이터를 더 힘껏 밟으며 다음과 같이 말했다.

"괜찮아요, 메리. 이제 방향을 알았어요."

다음은 길을 잃어본 적이 있느냐는 질문을 받은 늙은 나무꾼의 대답이다.

"결코 한 번도 없지. 하지만 하루 이틀 동안 약간 헷갈렸던 적은 있지."

두 남자는 길을 잃어버렸다고 인정하는 것처럼 단순한 일에 곤란함을 느낀다. 이러한 사람이 지지집단에 가입하거나 개인적인 문제 해결을 위해 다른 사람과 네트워킹하는 것과 같은, 더 적극적인 형태의 도움을 청하는 일을 꺼린다는 것은 자연스러운 일이다.

이는 그러한 집단에 반감을 가져서는 아니다. 함께 운동하는 팀,

친목 단체, 사업상의 모임 등은 남성들의 세계에서 용인되는 결속 형태다. 그러나 우리들 중 많은 사람들이 지지집단에서 찾게 되는 것과 같은, 본질상 개인적인 것에 초점을 둔 집단을 찾으려 하지 않는다는 사실이 안타깝다. 그런 집단의 일원이 되면 얻게 되는 혜택이 많은데도 말이다.

첫째, 집단의 구성원들은 자신의 관심사가 혼자만의 것이 아님을 깨닫는다. 둘째, 그러한 집단에 속하고 관련을 맺음으로써 비롯되는 큰 강점이 있다. 셋째, 집단 소속감으로 사회적 고립감을 견뎌낼 수 있다. 넷째, 지지집단은 문제 상황을 다루는 방법에 관한 대안을 제시해 준다. 다섯째, 이러한 집단은 구성원들 스스로를 난처한 상황에 빠뜨리지 않는다. 자유롭게 울분을 풀 수 있도록 감정 충격을 흡수하는 완충제의 역할을 한다. 여섯째, 긴급 상황에서는 집단 구성원들이 서로 돕는다.

싱글아빠들이 생각해 보는 지지집단의 유형은 양육 문제를 염려하는 집단과 독신에 초점을 맞춘 집단이다. 홀로된 남성이나 여성에게 지지와 격려를 해주는 것이 주요 기능인 집단 가운데, 'PWP(Parents Without Partners)'는 가장 크고 많이 알려진 모임이다. 1,000개가 넘는 지부와 약 25만 명의 회원을 가진 'PWP'는 싱글아빠의 특별한 요구와 관심에 맞는 탁월한 서비스도 제공한다. 전형적인 지부 활동에는 부모와 자녀들을 위한 친목 행사, 월례 토론 모임, 교육 활동, 지역사회 프로그램 등이 포함되어 있다. 또한 홀로 된 부모들의 특별한 관심사에 걸맞은 기사를 다루는 '한부모'라는 잡지를 발간한다.

지지집단은 한부모가 서로 공통된 문제와 관심사를 토론하기 위해 모이는 경우 다소 덜 공식적일 수 있다. 이러한 집단은 한부모가 자녀의 학교 행사나 교회 출석, 지역사회 활동 참여를 통해 서로 알게 되면서 형성되기도 한다. 한부모들이 자신들의 생활에 어떤 일이 일어났는지에 대해 토론하려고 정기적으로 모일 필요가 있다. 그러한 집단에 싱글아빠뿐 아니라 싱글엄마들도 참여하는 것이 좋고, 그럴 경우 각자 상대편 조언을 들음으로써 도움을 받는다.

또한 여러분은 다시 독신이 된 것에 적응하고자, 도움을 주는 집단을 찾으려 할 것이다. 특히 이제 막 이혼한 많은 남성들은 오랜 우정이나 사회생활을 하면서 맺은 관계에 의존할 수 없음을 알게 된다.

특히 성생활과 관련해서는 다들 짝을 맺어 주려 할 것이다. 그러나 아직 여러분은 다시 데이트를 하고 싶지 않을지도 모른다. 진실로 여러분이 찾고자 하는 것은 어떤 일을 함께 할 독신 성인 집단이며, 위험부담과 요구 사항이 적은 무난한 여성과 만나기 시작할지도 모른다.

나의 해결책은 지역의 야외 레크리에이션 클럽에 가입하는 것이었다. 여름에는 매주 암벽등반, 산악자전거 타기, 래프팅, 캠핑 등이 포함된 도보여행 계획이 잡혀 있었다. 겨울에는 스키 활강뿐 아니라 스키 크로스컨트리, 눈 신 신고 걷기, 등산 등을 했다. 그리고 적어도 한 달에 한 번은 친목 행사를 열었다. 이러한 행사들 중 특히 가족 추수감사절 만찬은 싱글아빠들에게 적절한 것이었다.

싱글아빠여서 좋은 점

1. 여러분의 집은 이제 더 이상 전쟁터가 아니다.

치열한 전쟁터와 같았던 결혼 생활이 파탄에 이르도록, 매일같이 일어났던 불화는 두 사람 중 하나가 나가자마자 급격히 잦아든다. 끊임없는 논쟁과 말다툼이 끝나면 모두가 안도의 한숨을 쉬게 된다.

2. 아이들 교육에 대한 다툼이 줄어든다.

싱글아빠가 된다는 것은 한계를 설정하고 규칙을 만들 때 여러분이 중요하고 유일한 위치에 선다는 의미다. 아이들 교육 문제는 대부분의 부모들이 서로 상의하는 것에 익숙해졌기 때문에 처음에는 다소 당황스러울 것이다. 하지만 싱글아빠 가정에서는 여러분이 결정권을 갖는다.

3. 자녀들과의 관계가 더 솔직해진다.

자녀들과 의사소통할 때 완충작용을 할 다른 사람이 없기 때문에 여러분이 해야 할 말이 더욱 솔직해진다. 또 자녀들의 의견과 충고를 더 많이 구하게 된다는 것을 깨닫는다. 또 집안일은 모두가 각자 공평하게 몫을 정하여 함께 하는, 더 강해지는 협동심을 발견하게 된다.

4. 집안일은 자녀들과 함께해야 한다.

주택에서 살거나 아파트에서 살거나, 이제 집안일은 여러분과 자녀들이 알아서 해야 한다. 어디에서 살지, 어떻게 살지, 무엇을 먹을지, 언제 먹을지, 누구를 초대할지 여러분이 결정해야 한다.

5. 무슨 일이 생기든 여러분에게 달려 있다.

싱글아빠가 된다는 것은 여러분 인생에 새로운 가능성을 탐색하는 흥미로운 기회일 뿐 아니라, 도전적인 과업이기도 하다. 맞서 싸워야 할 것으로 생각되는 때도 있고, 여러분에게 생기는 모든 일을 잘 해낼 수 있다는 사실을 알게 해 주는 기쁨과 만족의 경험이 되기도 한다.

싱글아빠의 생활 계획

| 승자도 패자도 없는 양육권 분쟁
| 전처와 함께하는 공동 양육
| 어디에 살 것인지 정하기
| 아군도 적군도 아닌 전처와의 관계
| 전처와의 재정적인 합의

싱글아빠의 생활 계획

승자도 패자도 없는 양육권 분쟁

누가 아이들의 양육권을 가질 것인가를 두고 긴 법정 다툼을 벌이는 이혼부부를 보면 참으로 안타깝고 서글프기까지 하다. 이런 양육권 분쟁은 대개 해소되지 않은 분노의 결과이거나, 부부 중 어느 한 사람이 복수를 하려는 데서 비롯된다. 아이들을 위해 장차 어떤 합의를 해야 하는지를 깨닫기 위한 노력은 부차적이다. 심리적인 전쟁터는 바로 아이들이 된다.

양육권 분쟁의 가장 큰 화두는 승자도 패자도 없다는 것이다.

지난 수십 년 사이 많은 부부들이 양육권 분쟁의 긍정적인 대안을 찾았다. 그리하여 많은 부부가 자녀 양육을 공동으로 책임지는 공동 양육권에 합의했다. 그리고 부부가 기꺼이 자신들의 의견 차이보다 아이들의 복지를 우위에 두려는 경우, 더 많은 판사들이 공동 양육권을 숙려한다.

공동 양육권이 모든 사람들에게 해당될 수 없을지는 모르지만 상황이 다소 좋지 않은 경우라도 분명히 도움이 된다. 나의 경우, 전처와 별거 후 첫해에는 간신히 말을 하고 지내는 정도였지만 아이들과 관련된 문제가 생기면, 별거 전의 상황을 돌아보면서 함께 해결책을 찾아내곤 했다. 돌이켜 보면, 결혼 생활 내내 아이들과 관련된 문제에 대해서는 의견이 일치했었다. 그런데 이혼했다고 해서 자신들의 문제도 아닌 자녀 문제로 다툴 필요가 없었다. 또 이혼하기로 결론을 내리기까지 2년을 기다렸다는 점에서 우린 운이 좋았다. 그때까지 우리는 공동 양육을 바라고 연합 전선을 펼쳤다.

우리의 이혼 판결문은 다음과 같다.

양 당사자는 모두 미성년 자녀의 양육권을 보유한다. 자녀의 최대 이익에 적격인 자임에 동의하며, 아이들의 법적인 공동 양육권을 갖는 데 동의한다. 아이들의 물리적 거주지는 양 당사자에 의해 결정되며, 상호 합의에 의해 영구적으로, 또는 임시적으로 변할 수 있음에 동의한다. 아이들의 교육, 건강, 여름방학 활동, 복리는 충분한 상의 후 양 당사자에 의해 결정된다. 양 당사자는 아이들을 어느 한쪽의 부모와 이간질해서는 안 되며, 아이들과 부모의 자연스럽고 지속적인 관계를 방해해서는 안 된다. 아이들과 함께 사는 부모가 아이들을 매일 보호하지만, 시간과 상황이 허용하는 한 모든 중요한 결정은 합의에 의한다.

다소 법률적인 내용으로 들리겠지만, 수년 동안 우리 모두에게 도움이 된 판결문이다. 또 법적 양육권과 물리적 양육권 차이를 지적한 것이기도 하다.

법적 양육권은 법원에서 부여된 것이다. 법적 공동 양육권은 양 당사자가 자녀들을 위한 최선책이 무언지를 결정하는 데에 단지 참여할 권리가 있다는 사실만을 의미한다.

반면, 물리적 양육권은 아이들이 어디에서 살 것인지와 관련된다. 물리적 공동 양육권은 양 당사자 모두 상당 기간 아이들과 함께 산다는 것을 의미한다. 부모 중 한쪽이 물리적 양육권을 갖지 못한 채 법적 양육권(친권)만 갖기도 하고, 법적 양육권을 갖지 못한 채 물리적 양육권만 갖기도 한다.

공동 양육권 합의는 대개 두 가지 요소를 결합한다. 아이들의 생활에 주도적인 역할을 담당하거나 양육 책임을 공동 부담하려는 양 당사자 중 한 쪽의 이해관계를 나타낸다. 따라서 길고 고통스런 양육권 다툼을 시작하기 전에, 다음의 질문을 스스로에게 해 보라.

1. 양육권 분쟁을 하는 것이 아이들을 위해서 최선이기 때문인가, 아니면 나 자신의 이유(분노, 증오, 복수) 때문인가?
2. 나는 진실로 전처가 이제 더 이상 효과적인 부모 역할을 할 수 없다고 생각하는가?
3. 나는 정말 아이들의 행복을 위해 전적인 책임을 맡으려고 하는가?

특히, 마지막 질문이 중요하다.

궁극적으로 전쟁에서는 지고 양육권 다툼에서만 이길 수도 있다. 법정 분쟁 중에 여러분의 전처가 양육 책임의 공동 부담을 포기할 수도 있다. 여러분은 승리의 결과가 정말 싸울 만한 값어치가 있는지 신중하게 생각해야만 한다. 자칫 값비싼 대가를 치르게 될지도 모르기 때문이다.

전처와 함께하는 공동 양육

싱글아빠들은 전처와 아이들 양육 책임의 공동 부담에 합의하도록 노력해야 한다. 이 합의는 소위 공동 양육이라 하는데, 다양한 상황에 놓인 다양한 이혼부부에게 효과적임이 증명되었다. 공동 양육은 자녀들의 생활에 계속해서 적극적으로 개입하기를 원하고, 부모 중 한 사람이 아이들을 유기하는 것으로 보이지 않게 하려는 부모들의 간절한 소망을 통해 등장했다.

싱글아빠가 전처와 여전히 대화가 통하고 공동 양육에 관심이 있다면, 가장 먼저 해야 할 일은 아이들이 아빠나 엄마와 각각 언제 함께 지낼 것인지 계획을 짜는 것이 중요하다. 다양한 방법이 있겠지만, 결국 자신의 환경과 요구에 가장 적합한 스케줄을 스스로 선택하는 것이 좋다.

공동 양육이 성공하려면, 초기의 시행착오를 극복하고 싱글아빠와 자녀들에게 가장 적합한 일상을 찾으려는 시간과 인내가 필요하다. 장애 요인이 생기면 그때마다 주위 여건을 변화시켜 나가면 된다.

다음 목록은 공동 양육 성공의 몇 가지 가능성을 제시한다.

1. 매일 번갈아가며 양육하기

유아인 경우 특히, 양 당사자는 아이들과 지속적인 접촉이 유지되기를 절실히 원한다. 날마다 번갈아 가며 돌보는 계획을 짜면 아이들이 부모와 떨어져 있는 시간을 최소화할 수 있다.

부모 중 한 사람이 집에서 멀리 떨어진 곳에 근무해야 하는 경우라면, 다음 목록에서 방법을 찾아보기 바란다.

2. 매주 번갈아가며 양육하기

자녀가 한쪽 부모와 한 주를 지내는 매우 솔직 단순한 방법이다. 이때는 어느 시점에 집을 옮길 것인지가 중요하다. 주중에는 학교 공부에 지장을 주고, 주말에는 주말 계획에 차질이 생긴다. 경험으로 미뤄, 가능하면 일요일 밤에 집을 옮기는 것이 혼란을 줄이는 방법이었다.

다른 모든 방법들과 마찬가지로, 주마다 번갈아 가며 아이들을 양육하려면 두 집 모두 아이들의 요구(충분한 옷, 장난감, 취침 공간 등)에 맞도록 적절한 준비가 갖춰져야 한다. 이는 양쪽 부모가 아이들이 원하는 모든 품목을 똑같이 갖춰야 한다는 뜻은 아니다.

아이가 유아일 때에는 대부분의 물품을 함께 사용하는 것이 오히려 낫다. 또 겨울 재킷, 부츠, 약품 등 필수적인 물품이 필요한 경우에는 기꺼이 상대방의 집으로 도움을 청하러 달려갈 수 있어야 한다.

3. 매달 번갈아가며 양육하기

두 집을 오가는 번거로움을 최소화하고자 한다면 이 방법이 좋다. 특히 자녀가 유아기를 지나 성장했거나, 한쪽 부모가 장기간 혼자 있기를 원하는 경우나, 한쪽 부모가 장기 출장을 가는 경우에 적당하다. 아이들과 떨어져 지내는 한 달이 길다고 느껴진다면 전화를 자주 하거나, 주말 활동을 함께 계획하거나, 소풍을 함께 간다면 해결될 일이다.

4. 6개월마다 번갈아가며 양육하기

앞에 열거한 방법들은 양쪽 부모가 가까운 곳에 사는 경우다. 이혼한 부부가 멀리 떨어져 살게 되면, 상황이 다소 복잡해지지만 공동 양육이 불가능하지는 않다.

해결 방법은 6개월씩 교대로 양육하는 것이다. 대개 이 방법은 학기 중에는 아이들이 한쪽 부모와 보내고, 여름방학에는 거처를 옮겨 다른 한쪽 부모와 보내는 형태다. 장점은 학기 중에는 아이들이 안정되어야 할 필요성을 고려하면서도, 여름방학에는 학기 중에 같이 보내지 못한 한쪽 부모와 함께 충분한 시간을 보내게 된다는 점이다.

단점은 여름방학에 아이들과 함께 생활하는 쪽은 자녀의 학교 활동에 참가할 기회가 없고, 겨울에 함께 생활하는 쪽은 아이들과 함께 여름방학을 보낼 수 없다는 점이다. 아이들 역시 학교 친구들과 여름을 함께 보낼 수 없다는 사실에 저항할 수도 있다.

5. 번갈아가며 집에 머무르기

다른 각도에서 문제에 접근하는 독특한 방법이다. 집을 바꾼다는 말은 바로 아이들이 아닌 부모가 서로 왔다 갔다 한다는 것이다.

양쪽 부모가 번갈아가며 왔다 갔다 하는 반면, 아이들은 같은 집에서 계속 지내게 된다. 부모는 아이들과 함께 살지 않는 동안에는 각자의 집이나 머물 공간을 따로 마련해야 된다.

친밀한 환경에 계속 머물게 되어서, 아이들이 훨씬 더 혼란스러워하지 않는다는 장점을 지닌 방법이다. 그러나 간혹 아이들이 부모끼리 싸움을 붙여 이득을 꾀하기도 한다. 또한 부모는 어느 쪽이나 집안에서 자신의 권위를 주장하기 어렵다. 어떤 집안일을 해야 할 것인지, 어떤 행동을 허용할 것인지, 결정하기가 여간 어렵지 않게 된다.

6. 자유로운 접근

제목이 암시하듯이 아이들이 마음대로 양쪽 부모의 집을 자주 왔다 갔다 하면서 지내는 방법이다. 개방적인 의사소통이 가능하고, 사이가 원만한 이혼부부의 경우라면 적절한 방법이다. 지극히 유연성을 허용하는 방법으로, 누구도 자신의 개인적인 권리를 박탈당했다고 생각하지 않을 것이다.

그러나 이 방법의 가장 어려운 점은 계획을 세우는 것(몇 명이나 저녁 식사를 할 것인지), 아이들의 소재를 양쪽 부모가 서로 잊지 않고 알려주는 것 등이다. 양쪽이 똑같이 아이들이 어디에 있는지 모른다는 사실을 깨닫게 될 때처럼 당황스러운 일은 없다.

이상의 방법들은 가장 보편적인 형태의 공동 양육 합의다. 하지만, 싱글아빠들의 독특한 상황에 더 적합한 방법들(한 주를 나누거나 한 달을 둘로 나누거나, 해마다 번갈아가며 양육하기)도 고려해 볼 만하다. 또한 전처가 이제껏 아무도 생각해 본적이 없는 계획을 불쑥 내놓을 수도 있다.

여기서 놓치지 말아야 할 마지막 쟁점들이 있다.

첫째, 양육 계획과 관련하여 자녀들의 의사를 가능한 한 많이 수용해야 한다. 결국 아이들은 여러분이 결정하는 일과에 의해 가장 많은 영향을 받게 되고, 또 여러분은 아이들의 완전한 협력이 필요하기 때문이다.

둘째, 둘 이상의 자녀를 둔 가족의 경우, 모든 아이들이 똑같은 계획을 따를 필요는 없다는 점이 중요하다. 나의 경우, 딸아이는 열두 살 무렵에 집을 바꾸어 왔다 갔다 하는 것이 현실적이지 않다고 결론 내렸다. 딸은 화장품과 드라이어를 비롯한 소지품을 싸는 일을 더 이상 할 수 없고, 동생들이 양쪽 집을 왔다 갔다 하는 동안에도 자신은 한쪽 집에 계속 머물러야 한다고 생각한 것이다.

마지막으로, 효과적인 공동 양육은 아이들이 양쪽 부모와 똑같은 시간을 보내야 한다는 의미는 아니다. 중요한 것은, 어떤 문제든 부모와 상의해야 할 필요를 아이들이 깨닫는 것이다.

어디에 살 것인지 정하기

이 책을 읽는 여러분은 최소한 얼마간은 자녀와 함께 생활하는 싱글아빠일 것이다. 또는 머잖은 장래에 이러한 준비를 하는 중일지도 모른다. 어떤 경우든 우선적으로 해결해야 할 중요한 문제는 여러분과 자녀가 어디에서 살지 결정하는 일이다. 예전에 살던 집에 머무르거나 새로운 아파트로 이사하기도 한다. 특히 초기에는 친척들과 함께 살기로 결정할지도 모른다. 또는 다른 싱글아빠와 함께 거처를 함이 더 좋다고 생각할지도 모른다.

어떠한 결정을 하든, 주거를 준비할 때는 다음 문제를 명심해야 한다.

1. 아이들에게 충분한 공간

집을 보러 다닐 때 부동산 중개인과 나는 크게 다투었다. 부동산 중개인은 조그만 침실 두 개의 튜터양식 집이면 우리가 살기에 충분할 것이라고 했다. 그러나 아이들과 내가 원한 것은 침실 네 개짜리 집이었다. 부동산 중개인은 그 집이 아름답기는 하지만, 침실 넷까지는 필요 없다고 고집했다. 그의 주장대로 (아직 어린)아이들이 각자의 침실을 가질 필요는 없을지 모르지만, 충분한 공간이 도움이 된다는 사실은 확실했다.

2. 주거 위치의 편리성

결국 우리는 단지 불편하다는 이유로 몇 집을 사양했다. 그리고 마침내 전처의 집에서 다섯 블록 떨어지고, 초·중·고등학교에서 1마일 이내의 집으로 이사했다. 또한 아이들이 혼자 다닐 만큼 크면 중요해질 간선 버스 노선이 바로 근처를 지났다.

3. 충분한 놀이 공간

뒤뜰 없는 집에서 몇 년을 살았기 때문에 우리에게 최우선은 뜰이 있는 집이었다. 뜰은 최소한 아이들이 뛰어 놀 만큼 넓어야 했고, 내가 정원을 만들 공간도 필요했다.

4. 이웃과 도로 안전

큰 길에서 떨어진 집을 찾는다면 마음의 평화에 도움이 될 것이다. 아이들이 스케이트보드, 롤러브레이드, 자전거 등을 타면서 아슬아슬하게 차를 피하는 모습을 보는 것보다 더 숨 막히는 순간은 없을 것이다.

5. 주위의 다른 아이들

아이들이 이웃 아이들과 사귈 기회를 갖는다면 역시 도움이 된다.

어디에 살 것인지를 결정하는 일은 무척 중요하다. 여러분과 아이들은 가족으로서 이 문제에 접근해야 한다.

아군도 적군도 아닌 전처와의 관계

웬만하면 싱글아빠들은 이혼 후에도 전처와 이런저런 이야기를 나눌 정도의 관계는 유지하도록 노력해야 한다. 특히 아이들과 관련된 의사소통은 반드시 필요하다.

물론 결코 쉽지만은 않을 것이다. 이혼한 많은 부부들은 곧장 영원히 관계를 단절하려 한다. 단순한 대화조차 힘겨워진다. 과거의 감정들이 다시 떠오르고, 묵은 상처가 다시 고개를 든다. 하지만 여러분의 전처는 여러분의 문제 해결 방법을 가장 잘 안다는 사실을 기억해야 한다.

아이들을 가까이에 두면 많은 것을 변화시킨다. 싱글아빠 중 그 누구도 아이들을 쉽게 떼어놓고 즐거운 마음으로 떠날 수는 없다.

결국 아이들 문제로라도, 싱글아빠와 전처는 서로 대화를 해야 할 상황이 꼬리를 물 것이다.

그렇다면 어떻게 해야 전처와의 안정된 관계가 유지될까?

1. 시간 여유를 두어라.

나의 경우, 전처와 내가 서로에게 호의적인 태도를 갖기까지 꼬박 2년이 걸렸다. 초기에는 얼굴을 마주하고 만나는 것조차 힘이 들었다. 비록 두 사람 중에 하나가 수화기를 내동댕이치더라도 전화 통화는 그래도 조금 나았다. 그런 가운데 우리가 찾아낸 방법은 상대방 우편함이나 현관 매트 아래 놓아두는 짧은 편지였다.

2. 아이들을 끌어들이지 말라.

아이들은 양쪽 부모 사이를 오가는 전달자가 되기를 바라지 않는다. 스스로 생각할 수 있는 아이들은 둘 사이에서 어느 한쪽 편이 되거나 스파이처럼 행동할지도 모른다.

3. 항상 동의할 필요는 없다.

의견 차이는 여러분이 헤어지기로 결정한 이유 가운데 하나일 것이다. 이제 의견 차이를 더 건강하게 다루는 방법을 배워야 한다. 갈등 해결 방법이나 흥분하지 않고 대처하는 방법 등에 관한 강의나 워크숍도 유익하다. 많은 부부들은 스스로 해결할 수 없는 중요한 문제에 전문가의 조언을 구하면 도움이 된다는 사실을 안다.

4. 일을 공평하게 처리하라.

운 좋게도 여러분은 전처와 상호 존중하면서 분별력이나 쿨한 관계의 우정을 되살릴지도 모른다. 주는 대로 받는다는 사실을 기억하라. 여러분이 모든 일을 딱딱하고 융통성 없게 다룬다면, 상대방 또한 딱딱하고 융통성 없는 반응을 보이게 될 것은 자명하다.

5. 여전히 파트너십이다.

결혼 생활이 끝났다고 해서, 아이들을 양육하기 위해 둘이 계속 협력할 수 없는 것은 아니다. 아이들을 효과적으로 양육하기 위해서는 여전히 상대방의 관심과 지지가 필요하다.

전처와의 관계를 일종의 사업상 동업으로 생각해도 도움이 된다. 일에 전념하기 위해서는 파트너에게 부탁할 일이 반드시 생기기 때문에, 여러분의 공동 목표는 동업을 잘 이뤄내는 것이다.

주말을 아이들과 함께 보낼 계획을 세우는데, 갑작스럽게 다른 곳에 가야 할 일이 생겼다고 가정해 보자. 고집스럽게, 마지막 순간까지, 아이들을 돌봐 줄 사람을 찾느라 애쓰기보다는 전처가 기꺼이 주말을 바꿔서 아이들을 돌봐 준다면 훨씬 더 수월해진다. 이때는 어느 날, 또는 어느 주말에 도움을 받았는지 기록해 둘 필요가 있다. 몇 달 간은 그냥 (도움을 받은 날이나 주말의)숫자를 더하거나 빼기만 해도 된다. 그리고 나중에 이를 갚기 위한 전략을 세워도 된다.

전처와의 재정적인 합의

이미 말했듯이, 싱글아빠들이 법원의 양육비 지원 명령을 받는 것은 드문 일이다. 여기에는 몇 가지 요소가 작용한다.

많은 남성들은 설령 전처에게 양육비를 받을 권리가 있다 하더라도, 이러한 생각을 전적으로 거부한다. 전처에게서 양육비를 받는 것은 자신의 나약함이나 무능력을 확실히 나타내는 표시라고 생각한다.

마찬가지로 우리 사법제도는 엄마가 아빠에게 아이 양육비를 지급하라는 판결을 좀처럼 내리지 않는다. 게다가 이혼한 남성이 이혼한 여성보다 재정적으로 훨씬 더 여유롭다는 가정 하에서 판결을 한다. 과거에는 남성이 학력이나 경제활동이 가능한 기술면에서 차이가 월등하기도 했다. 그러나 오늘날에는 많은 부부들이 거의 동등한 재정적 기반에서 이혼한다.

법원이 어떤 결정을 내리든, 이혼한 부부는 아이들을 양육하는 데 들어가는 모든 비용을 어떻게 분담할지 일정 수준의 합의를 해야 한다. 사실 양육비 분담 계획에 합의하기 위해 법원이나 변호사에 의존하는 것보다, 이혼부부가 자기들 스스로 해결하는 편이 장기적으로 훨씬 더 낫다. 아동 양육에 대한 법원 명령 가운데 큰 문제점은 아이들이 재정적인 도움을 가장 필요로 하는 때인 18세에 종료한다는 것이다.

여러분과 여러분 전처는 연간 수입을 대충 비교하여 아이들과 관련된 비용(각자의 가정을 유지하는 데 드는 비용을 넘는)을 분담하고 싶을 것이다. 예를 들면, 여러분이 일 년에 5,000만 원을, 전처가 2,500만 원을 번다면 2:1로 분담하자는 식이다. 보육비, 학원비, 여름 프로그램 참가비, 용돈 등과 같이 통상적인 비용에 한정된다. 그 밖의 사소한 일은 서로 양보하고 간단명료하게 한다면 잘 해결된다.

재정 문제를 다루는 동안 한부모를 위한 세법 규정들이나, 이혼하거나 별거하는 부부를 위한 납세 정보 등을 살펴보는 것도 도움이 된다. 소득세를 신고할 때 싱글아빠나 전처가 모두 가구주가 되면 어떤 이득이 되는지, 자녀가 둘 이상인 경우 세금 공제를 받기 위한 방법은 무엇인지, 아이가 한 명뿐이라면 또 어떻게 해야 세금 공제를 받게 되는지 등 국세청 홈페이지를 통하거나, 세무 전문가와 상담하는 것도 방법이다.

특히 부동산, 유언, 신탁 등과 관련된 전반적인 재정 계획과 관련하여, 싱글아빠가 된다는 것에 익숙해져야 한다. 이혼에 따른 혼란이 가라앉을 때까지 기다렸다가, 변호사나 재정 전문가와 만날 약속을 잡으면 된다.

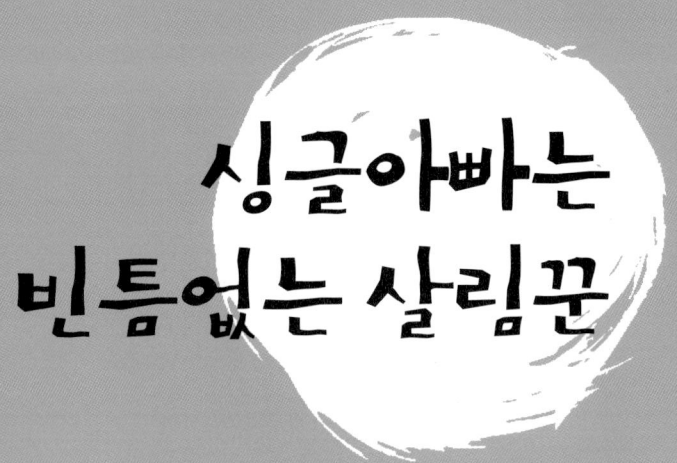

싱글아빠는
빈틈없는 살림꾼

새롭게 다가오는 가족의 의미

싱글아빠들은 자신과 자녀를 위해서라도 늘 '가족의 의미'를 염두에 둬야 한다. 이혼 직후, '초보 싱글아빠' 때는 자신과 아이들이 가족이 아닌 이방인 집단처럼 느껴지기도 한다. 시간과 에너지를 필요로 하는 가족의 요구에 대응하면서도, 그들을 간섭하지 않으려고 애쓰는 자신을 발견하게 된다.

실제로, 생일파티나 휴가처럼 설레임이 가득했던 전통적인 가족 활동마저 싱글아빠의 달라진 상황을 일깨워주는 심술을 부린다. 즐겁고 행복해야 할 만남이 가족 모두에게 끔찍한 상황으로 곧잘 뒤죽박죽이 되는 것이다.

하지만 약간의 신중함과 계획만 가지고도 이러한 시간을 여러분에게 유익한 상황으로 이끌 수 있다. 그렇게 함으로써 여러분은 물론 자녀들도 가족의 의미를 새롭게 깨닫게 된다.

그때 잊지 말아야 할 중요한 문제들을 몇 가지 검토해 보자.

1. 중요한 가족 활동을 기록으로 남겨라.

가족, 특히 아이가 포함된 경우에는 가족의 역사를 기록으로 간직한다. 기록은 가족사진 앨범, 육아 일기, 스크랩북, 비디오와 같은 다양한 형태를 취한다. 가능한 한 여러분과 아이들이 한 일을 놓치지 않고 기록해야 한다.

너무 많은 공이나 비용을 들일 필요는 없다. 간단한 디지털 카메라와 사진 앨범 한 권, 혹은 컴퓨터에 파일 하나만 만들면 된다. 아이들은 주저앉아서 자기가 했던 일이나 놀던 장소를 그리는 것도 좋아한다. 아이들은 지난 일에 대해 자신만의 의미를 부여한다. 이렇게 만들어진 그림일기나 스크랩북은 일석이조의 효과를 가져온다. 더불어 사진 앨범은 싱글아빠 인생 여정에 새로운 장을 여는 좋은 방법이 될 것이다.

아이들과 함께 색다른 기록을 남기는 방법도 있다. 어린 시절, 내 생일날 아빠는 나와 친구들을 차례로 문틀에 등을 대고 서게 했다. 아빠는 우리의 키를 재서 문틀에 표시하고는, 지난해보다 얼마나 자랐는지 함께 살펴봐 주시곤 했다. 각자의 이름이 적힌 표시를 비교하면서 즐거워하던 기억이 지금도 생생하다. 간단한 일이지만 아이들은 무척 즐거워할 것이다. 아빠와 함께 하는 새로운 공간을 갖게 된다는 느낌과 더불어, 가족의 의미를 되새기기에도 좋은 방법이다.

실내에서 화초 가꾸기도 새로운 시작을 위한 좋은 방법이다. 새집으로 이사한 경우라면, 아이들에게 각자 돌볼 화초를 주는 것도 생각해 보라. 아이들에게 알맞은 화초를 고르려면 동네 꽃가게에 가서, 해롭지 않고 함부로 다루거나 소홀히 해도 잘 자라는 종류를 선택한다.

특히 아이들의 학교생활은 잊지 말고 기록해야 한다. 아이들이 집에 가져오는 사소한 것에 이르기까지 매달릴 필요는 없다. 그렇게 하면 얼마 안가 기록해야 할 것이 너무 많아지기 때문이다. 아이들이 관심을 갖는 일이나 물건, 인생의 특정 시기에 성취하는 특징적인 일 등 아이들의 일 가운데 대표적인 사례를 선택하는 것이 좋다.

가족 구성원 각자가 가족으로서 함께 하는 역사 기록을 만드는 데에 의의가 있다. 무엇을 중요하게 여길지는 신중하고 섬세하게 생각해야 한다. 가족 구성원별로 목록을 정해 자세하게 분류하면 된다. 자녀가 한 명 이상이면 각 항목마다 아이의 이름과 나이와 학년을 포함시킨다.

2. 과거의 몇 가지 가풍을 유지하라.

싱글아빠가 되기 전의 생활과 현재의 생활 사이에 어느 정도의 지속성을 유지하면 가족 모두에게 도움이 된다. 이혼이나 별거를 하기 전에는 여러분 가정만의 독특한 가풍을 지닌 양친가족의 구성원이었다. 이 사실을 부정하려 한다면 오히려 어려움에 처하게 될 뿐이다.

앞으로 계속되어도 좋을 가풍인데도 불구하고, 가족 잔치처럼 단지 전처와 함께 했다는 이유만으로 폐지 선언을 한다면, 아이들에게는 큰 상처가 된다. 예를 들어, 크리스마스를 축하하는 것이 집안 전통이었다면, 크리스마스 트리를 장식하고, 트리에 양말을 걸어 놓고, 선물을 교환하고, 산타 할아버지를 난처하게 해도 상관없다. 명절과 관련된 가족 전통을 아이들은 좋아하고 여기에서 행복을 느낀다는 사실을 명심하라. 아이들은 명절 무렵의 이벤트나 그 익숙함에서 오는 편안함과 아늑함을 즐거워한다.

3. 새로운 가풍을 만들어라.

싱글아빠들의 인생에 지속성을 부여하면서, 명절을 어떻게 활용할지를 설명하기 위해, 계속해서 크리스마스에 초점을 두고 주제를 설명하겠다.

우리 가족의 경우, 크리스마스는 옛것과 새것의 만남의 장이었다. 우리가 하는 많은 장식물과 우리가 따르는 전통은 두 세대 이상 거슬러 올라간다. 예를 들면, 커튼 위에 걸어 두는 성화(聖畵)는 내가 어렸을 때부터 기억하는 것이다. 이렇게 일 년에 한 번이라도 꺼내어 걸어두는 가보들은 아이들이 가족의 유산에 대해 소중함과 감사함을 느끼게 된다. 그리고 아이들도 살아가면서 이런 전통을 계속 유지하기를 바랄 것이다.

한부모 가정이 되었다고 해서 계속 예전처럼 크리스마스 시즌을 기념하지 못할 이유가 없다. 다만 우리가 예전에 따랐던 전통에 새로운 전통을 추가하기 시작했다는 것만 다를 뿐이다. 예를 들면, 크리스마스에는 산타 할아버지와 사진을 찍은 뒤에 다소 고급스런 곳에서 저녁 식사를 하기 위해 집을 나서곤 했다. 지금까지 10년 이상 그렇게 해 왔다.

이혼 합의 사항에 크리스마스 장식을 분할하는 것도 포함했기 때문에, 나는 매년 아이들의 크리스마스 장식에 새 양말과 새 장식을 추가했다. 이 새 장식물들은 즉시 추가했는데, 아이들 모두 자기 것을 정확히 기억한다는 사실에 몹시 놀랐다. 몇 년 전부터 크리스마스 트리 아래에 장식할 눈 내린 마을 장식물을 수집하기 시작했는데, 매년 새로운 장식물을 추가했다. 모두들 새 장식물을 어디에 놓아야 잘 어울릴지, 눈 덮인 마을 장식이 얼마나 멋진 모습으로 꾸며지게 될지, 관심과 기대로 부풀어 크리스마스를 기다렸다.

다른 명절도 마찬가지다. 새로운 것을 추가하면서 예전 것을 지킨다는 일반 원칙을 그저 따르기만 하라. 계획을 아무리 잘 세워도 이런 명절에는 어려움이 따르게 마련이다. 예를 들면, 추수감사절은 아빠가 식탁 앞자리에 앉아 칠면조를 잘라 나누고, 엄마는 반대편에서 맛탕을 덜어 나누는 전통을 떠올리게 되는 힘든 명절이 될 수도 있다. 이때는 다른 한부모 가족과 함께 하는 추수감사절 만찬도 좋은 방법이다. 어쩌면 여러분의 주변에서 이미 일단의 한부모 가정이 이렇게 만나는지도 모른다.

4. 생일은 중요한 시간이다.

아이들을 위해 파티를 준비해 본 적이 없는 싱글아빠들에게는 아이들의 생일 또한 명절과 마찬가지로 버거운 날이다. 어떤 파티든 대개 계획을 크게 세워 준비하기 쉽다. 어떤 싱글아빠는 근사한 저녁 식사 뒤에 코미디언이 연출하는 한 시간 가량의 이벤트를 계획하기도 한다. 그러나 실제로 계획이 크면 성공적이지 못할 때가 많다. 자칫 아이들은 아이들대로 파티의 주인공이 되어보지도 못하고, 돈은 돈대로 들어가서 마음만 상한 아빠는 다시는 이런 짓을 하지 않겠다고 맹세하면서 끝날 수도 있다.

일반적으로 파티는 간단할수록 더 훌륭한 결과를 얻는다. 크레이프 종이로 만든 배와 풍선이 아주 멋진 장식이 될 수 있다. 많은 풍선에 아이들 이름을 새겨 넣으면 금상첨화다. 저렴한 생일 컵과 접시, 초청장, 모자, 양초, 생일 답례품을 동네 슈퍼마켓 축하 카드 코너에서 고른다. 생일 케이크를 집에서 만들어도 좋겠지만 아이스크림 가게에서 파는 아이스크림 케이크도 좋다. 가게 직원은 기꺼이 생일 축하 메시지를 케이크에 써 줄 것이고, 아이들에게는 자기가 좋아하는 케이크를 선택하는 즐거움도 따른다.

파티는 단순하게 하라. 당나귀 꼬리 달기 게임과 같이 생일날 흔히 하는 놀이면 충분하다. 생일을 맞은 아이들은 재미있는 놀이나 장난감 선물이면 만족한다는 점을 기억하라. 아이들이 생일을 맞은 친구에게 주고 싶어 하는 선물도 마찬가지다.

파티는 6명에서 8명 정도의 아이들을 초대하는 것이 좋다. 싱글아빠가 감당 가능한 인원 규모는 군대의 1개 분대라고 한다. 이때 여러분을 도와 줄 어른이 주위에 적어도 한 명 이상 있으면 좋다. 초대할 사람은 생일을 맞는 주인공이 결정하게 하고, 초대장을 만드는 일은 도와준다.

부모들은 언제, 어디서, 누가 주관하는 파티가 얼마나 오래 계속되는지 알아야 한다. 특히 파티 지속 시간이 중요한데, 내 경험으로 아이들에게는 한 시간은 너무 짧고 두 시간은 너무 길다. 파티 사이에 무언가 의미 있는 일을 계획한다면 그것으로 충분하다.

파티를 주관하는 것을 감당하기 힘들다고 생각된다면 주저하지 말고 사람을 사서 파티를 치러라. 요즘에는 규모가 큰 많은 식당 체인들이 적당한 가격에 음식, 케이크, 장식, 오락을 포함한 생일 패키지를 제공한다. 아이들도 매우 즐거워하는 것 같다.

한부모 가정의 아이들은 생일을 두 배로 즐긴다. 아빠와 함께 생일을 보낸 다음 엄마와 또 한 번의 생일파티를 하기 때문이다. 다른 큰 명절도 마찬가지지만, 부모의 이혼으로 빚어진 한부모 가정 아이들이 갖는 유일한 이점이 아닐까 생각되기도 한다.

5. 모두가 기여할 만한 가족 일감을 찾아보라.

가족의 일원임을 일깨워 주는 또 다른 방법은 모두가 함께 참여하는 일감을 계획해 보는 것이다. 선택 가능한 일감은 다양하다. 가족 모두가 동의만 한다면 어떤 유형의 일감이거나 여러분의 욕구를 충족시켜 줄 것이다. 여기 좀 더 분명한 사례들이 있다.

• 동물 보호소에서 개나 고양이를 데려와 기른다.

지역 동물 병원이나 보호소에는 항상 행복한 가족에 분양되기를 꿈꾸는, 길을 잃었거나 버려진 동물들이 있다. 많은 비용을 들이지 않고도 현재 생활환경에서 가족이 함께 돌보기에 적합한 동물을 찾아 입양한다. 동물 보호소 직원에게 아이들에게 적합하다고 생각되는 동물을 추천해 달라고 요청하는 것도 좋다. 더 좋은 방법은 아이들과 함께 가서 동물을 선택하는 것이다. 하지만 동물 보호소 방문이 무서운 아이들도 있기 때문에 신중해야 한다. 이때는 어린아이들과 함께 사육장에 들어가지 말고 싱글아빠가 들어가 처리한다. 동물을 집으로 데려온 뒤에는 가족이 함께 보살피고 먹이를 주는 일에 참여하는 것이 좋다.

• 국제 아동복지 후원 행사에 참여한다.

아이들과 함께 제3세계 아이들의 생계비를 매달 1~2만 원 정도 후원한다. 전 세계 200만 명 이상의 아이들에게 도움을 주는 기관으로는 월드비전, 한국복지재단, 이웃사랑회 등이 있다. 이러한 프로그램 대부분에서는 기부자 가족과 도움을 받는 아동 사이에 오고가는 개인적인 유대감을 갖는다.

지원 아동과 편지, 카드, 사진 등도 교환하고, 가정과 학교에서 성장 과정과 관련된 새 소식을 주기적으로 받게 된다. 여러분은 어떤 나라에 집중적으로 도움을 줄지, 대상은 남자 아이로 할지 여자 아이로 할지, 몇 살의 아이들이 좋을지 등을 자녀와 함께 의논하여 결정할 수 있다.

한편 집과 가까운 곳에서 가능한 일감을 찾을 수도 있다. 바로 이웃에서 도움을 필요로 하는 사람을 찾는다는 뜻인데, 이때 유의해야 할 사항이 있다. 지적이든 정서적이든 아이들이 자신의 이해 수준을 넘어서는 상황에 뛰어들지 않도록 해야 한다. 특히 가난, 절망, 고독과 같은 주변 현실을 아이들이 어떻게 받아들이는지 따뜻한 보살핌과 세심함으로 접근해야 한다.

6. 가족의 일상생활을 안정시켜라.

벌들의 움직임과 같이 자연이 연출하는 광경을 주의 깊게 관찰하면, 아무렇게나 혼잡스럽게 움직이는 것처럼 보이지만 실제로는 분명한 질서와 목적이 있다. 겉으로 보이는 무질서 속에서도 일벌들은 각자 자신의 일을 수행하며, 자신에게 주어진 특별한 역할을 통해 전체의 생존에 기여한다.

항상 이리저리 오가며 분주한 싱글아빠의 생활은 벌들과 비슷하지만, 할 일은 그럭저럭 해치워지고 목표도 성취된다. 계획 세우기, 일정 짜기, 일관성과 오래 전부터 익숙한 활기가 함께 어우러져 그렇게 된다. 서둘러 이러한 수준에 도달하려면 아이들과 함께 하는 두 가지 일상생활, 즉 저녁 식사와 취침부터 먼저 해결한다.

일상생활은 무엇보다 우선 아이들이 일관성 있고 예측 가능하다고 느끼게 하는 것이 중요하다. 아이들은 어떻게 말하고 어떻게 행동하든 일관성 없고 예측할 수 없는 환경은 싫어하기 때문이다. 그렇다고 해서 훈련 교관처럼 집안일을 처리해야 한다거나, 모든 일을 시계처럼 정확하게 해야 한다는 말이 아니다. 싱글아빠가 원하는 바를 아이들이 처음부터 알 수 있도록 해야 좋다는 뜻이다. 이렇게 함으로써, 아이들 모두 자신이 처한 상황과 자신에게 기대하는 바가 무엇인지를 깨닫게 된다.

가족이 함께 하는 거의 모든 일은 30분 이상의 여유 시간이 필요하다. 7시 정각에 저녁 식사를 한다고 가정해 보자. 7시에 저녁 식사를 한다고 알려야겠지만, 실제 7시에 저녁 식사를 하기 위해서는 "7시에 다 함께 저녁 식사를 하려면 6시 반까지 집에 돌아와야 해." 라고 달리 말해야 한다. 모두들 7시에 맞춰서 들어온다면 7시 반으로 식사 시간을 늦출 수밖에 없다. 몇 번 그렇게 하면 아이들도 여러분의 의도를 알아차린다. 어떻든 아이들이 저녁을 거르는 일은 없을 것이다.

취침 시간도 이와 똑같다. 모두 9시에 잠자리에 들게 하려면 8시

반부터 잠자리 준비를 시작해야 한다. 이렇게 하려면 군것질을 하고, 이를 닦고, 잠옷을 입고, 좋아하는 인형을 찾도록 충분한 시간을 주어야 한다. 잠자리에서 동화를 들려주어 잠들게 하려거든 아이들이 침대에 들 때까지는 이야기를 시작하지 않는다. 이렇게 하면, 굼뜬 아이들도 잘 할 수 있게 된다.

7. 가족회의 시간을 정하라.

싱글아빠들에게는 아이들과 함께 정기적으로 토론해야 할 일들이 제법 많이 생긴다. 경제 사정, 가사, 가사와 학업의 조화, 휴가와 방학 계획, 곧 다가올 행사 등이 그렇다. 1주일에 한 번은 너무 잦은 느낌이지만, 한 달에 한 번으로는 충분치 못하다. 좋은 방법은 2주일에 한 번씩, 주말에 1시간가량 방해받지 않고 회의를 하는 것이다. 소란스럽지 않고 조용한 음식점에서의 가족회의도 괜찮다.

8. 가족에 대한 생각은 사람마다 다르다.

싱글아빠가 된다는 것은 부끄러워 할 일이 아니다. 사람들에게 미안한 마음을 가질 필요도 없다. 가족을 부양해야 하기 때문이다. 아이들을 돌본다는 사실에 자부심을 가져야 한다. 싱글아빠로서 겪는 어려운 점들이 많겠지만, 이혼 후 아이들을 만나는 면접교섭권조차 박탈당한 아빠들도 많다. 그런 고통을 겪지 않아도 된다는 점에서는 그래도 운이 좋은 편이다.

그렇다면 때로 왜 싱글아빠는 무언가를 잘못하거나 비정상적이라는 느낌을 받을까? 싱글아빠의 노력은 결국 실패로 끝난다는 여러분 친구들과 이웃들의 미묘한 암시를 받기 때문이다. 친척들은 여러분

을 따로 불러, 그런 환경이 아이들에게 이롭지 못하다고 말할지도
모른다. 그들 말의 숨은 뜻은 아마도 틀림없이 아이들을 생각한다면
애들이 엄마와 함께 살게 하거나 재혼하라는 것이다.

9. 마음을 굳게 먹어라.

다른 사람들이 어떻게 생각하고 무어라 말하든, 아이들을 돌보겠
다는 여러분의 선택은 옳은 일이었다. 일단 그렇게 하기로 결정했으
면, 하루하루 살아가는 모습이 다른 가족들과 크게 다르지 않아야
한다.

싱글아빠의 가계 예산 세우기

싱글아빠들은 가계 예산의 관리나 책임이 준비되어 있지 않다. 자
신에게 일어난 일을 채 깨닫기도 전에 심각한 재정 문제를 만난다.
납부하지 못한 청구서들이 쌓이고, 독촉 통지서가 우편함으로 날아
오고, 건강보험이 해약당할 처지에 놓이고, 자동차보험은 만기가 지
나버리고, 종종 은행에서 독촉 전화가 오기도 한다. 최악의 경우에
는 급여를 압류당하거나, 아파트 관리실에서 관리비 체납으로 강제
조치를 당하거나, 대출금 이자 납부를 놓친 탓에 압류 처분을 당하
거나, 급기야 파산할 수도 있다.

"어떻게 내게 이런 일이 일어날 수 있지?"

싱글아빠들 대부분은 금전과 재정 문제에는 분별력 있다고 자부
한다. 그러나 전형적인 미국 가정의 남성들은 대개 가계 예산에 영

향을 미치는 일상적인 계획이나 지출에 별 관심을 갖지 않는다.

승용차나 레저용 차량 구입 등 규모가 큰 구매는 남성이 한다. 식료품이나 의류 구매, 병원비나 치과 치료비 지출과 같은 소액 지출은 여성이 처리한다. 물론 예외도 있겠지만, 대개의 경우 미국의 주요 소비 집단은 여성이다. 미국 상무부에 의하면, 매년 10조 달러에 달하는 소비지출의 80% 이상을 여성이 맡는다.

싱글아빠가 된 여러분이 재정적인 궁지에 빠지지 않으려면 무엇을 어떻게 해야 할까? 무엇보다 우선, 매달 빚을 지지 않고 살아갈 계획을 세우고, 이를 철저히 지켜야 한다. 모든 일이 잘 되게 하려면, 미래의 재정 수요를 감당할 장기적인 계획을 마련할 필요가 있다.

처음 예산 계획을 세울 때는 다음과 같은 월간 예산표가 도움이 된다.

〈월간 예산표〉

월수입

급여/ 임금　　　　　　＿＿＿＿＿＿＿＿＿＿

사례금/ 초과 근로 수당　＿＿＿＿＿＿＿＿＿＿

이자/ 배당금　　　　　＿＿＿＿＿＿＿＿＿＿

기타 투자 수입　　　　＿＿＿＿＿＿＿＿＿＿

가족으로부터 보조　　　＿＿＿＿＿＿＿＿＿＿

기타 수입　　　　　　＿＿＿＿＿＿＿＿＿＿

총 월수입　　　　　　＿＿＿＿＿＿＿＿＿＿

월 지출(고정)

담보대출 상환/집세　　＿＿＿＿＿＿＿＿＿＿

난방 : 유류/가스　　　＿＿＿＿＿＿＿＿＿＿

전기 요금　　　　　　　_____

전화 요금(기본 요금)　　　_____

상수도/하수도 요금　　　　_____

식료품　　　　　　　　　_____

보육료　　　　　　　　　_____

아이들 용돈　　　　　　　_____

학교급식비　　　　　　　_____

교통비/주차비　　　　　　_____

건강보험　　　　　　　　_____

생명보험료　　　　　　　_____

연금보험료　　　　　　　_____

자동차보험　　　　　　　_____

자동차 가스/유류비　　　_____

고정 대부　　　　　　　　_____

신용카드 결제　　　　　　_____

교회 헌금　　　　　　　　_____

융자 상환　　　　　　　　_____

근로자 저축　　　　　　　_____

총 고정 지출　　　　　　_____

월 지출(가변)

피복/신발　　　　　　　　_____

의료/치과 치료　　　　　　_____

약 처방　　　　　　　　　_____

전화 요금(장거리)　　　　_____

자선단체 기부　　　　　　_____

차량 유지/수리　　　　　　_____

외식　　　　　　　　　　_____

여행/오락　　　　　　　　_____

보모	_____
선물	_____
세탁/드라이클리닝	_____
이발/화장품	_____
가재도구	_____
주택 유지/수리	_____
가구	_____
추가 저축	_____
잡비	_____
총 가변 지출	_____
총 고정 지출과 가변 지출	_____

매월 일정 금액을 지불해야 하는 고정 지출(집세나 담보대출 상환, 전기 요금, 난방비, 신용카드 결제 등)과 가변 지출(피복비, 오락, 선물, 주택 수리, 차량 유지비 등)을 효율적으로 조정하고, 다음 달로 이월할 가변 지출을 구분하는 것이 중요하다.

아이들과 관련된 모든 지출은 잊지 말고 계산에 포함해야 한다. 아이들 양육은 비용이 많이 드는 일이다. 주간 탁아, 보모, 학교급식, 학원 수강료, 방과 후 활동, 용돈, 버스 요금, 선물, 이발, 오락 등과 같은 항목을 계산에 넣어야 한다.

이제 시산(試算) 용지를 채워 보자. 기입해 나가면서 변경을 원할지도 모르므로 연필을 사용하라. 작성이 끝났으면 총 지출이 얼마나 되는지 현재의 월 순수입과 비교해 보라. 주저하지 말고 총결산이 적자라면 눈살을 찌푸리고, 흑자라면 미소를 지어라.

하지만 여기서 멈추면 안 된다. 적어도 두 달 이상 여러분이 실제 사용한 비용을 정확히 기록하라. 모든 것, 신용카드로 지불한 것뿐만 아니라 현금으로 지불한 것까지 모두 포함해야 한다. 이런 방식은 여러분의 지출 습관 기준을 정하는 데 도움이 될 뿐만 아니라, 지출을 유익하게 하는 부분이 무엇인지를 보여 주기 시작한다.

계획한 두 달이 끝날 무렵에는 여러분의 돈이 실제로 어디에 어떻게 쓰일지 훨씬 더 좋은 생각을 갖게 될 것이다. 그러면 다시 시산용지로 돌아가 필요한 조정을 한다.

아무리 계획을 잘 세우더라도 항목이나 항목 범주가 월 예산과 딱 맞아떨어지지는 않는다는 것을 기억하라. 봄 옷이나 겨울 옷, 구두나 운동화, 가구, 차량 수리 등과 같이 여러분이 아주 가끔씩 구입하는 재화나 서비스 때문이다.

또한 재산세, 주택 보험, 자동차 면허 및 등록, 조합비, 주 및 연말 정산과 같이 정기적으로 발생하는 지출 계획도 세워야 한다. 이러한 분야의 비용뿐 아니라 지불 기일이 되었을 때 적자에 빠지지 않도록, 매달 예정된 금액을 따로 준비해 두는 별도의 계좌도 괜찮은 방법이다. 여러분 스스로 이러한 돈을 따로 떼어둘 만큼 충분히 훈련이 되었다면 아주 훌륭하다.

이때 도움이 되는 몇 가지 정보가 있다. 이러한 돈이 여러분의 급여 계좌에서 바로 적립되도록 은행이나 신용조합에 별도 계좌를 개설한다. 일 년에 한 번 지출하는 모든 비용을 한 곳에 모아 놓고 열두 달로 나눈다. 비용을 충당하기 위해 매달 얼마나 많은 돈이 필요한지를 한눈에 알게 된다.

가계 예산을 세우고 예산에 충실하면, 여러분과 자녀들은 다음 두 가지를 성취하게 된다. 첫째, 재정적 어려움을 겪지 않는다. 둘째,

좋은 신용 등급을 유지하는 데 도움이 된다.

이러한 목표를 염두에 둔 채 따라야 할 몇 가지 규칙들이 있다.

규칙 1. 제때에 상환하라.

여러분이 의무를 이행하기 위해 정직한 노력을 다했다는 점을 계속해서 보여 준다면, 채권자들은 여러분이 체납하지 않도록 협조할 것이다. 어떤 상황에서든 예정된 상환을 거르지 말아야 한다. 체납이나 연체는 결국 여러분의 신용 등급 평가에 부정적인 영향을 미치게 된다는 점을 명심하라.

규칙 2. 되도록 매달 지출 부담을 균등하게 하라.

매달 예산을 충실히 집행하면 달마다 예정된 금액을 계획할 때 훨씬 수월해진다. 예컨대, 제반 시설 이용료는 여러분이 실제 지불해야 할 총액이 얼마이든 매달 같은 금액을 지불하는 조건을 제시할 것이다.

규칙3. 신용카드와 관련하여 주의를 기울여라.

사람들이 재정 문제를 겪게 되는 첫 번째 이유는 신용카드다. 신용카드를 사용할 때는 낮은 이자율, 30일의 결제 유예기간, 연회비 무료인 신용카드를 찾아보라.

규칙 4. 다음 달 대금 결제 유예기간 안에 전액 결제하라.

기간을 넘기지 않고 결제 가능한 금액 한도에서 구매하여, 신용카드 잔액의 이자를 지불하지 않도록 한다. 이렇게 지불하는 이자는 소득세에서 공제되지 않는다는 점을 명심하라.

규칙 5. 대출금과 신용카드 잔액에는 계속 이자가 붙는다.

상환금 지불 여부와 상관없이 대출금과 신용카드 잔액에는 이자가 끊임없이 붙는다. 여러분의 계산표에 나타나는, 특히 휴가시즌 무렵의 '결제를 하지 않아도 되는 휴일' '결제 유예' 등의 방식에 주의해야 된다.

규칙 6. 많은 부채를 안고 있다면 부채 상환 대출을 고려하라.

이러한 형태의 대출은 모든 부채를 매달 한 번의 상환으로 통합시킨다. 또 거래 은행이나 신용조합을 통해, 신용카드를 사용하는 것보다 더 낮은 이자율과 더 좋은 조건으로 대출 받을 수 있다.

규칙 7. 신용카드 잔액을 전액 상환하거나 줄이도록 하라.

매달 최고율의 이자를 내야 하는 것이 신용카드 잔액이다. 신용카드는 대부분 이자율이 가장 높거나(보통 소매상이나 백화점이 발행하는 신용카드) 이월 잔액이 가장 많은 거래일 것이다. 매달 지불하는 이자(계좌 거래 내역)가 인쇄된 정보를 꼼꼼히 따져보는 것이 좋다.

규칙 8. 재정 문제에 대해 믿을 만한 조언을 구하라.

심각하게 곤란한 상황에 처하기 전에 재정 문제의 상담을 받으라. 거래 은행, 펀드매니저 또는 지역의 신용보증 회사에 의뢰하면 재정 문제 상담은 일반적으로 무료로 가능하다.

규칙 9. 저축이 어렵다면 저축 프로그램을 이용해 보라.

고용주를 통한 급여 공제 저축이나 저축 채권에 가입하는 등의 저축 프로그램이다. 급여에서 돈이 직접 빠져나가게 하는 방식도 가능하다.

규칙 10. 재정적으로 긴축할 부분을 찾아보라.

예산이 빠듯할 때에도 식료품비와 문화비, 선물비, 외식비, 의류 및 충동 구매비 등에서 분명히 찾아낼 수 있을 것이다.

규칙 11. 튼튼한 재무 기초를 강화하라.

저축 채권이나 양도성 정기예금 증서와 같은 위험이 적은 투기를 위한 투자를 한시적으로 제한하고, 튼튼한 재무 기초를 강화시키기 위해 노력한다.

규칙 12. 건강 관리비를 따로 떼어 두어라.

자신의 건강 관리를 위해, 매월 약간의 금액을 따로 떼어 두는 것이 좋다. 단돈 5만 원이라도 결국 그것은 여러분이 번 돈이 아니던가?

싱글아빠의 살림살이

남성은 가사와 거리가 멀다는 것이 오래된 전통적 견해다. 실제로, 결혼 후의 적응에 관해 출간되는 대개의 책들은 남자가 가정부를 구하는 방법이나, 여자가 가사를 돌보는 방법의 내용을 다루고 있다. 하지만 독신이든 기혼이든, 혹은 이혼한 경우든 오늘날 많은 미국 남성들이 가사의 책임을 어렵지 않게 감당하고 있다. 만약에 여러분이 스웨덴과 같은 나라를 여행해 보면, 아내가 직장에 나가는 경우에는 남편이 집에서 가사를 돌보는 것이 자연스러운 전통임을 발견할 것이다.

이제 남성이 과연 집안일을 할 수 있을지의 여부를 따지는 것은 시대착오적이다. 오히려 남성이 집안일을 효율적으로 처리하는 방법을 탐구하는 것이 보다 중요한 관심사다.

싱글아빠가 팀을 조직해서 게임에 투입시킬 최선의 방법은 무엇일까? 집안을 깨끗이 청소하는 일에 자원해서 나설 사람이 있을까? 지금까지 조사된 바에 따르면, 집안일하기 좋아하는 사람은 거의 없다. 대부분의 사람들이 가사는 자기들이 정말 싫어하는 것들만 있다고 고백하였다.

싱글아빠들은 이러한 측면에서 커다란 장점을 갖는다. 가사에 아이들을 참여시킴으로써, 가족을 위한 가사 분담을 협동 작업으로 이끌게 된다.

돌아가면서 맡는 가사　　　모든 가사 업무의 목록을 만들어 비교적 균등하게 나누는 방법이다. 목록은 가족 각자 돌아가면서 할 수 있도록 기록하여 분담한다. 그렇게 기록한 순환 목록대로 모든 가족은 한 주에 한 번씩 새로운 가사 업무를 맡게 된다.

규칙적으로 처리해야 할 집안의 모든 일(진공청소기로 청소하고, 거실을 청소하며, 가구를 닦고, 주방 바닥을 대걸레로 닦거나 욕실의 하수구와 욕조를 씻어 내거나 하는 등)의 목록을 작성해서 시작해야 한다. 한쪽에는 가사 목록을 기록하고, 다른 한쪽에는 가족의 이름을 적는다. 두 개의 미술 공작용 판지를 이용하여 순환 목록의 표를 만드는 것이다. 가족 모두의 눈에 잘 띄는 곳에 부착하고, 매주 가사와 담당 가족의 이름을 순환시킨다.

이 방법은 가족 모두 각자의 가사에 책임 의식을 갖게 해준다. 더불어 자신이 맡은 일이 잘못 되지 않도록 잠시도 방심하지 못하게 한다. 반면에 모든 가족이 각자의 일을 다 소화할 수 없다는 단점도 있다. 부모로서 아빠가 대신 하지 않으면 안 되는 일이 꽤 많이 발생하게 된다.

전문화된 청소 업무　　자녀 중에는 매주 자신의 가사가 바뀌는 것보다 같은 일을 전담하려는 아이도 나온다. 결국 싱글아빠 가족은 실천을 통해 자신의 업무 수행 능력의 발전에 자부심을 느끼는 전문가 팀이 되는 것이다.

전문화된 청소 업무를 수행하는 최선의 방법은 각자에게 분리된 가사 목록보다 그들이 원하는 특정한 일을 분담시키는 것이다. 결국 이 방법은 자녀들이 반복을 통해 자기가 맡은 일을 능숙하게 처리하게 되는 장점이 있다. 그러나 일의 양을 동등하게 분담시킬 수 없는 단점도 있다.

가족 대청소일　　만약에 여러분이 가족을 조직화하여 가사를 원만하게 처리하기 바란다면, 매주 온 가족이 집안을 청소하는 특정한 날을 정한다. 내가 잘 아는 한 싱글아빠는 매주 일요일 오후에 2시간씩 자녀들과 함께 집안 청소를 한다. 그들은 모두 정신없이 일한 다음, 피자 외식을 한다. 그것은 다소 혼란스러워 보이긴 하지만, 집안이 일시에 깨끗해 진다.

마지막으로 한 가지 더   여러분이 어떤 방법을 사용하든 그것은 반드시 과업을 성취하는 확실한 방법이어야 한다. 예컨대, 자녀들에게 용돈을 줄 때는 그들의 실적에 따라 액수를 정하는 것이 합리적이다. 그리고 각자 맡은 가사 임무를 완수했을 때 용돈을 준다는 사실을 처음부터 분명히 하라. 그래야 문제가 안 생긴다.

싱글아빠가 지키는 가정의 안전

여러분의 가정이나 아파트는 얼마나 안전한가? 여러분은 가정의 안전사고에 대한 위험성을 줄이기 위해 어떠한 방법을 쓰는가? 여러분의 자녀는 위급할 때 어떠한 조치를 취해야 하는지 숙지했는가?

가정은 우리가 많은 시간을 보내는 장소라는 점에서 실제로 직장 다음으로 위험한(심각한 부상이나 사고) 곳이다. 우리가 일하는 사무실과 공장은 종업원들의 건강과 안전을 위해 특별한 규칙과 규범을 엄격하게 준수해야 한다. 그러나 여러분의 집안에는 전혀 의식하지 못한 채 스쳐 지나는 많은 위험 요소들이 잠재한다. 가정을 안전 대피소로 만들 확실한 방법을 찾는 것은 바로 아빠인 여러분에게 달려 있다.

안전사고를 미리 예방   어렵게 생각할 것 없이, 일단 깜냥대로 가정의 안전을 점검한다. 종이와 연필을 들고 집 안팎을 샅샅이 살펴본다. 위험하거나 사고의 원인이 된다고 여겨지는 아주 사소한 것도 놓치지 않고 메모한다. 예를 들어, 계단의 손잡이가 흔들린다거나, 벽에서 못이 빠지려 한다거나, 전선이 늘어져 있다거나, 굴뚝의 벽돌에 금이 갔다거나, 창문이 깨지고 샤워장의 타일이 너무 미끄럽다거나…… 한두 가지가 아닐 것이다. 문제점들은 즉석에서 조금만 손을 보면 해결되는 것, 집안 수리에 관한 책을 통해서도 가능한 것, 어쩔 수 없이 수리공을 불러야 하는 것 등으로 나뉜다. 수리할 것이 늘어날 때는 실력 있는 도급업자나 주택 수리 전문가에게 견적서를 받아보도록 하라.

가정의 안전사고 해결을 위해 노력하는 동안, 여러분과 자녀들은 가스 차단 밸브나 전기 스위치 등 크고 작은 안전사고와 관련된 집 안팎의 각종 기기의 위치와 그 사용 방법을 숙지해야 한다. 수도관이 갑자기 터져 집안이나 지하실에 온통 물난리가 났는데도, 아무도 그것을 막을 줄 모른다면 그때처럼 난감한 일은 없다. 전기 누전이 일어났을 때나 가스가 누출될 때 집안으로 들어오는 전기와 가스를 차단하지 못하면, 상상을 뛰어넘는 상황에 빠지게 된다. 참고로, 대부분의 천연 가스 라인은 밸브를 잠글 렌치가 필요하다. 비상시에 사용할 여분의 렌치를 가스 밸브 옆에 비치하는 것도 훌륭한 안전사고 예방책이다.

안전사고에 대한 전문가들의 보고에 의하면, 가정에서 가장 위험한 두 곳은 주방과 욕실이라고 한다. 만약에 여러분의 자녀가 주방 일을 스스로 하기에 충분한 나이라면, 그들에게 스토브를 비롯한 각종 가전제품의 활용 방법을 반드시 숙지시켜야 한다. 욕실의 경우,

욕조와 샤워부스에는 미끄럼 방지를 위한 매트를 깔고, 하수구와 욕조에서 모든 전기 기구를 가능한 한 멀리 떨어지게 하는 것도 위험을 줄이는 요소다.

위험 물질은 가족과 격리　여러분의 가정 안전을 위한 또 하나의 방법은 집안에 위험한 물건을 두지 않는 것이다. 대개 집안 구석진 곳이나 지하실이나 차고에 방치하기 쉬운 하수구 청소 세제, 오븐 청소 세제, 살충제, 제초제, 부동액, 시너와 같은 것들은 자칫 잘못되어 유출되면 엄청난 피해나 치명적인 결과를 초래한다. 페인트 제거제, 드라이클리닝을 위한 약품, 산(酸)이 함유된 모든 물질 등은 심각한 피부병이나 눈의 염증을 유발할 수 있다. 가솔린, 등유, 프로판 가스, 소독용 알코올, 라이터용 액체 같은 민감한 인화성 물질은 폐쇄된 공간이나 온도가 높은 곳에 쌓아두면 절대 안 된다.

전동 공구 역시 위험한 문제를 일으킬 수 있다. 값비싼 기구들로 지하실에 작업장이 갖추어질 경우 여러분은 기쁨과 자부심을 갖게 된다. 하지만 여러분이 어린 자녀들을 주의해서 감독하지 않는다면, 그곳은 아이들에게 절대 안전한 장소가 될 수 없다. 방심은 절대 금물이다. 아이들의 접근을 차단하는 일에 적극적으로 나서야 한다.

특히, 총기나 칼 종류가 자녀들의 손길이 쉽게 닿는 곳에 보관되어 있다면 즉시 그렇지 않은 곳으로 옮겨야 한다. 매일같이 언론에 보도되는 비극적인 이야기 가운데 하나가 아이들이 장전된 총기류나 도검류를 갖고 놀다가 일어난 사고 소식이다. 그중에서도 총기류는 어린 아이들에게 절대 금물이다. 총기 사고가 일어난 대부분의 가정은 부모가 안전사고 예방을 위해 많은 노력을 기울였음에도 불구하고 그렇게 되었다는 것을 염두에 둬야 한다.

신속한 구조 요청 방법 숙지　　가족이나 가정에 위급한 상황이 발생했을 때 신속하게 외부에 도움을 요청하는 최선의 방법을 강구한다. 전화기 옆에 가장 필요한 전화번호 목록을 비치하는 것도 좋은 방법이다. 경찰서나 소방서, 구급차, 가정 단골 병원, 집에서 가장 가까운 응급실이나 병원, 독극물 치료 센터, 가축병원, 그리고 아이들을 돌봐 주고 그들을 진정시킬 수 있는 친구나 이웃 사람의 전화번호가 여기에 해당된다.

자녀들에게 그들이 어디에 있더라도 아빠와 연락할 수 있는 방법을 반드시 가르쳐 준다. 아이들이 항상 아빠의 직장 전화번호를 외우거나 지니고 다니도록 하는 것도 좋은 방법이다. 자녀들이 휴대폰을 사용한다면 이미 모든 번호가 저장되어 있겠지만, 아직 어린아이들일 경우에는 옷이나 가방 안쪽에 실로 전화번호를 박아 준다. 아이들에게 공중전화를 걸 동전을 준비해 주고, 지역 번호와 (직장의) 정확한 주소를 가르쳐 주는 것도 중요하다. 우리 집 주소와 전화번호를 외우는 것은 거론할 필요도 없다.

잊지 말고 아이들이 긴급한 전화를 할 때 어떻게 말해야 좋을지 함께 실습하는 시간을 갖도록 한다. 이때 아이들이 구원의 손길을 집으로 안내하는 방법과 정보도 반드시 숙지시켜야 한다. 그리고 자녀들이 119와 112 등에 전화해야 할 상황과 전화해서는 안 되는 상황을 분명히 이해시켜야 한다.

구급약품 상자 활용　　가족은 구급약품 상자의 위치와 그것의 활

용 방법을 숙지해야 한다. 구급약품 상자에 상비해야 할 비상 물품
은 다음과 같다.

- 가벼운 상처를 위한 여러 종류의 접착 밴드
- 비교적 큰 상처를 위한 압박 붕대
- 찰과상이나 화상 부위를 보호하기 위한 살균된 거즈 패드
- 롤식의 접착 반창고
- 가위
- 상처 부위의 소독을 위한 살균 소독제
- 찰과상이나 화상 부위의 치료를 위한 구급용 연고
- 종합 소독용 조그만 과산화수소 통
- 이물질 제거를 위한 핀셋
- 팔걸이 붕대나 또는 붕대를 감기 위한 커다란 삼각 붕대
- 접질림에 대비한 삼각 붕대나 클립
- 충격받거나 기절했을 때를 대비한 암모니아 흡입기
- 동맥 출혈의 응급 처치를 위한 고무줄
- 기초적인 응급 처치 방법에 대한 지시 사항
- 아스피린 사용 금지(어린 아이들에게 심각한 부작용을 일으킬 수
  있음)

손전등과 라디오 준비　　가장 일반적인 응급 상황에 대비하기 위
해 항상 성능이 뛰어난 두 개의 손전등을 여분의 배터리(이중 한 개는
누구나 쉽게 찾도록 주방에 보관해야 함)와 함께 준비해야 한다. 역시
여분의 배터리와 함께 휴대용 트랜지스터 라디오, 연료가 떨어졌을
때를 대비한 여분의 모포와 며칠 동안 여유분의 식량과 식수도 필요

하다. 더불어 아이들에게는 긴급 지역 방송국 주파수를 맞추는 방법 등의 라디오 사용법을 가르쳐 주어야 한다.

화재 예방 훈련 실시   가정에서 일어나는 모든 긴급한 상황 가운데, 가장 치명적인 것은 화재가 발생하는 경우다. 따라서 시간과 장소가 허락될 때마다 화재로부터의 안전과 예방을 위한 가족 소방 훈련을 실시하고, 다음 사항을 점검한다.

화재를 예방하기 위해, 집안에 낡은 전선은 없는지 살핀다. 낡고 파손된 전선은 교체하거나 버린다. 모든 가전제품이 제대로 작동하도록 관리하고, 가정의 전선 배치와 전자 회로를 정기적으로 점검한다. 끊어진 퓨즈를 교체할 때는 교체될 퓨즈의 형태와 일치하는지 확인한다. 실내 난방기는 가능한 한 사용하지 않도록 하고, 만약에 사용할 때에는 일부 보험회사에서는 보험 가입을 받아주지 않을 만큼 대단히 위험하다는 사실을 명심해야 한다.

과부하가 일어나거나, 문어발식으로 같은 회선에 지나치게 많은 전기용품을 사용하여, 벽 뒷면의 전선이 과열되지 않도록 주의해야 한다. 자녀들과 함께 화재 예방에 대해 토의하고, 그들에게 전기 제품의 안전한 사용법을 가르치는 것이 좋다.

난로를 사용할 때는 먼저 전문가에게 제대로 작동하는지의 여부와 난로에 위험한 것은 없는지를 확인한다. 항상 난로의 화열 방지 칸막이를 사용하고, 난로에서 잠시도 주의의 눈길을 떼지 않도록 한다.

가정에서 발생하는 화재의 중요한 원인 가운데 하나는 아이들이 성냥이나 담배용 라이터를 갖고 노는 것이다. 그러므로 모든 흡연 도구를 안전한 곳으로 치워야 한다.

연기 탐지기를 집안의 모든 장소에 설치하되, 특히 침대 근처에는 빠뜨리지 않는다. 그것들이 정상적으로 작동하는지 정기적으로 점검하고, 배터리를 제때에 교체한다. 대부분의 탐지기는 배터리가 떨어지면 제 각기 다른 삐삐 소리나 찍찍 소리를 낸다. 주방과 침실 가까운 곳과 지하실에는 소화기를 설치한다. 온 가족이 소화기 사용 방법을 숙지하는 것은 기본이다.

가족들은 야간에 화재가 발생했을 때 안전하고 신속하게 대처하는 방법을 익혀야 한다. 실제로 한밤중에 화재가 발생하면 주간과는 달리 서로 방향을 잃고 허둥대기 쉽다는 점을 명심한다.

따라서 적어도 한 달에 한 번 이상 방화 훈련을 하는 것이 좋다. 2인 1조 훈련이 효과적이다. 위기 상황이 발생할 경우를 대비한 각자의 책임이 분담되고, 가족이 바깥에서 만날 장소도 사전에 결정하게 된다.

싱글아빠 가정과 '나 홀로 집에'

싱글아빠 가정에서는 아이들끼리만 있어야 하는 경우가 매우 많다. 대부분의 싱글아빠들이 가장 걱정하는 문제가 바로 이것이다. 특히 그들은 학교에 다니는 자녀들이 방과 후에 텅 빈 집으로 돌아와야 하는 문제를 많이 염려한다.

유아와 미취학 아동들은 오히려 대부분의 보육 센터가 주간의 정상적인 업무 시간에 계속 문을 열기 때문에 상황은 덜 심각하다. 그러나 대부분의 지역에서 학령기 아동을 위한 방과 후 프로그램이나 활동을 찾아보기란 매우 어렵거나 거의 불가능하다.

'열쇠 목걸이를 한 아이들', 다시 말해서 자기 집의 열쇠를 갖고 다니며 하루 종일 어른의 보살핌을 받지 못한 채 시간을 보내는 6~18세 아이들의 수가 매년 증가하는 추세다. 지역 사회의 프로그램이나 서비스는 그들의 욕구를 거의 충족시켜 주지 못한다. 일부 복지관에서 방과 후 프로그램을 실시하지만, 아직은 충분하지 못하다.

싱글아빠들은 자녀를 혼자 또는 자녀들만 집에 있게 해야 할 때 어떻게 대처해야 좋을까? 사전 준비와 자녀의 독립심과 성숙도에 따라 큰 차이를 보이는 일이다. 크게 어렵지도 않다. 싱글아빠들의 작은 식견이나 상식, 또는 교육이 그 문제를 효율적으로 해결하는 데 도움을 준다. 실제로 이와 관련된 연구 조사에 의하면, 싱글아빠 가정에서 자란 아이들은 싱글엄마나 양친 부모의 가정에서 자란 아이들보다 일찍 성숙하고, 독립심이 강하며, 문제 해결 능력이 뛰어난 것으로 밝혀졌다.

문제의 해결은, 여러분이 자녀의 관점에서 '나 홀로 집에'의 경험을 이해하는 것에서부터 시작된다. 우리 가정은 정말 아늑한 곳인가? 우리 집은 혼자 있어도 안정감을 느끼는가? 우리 집에는 따분하거나 외로울 때 이에 대처할 만한 것들이 충분한가? 우리 집에서 가장 두려운 것은 무엇인가? 등을 직접 찾아보고 해결해야 된다. 만약에 싱글아빠들이 이 문제를 처음부터 자녀들의 생각과 의견을 모으고 토론하는 가족 프로그램으로 접근한다면 매우 유익할 것이다.

어린 자녀가 방과 후 아무도 없는 텅 빈 집으로 돌아와야 하는 것이 불가피할 때, 싱글아빠들이 실천할 수 있는 몇 가지 방법을 제안한다.

이웃사촌 찾기　　여러분의 자녀가 무사히 귀가했는지 귀찮아하지 않고 확인해 줄 만한 사람, 오후에 연락이 가능한 장년 친구나 이웃 사람을 알아본다.

사랑의 전화 통화　　다른 사람이 여러분을 대신해서 확인해 준다 할지라도, 아빠가 자녀와 직접 대화하는 것만큼 좋은 방법은 없다. 자녀들에게는 자기들의 오후 계획, 예를 들면 친구의 집을 방문하거나 극장이나 비디오 게임 코너에 가는 문제 등을 아빠와 상의해야할 경우가 있다. 그들은 적어도 아빠의 목소리를 듣고 싶어 하고, 그들에게는 늘 아빠에게 말하고 싶은 것이 있다.

비밀 장소의 열쇠　　어린 자녀들이 집에 돌아와서 안으로 들어갈 수 없는 상황에 처할 때처럼 당황스럽고 걱정되는 일도 드물 것이다. 여분의 열쇠를 약속된 바깥의 비밀 장소에 감추어 놓되, 저녁에는 회수했다가 다음 날 아침에 잊지 말고 같은 장소에 다시 갖다 놓도록 한다.

가정 규칙 목록　　여러분의 자녀가 자기의 일을 스스로 하게 되었을 때, 해도 되는 일과 해서는 안 되는 일의 목록을 작성하여 벽에 붙여둔다. 친구 방문이나 가전제품의 사용, 용납되는 행동이나 간식, 자녀가 둘 이상일 경우의 책임자 등을 가족 토론을 통해 결정하여 목록을 만든다.

악천후나 천재지변　　손전등과 트랜지스터 라디오, 담요, 만화책,

카드 게임 한 벌 정도가 좋다. 전기가 나갔을 때 아이들이 쉽게 찾을 만한 곳에 상자에 담아 보관한다.

정서적인 보살핌　애완동물은 '나 홀로 집에' 자녀들이 보다 안정감을 느끼고 외로움을 덜어주는 데 도움이 될 수도 있다. 아이들의 침대나 화장대 위에 남기는 아빠의 쪽지 편지는 훌륭한 사랑의 메신저가 된다. 자녀들은 쪽지 편지를 통해 아빠가 자신들에게 얼마나 많은 관심을 기울이는지 알게 되고, 아빠가 자신들의 모든 노력을 인정하고 있다는 사실을 깨닫게 된다.

아빠의 직장 알려주기　시간을 내서 자녀들을 여러분의 직장에 데려가라. 자녀들에게 아빠가 가족을 위해 매일 하는 일이 어떤 것인지 보여 줘라. 그리고 아이들을 직장 동료들에게 소개하라. 이러한 경험은 자녀들이 집에 홀로 있을 때 아빠가 하는 일과 아빠의 세계에 대해 생각하게 할 것이다.

가족의 현재 위치　여러분은 자녀들이 어디에 있는지를 반드시 챙겨야 한다. 마찬가지로, 아이들에게도 여러분의 소재와 귀가 시간을 알려야 한다. 만약에 늦을 경우에는 전화를 해 주고, 그들에게 저녁 시간에 해야 할 일들을 말해 준다.

초인종이나 전화 응답하기　어떠한 경우라도 외부 사람에게 집안에 아이들만 있다는 사실을 알려서는 안 된다. 바깥문은 안전 체인으로 안전장치를 해야 한다. 그리고 전화한 사람들에게는, "아빠께서 지금 바쁘셔서 전화를 받을 수가 없어요. 메시지를 남겨 주시겠어요?"라고 말하게 하라.

간식 챙기기　건강을 위한 간식을 준비해 둔다. 아이들이 방과후 집에 돌아오면 배가 고프기 마련이다. 대개 점심 식사 후 3, 4시간이 지났을 때다. 그들이 마음껏 먹을 수 있도록 당근이나 샐러리, 사과, 오렌지, 곡류, 땅콩버터나 젤리 등을 준비해 둔다.

빈집에서 할 만한 일 찾기　자녀들이 스스로 생각해 낼 수 없는 것들로, 그들이 할 만한 일들을 메모한다. 예를 들면, 가족 앨범의 사진에 제목을 달거나, 헌 잡지에서 콜라주(붙이기) 모으기를 한다거나, 어떤 것을 수집하는 등의 일은 자녀들이 집에 홀로 있을 때 아주 유익하다.

귀가한 뒤의 대화　집에 돌아오면 아이들 각자와 마주 앉아 그들의 현재 상태와 하루를 어떻게 지냈는지, 대화를 통해 알아보도록 하라. 이때 아이들도 즉각 여러분의 하루에 대해 질문하는 것을 보고는 깜짝 놀라게 될 것이다.

마지막으로 한 가지 더　때로는 저녁에 아이가 혼자 집에 있어야될 경우도 생긴다. 자칫 소홀할 수도 있지만 간과해서는 안 된다. 어떤 아이들은 자기가 이러한 책임을 감당해 낸다는 것에 커다란 자부심을 갖고, 자신을 돌보는 일을 잘 해낸다. 그런가 하면, 무서운 밤에 자기 혼자라는 생각에 집착하면서 겁먹는 아이들이 있다. 그러므로 이 문제는 신중하게 접근해야 한다. 처음에는 한 시간 정도 집을 비운 뒤 아이들이 어떻게 하는지를 관찰한다. 그러나 만일 밖에서 밤을 새워야 할 경우에는, 아이를 보살펴 줄 사람을 두는 것이 좋다.

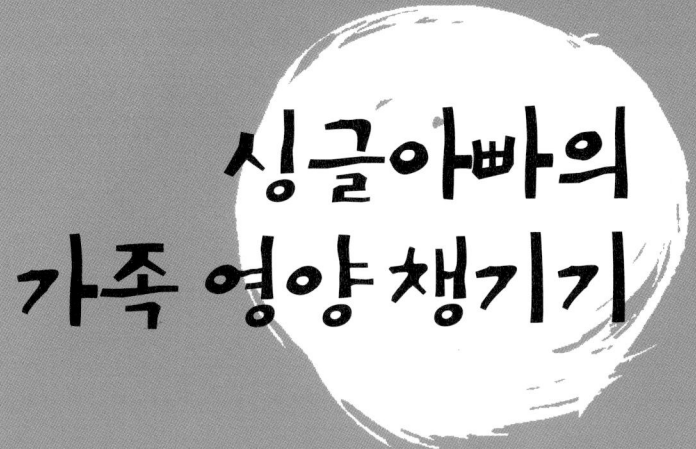

싱글아빠의 가족 영양 챙기기

싱글아빠의 가족 영양 챙기기

가사의 주요한 핵심 가운데 하나는 가족의 건강이다. 싱글아빠들역시 그 부분에 가장 큰 책임감을 갖기 때문에, 특히 나이 어린 자녀를 둔 싱글아빠들은 많은 시간을 슈퍼마켓에서 보내게 된다. 시장을보고, 가정으로 돌아가 요리를 하고, 아이들에게 음식을 먹이고, 식탁을 치우고, 설거지를 하는 내내 머릿속을 떠나지 않는 것은 가족의 영양에 대한 걱정이다. 그러나 용기를 내자.

대부분의 싱글아빠들은 자신들이 자녀의 음식을 제대로 챙겨주지못한다고 말한다. 남성들은 음식이나 영양 면에서 제대로 훈련을 받은 적이 없기 때문이다. 그러나 그들도 베이컨을 굽고 계란을 프라이하여 햄버거를 만들 줄 안다. 덧붙여 자신이 좋아하는 음식 몇 가지의 요리법도 알 것이다.

하지만 그들에게 일주일치 식단을 요구하면 당황한다. 일주일 식단을 위해 냉동식품으로 냉장고를 채워 넣고, 일회 용기에 포장된 음식으로 찬장을 가득 채우는 것은 어쩌면 당연한 일일지 모른다.

그렇다고 해서 여성들의 형편이 썩 나은 것도 아니다.

"내가 데이트 했던 한 여성이 그녀의 가족들은 패스트푸드 식당 음식으로 살다시피 한다고 말할 때까지는, 나는 아이들에게 먹이는 음식에 대하여 얼마나 죄책감을 가졌는지 모른다."

한 싱글아빠의 고백이다.

우리는 대개 신속하게 마련되는 음식을 좋아한다. 바쁜 일상에 쫓겨, 냉동 음식을 전자레인지에 요리하여 차 안에서 먹거나, 패스트푸드 식당에서 대충 한 끼를 때우는 경우가 많다.

패스트푸드 음식이 모두 나쁘다는 것은 아니다. 그쪽에 너무 치우치는 것이 문제다. 싱글아빠들은 궁극적으로 가족의 영양을 책임져야 되기 때문에, 그와 관련된 충분한 정보가 필요하다.

네 가지 기본 식품군　　식단을 계획할 때 가장 폭넓게 '네 가지 기본 식품군(Four Basic Food Group Plan)'으로 접근한다. 식품을 비슷한 근원과 영양을 가진 것끼리 나누고, 이것을 하루에 얼마나 섭취하면 좋을지 설명한다.

Ⅰ. 우유와 유제품.

우유, 요구르트, 치즈, 커스터드, 푸딩, 아이스크림 등.

하루에 한두 번 섭취하는데, 영양은 나이와 활동 수준에 따라 달라진다.

Ⅱ. 빵과 시리얼.

곡식, 강화된 빵, 롤, 쌀, 파스타, 머핀, 비스킷 등.

하루에 네 번 섭취한다.

Ⅲ. 야채와 과일.

당근, 완두콩, 옥수수, 스쿼시, 사과, 오렌지, 바나나 등.

하루에 네 번 정도 섭취한다.

Ⅳ. 육류 및 육류 대용 식품.

가금류, 생선, 쇠고기, 돼지고기, 계란, 말린 콩, 땅콩 등.

하루에 두세 번 먹는다.

이러한 방법으로 접근하는 것은 가족 매일 식단에 좋은 바탕이 된다. 게다가 이런 식으로 메뉴를 작성하면 상대적으로 단순해져 편리하다.

권장되는 다른 일반적인 영양소　　네 가지 기본 식품군에 단백질, 비타민, 무기질을 위한 다른 영양소를 반드시 첨가해야 한다. 국립과학연구소는 선택된 영양소의 하루 평균 소비 표준을 수립하였다. 하루 동안에 결핍되기 쉬운 영양소들이다. 일일 권장 영양소(RDA)는 충분한 양의 단백질과 13가지 비타민과 15가지 무기질에 대하여 언급한다.

하루에 필요한 에너지　　일상의 열량 공급 형태에서 개인적인 에너지 공급은 나이, 성별, 키, 몸무게, 발달 단계, 활동 수준에 따라 다양하다. 대부분의 성인 남성들은 하루에 2,700~2,900칼로리가, 성인 여성들은 1,900~2,200칼로리가 필요하다. 아동들은 나이에 따라

차이가 많이 난다. 3세 아동은 하루에 약 1,500칼로리, 10세 아동은 약 2,000칼로리가 요구된다. 사춘기에 이르면 하루에 4,000칼로리로 뛰어오른다. 사춘기 때는 원만한 성장을 위해 더욱 많은 양의 영양소가 필요하다. 특히 신체의 성장을 위해 고른 영양이 필요하게 된다.

이러한 수치는 평균적인 것이다. 어떤 연령이든 매우 활동적인 아동들은 그들의 에너지를 충족시키기 위하여 더 많은 열량이 필요하다. 다소 활동량이 적은 아동들에게 같은 열량을 공급한다면 살이 찌게 될 것이다.

열량을 추적하는 것은 매우 복잡하지만, 음식 선택의 상식을 가진 사람이라면 가족의 음식을 4대 기본 식품군으로 계획하기가 어렵지 않을 것이다. 실제로 칼로리 계산을 원한다면, 그것 역시 매우 단순하다. 대부분의 식료품 가게에 비치된 저렴한 소책자를 보면, 가장 일반적인 음식과 칼로리가 적혀 있다.

일상 식단 계획하기　　　다음의 일상적인 상차림은 40세 싱글아빠와 세 자녀의 경우다.

아침
　오렌지 주스 240ml
　스크램블드에그 2개
　토스트 2개
　마가린 2 티스푼
　포도 젤리 60g

점심
　쇠고기와 콩 브리또 2개

사과 1조각

당근 1조각

음료 240ml

저녁

구운 닭고기 2조각

마가린으로 구운 감자 1개

완두콩 1컵

샐러드

드레싱 60ml

셔벗 1컵

저지방 우유 240ml

이상의 식단은 약 2,500칼로리로, 가족을 위한 평균 영양으로 충분하다. 활동량이 많아지는 자녀(13~15세)는 위의 상차림보다 전체적으로 더 높은 칼로리를 요구하게 된다. 반면 좀 더 어린 자녀(약 9세)에게는 그보다 적은 칼로리로도 충분하다. 가족에 따라 분량을 조절하면 된다. 또한 사춘기 자녀들에게는 식사 사이에 간식거리도 필요하다.

효율적인 음식 준비　　음식을 준비할 때 보다 효율적인 지혜가 필요하다. 준비된 식품이 어떤 단계인지 살펴서 부엌을 생산적인 환경으로 만들고, 식사를 준비하는 시간을 줄일 만한 방법도 끊임없이 찾고 시도해 본다. 가족에게 냉동 음식을 먹이지 않을 방법을 찾았다면 당장 시도하는 것도 방법이다.

모든 싱글아빠 가족은 요리를 위한 기본적인 장비로 냄비와 전자

레인지가 필요하다. 먼저 저녁에 냄비에 요리를 해서 이튿날 데워 먹는다. 저녁에 가족이 돌아오면 냄비에 식사를 준비하면 된다. 주로 수프, 칠리, 로스트, 닭 요리, 그리고 거의 모든 종류의 찌개 음식에 해당되는 요리 방법이다.

전자레인지는 시간과 노력을 줄이는 데 절대적이다. 감자를 굽고, 밥을 하고, 야채를 익히는 데 효과적이다. 그러나 아이들이 먹는 야채 요리는 지나치게 오래 가열해서는 안 된다. 아이들은 약간 덜 익혀서 사각거리는 야채 요리를 더 좋아한다.

아침 식사의 중요성　　아이들의 아침 식사는 무슨 일이 있어도 거르지 않는 것이 좋다. 아침 식사가 아동의 학교생활에 절대적인 영향을 준다는 사실이 여러 연구를 통해 발표되었다. 연구 결과에 의하면, 아침을 먹지 않은 아동은 아침을 먹은 아동에 비해 시험 결과가 좋지 않았으며, 집중 시간도 더 짧은 것으로 나타났다.

아이들의 식사는 네 가지 기본 식품군을 모두 충족하는 것이 중요하다. 도넛이나 시리얼은 아이들의 공복감을 우선은 면하게 해주지만, 뛰어놀다 보면 쉽게 허기를 느끼게 만든다. 아침에 부족한 영양소는 점심이나 저녁으로 보충되지 않는다. 아침을 거르면 하루 영양의 불균형을 초래한다.

장보기　　음식 재료를 구입하는 일은 때로는 정말 골치가 아프다. 필수 품목이 빠지게 되면 매일 시장에 가야 한다. 게다가 장보는 시간의 대부분을 줄 서다가 다 보내게 될지도 모른다.

그래서 싱글아빠들의 장보기 유형을 살펴볼 필요가 있다. 우선 일주일에 한 번씩만 재료 구입을 하도록 한다. 그러자면 몇 가지 필요한 요소가 있다.

첫째, 구입 목록을 한 번에 작성하지 말라. 목록을 냉장고 등에 붙여 놓고 생각날 때마다 기입한다. 둘째, 장보기 전날 다음 주 식단을 미리 생각해 보라. 효율적으로 구입하기 위해서 품목을 청과류, 유제품, 냉동식품, 가사에 필요한 품목 등으로 구분한다. 셋째, 적당한 시간을 정하라. 만일 여러분이 퇴근 후에 쇼핑 시간을 잡는다면, 별로 바쁘지 않은 저녁 8시에서 10시 사이가 좋다.

상표 제대로 읽기　　상표를 읽는 방법을 배워라. 법에 따라 모든 음식에 붙은 상표는 상품과 제조사의 이름, 중량, 크기, 수, 성분 등을 보여 준다. 게다가 음식에는 크기와 열량뿐 아니라 단백질, 지방, 탄수화물, 비타민, 무기질 등의 성분을 기초 식품군에 따라 명시한다. 제품의 상표는 곧 음식의 모든 정보다.

소비자 숙지 사항　　상표와 아울러 식품 소비자가 반드시 알아 둘 몇 가지 용어가 있다.

Fortified 또는 enriched: 음식에 영양소가 강화되었다는 의미.

Imitation: 영양적으로 그 전의 식품을 모방한 제품.

Substitute: 영양을 같게 만들어 대용 가능한 식품.

Natural: 아직 법적으로 규정되지 않은 식품(그러나 보통은 농장에서 식탁으로 오는 동안 성분의 변경이 이루어지지 않은 식품).

Organic: 역시 법적으로 규정된 바 없는 식품(그러나 보통은 제품에 화학적인 변경이나 첨가 없이 사용되는 식품).

Cholesterol free: 한 식품에 콜레스테롤이 2그램 이하일 때.

Salt free: 한 식품에 소금이 5그램 이하일 때.

Sugar free: 한 식품에 설탕이 없거나 대용물로 사용되었을 때.

Low calorie: 한 식품에 열량이 40칼로리 이하일 때.

물론 이 외에도 많지만, 위의 것은 우리가 장을 볼 때 쉽게 만나는 용어다.

계산대에서 돈 절약하기　　　때에 따라서는 한 번에 두 개 사는 캔 제품으로 돈을 절약하기도 한다. 그러나 그런 제품을 구매할 때는 그것에 대한 정확한 정보를 알아봐야 한다. 다른 제품과 비교하는 노력을 기울여서 정말로 절약되는 건지 알아보라는 뜻이다. 가격으로만 비교할 것이 아니라, 제품의 중량 등을 비교해서 실제적으로 싸게 사는 방법을 모색해야 한다.

전체 가격만 비교하지 말고, 그램당 가격이 어떠한지 비교하는 새로운 가격비교 시스템에 따라 실제 가격을 비교할 수도 있다. 이때는 상품에 부착된 가격만 살피지 말고, 상표를 잘 살피면 제품의 무게, 용량, 그램당 가격 등을 알 수 있다. 그리고 동일 제품끼리의 가격을 비교하여 구매하면 된다.

또 한 가지 돈을 절약하는 방법은 대량으로 구매하는 것이다. 대용량을 구매하는 것이 제품 포장비용 등의 절약으로 가격이 훨씬 저렴할 수 있다. 이때 가족들이 한 번에 소비할 용량의 제품을 구매하는 것도 요령이다. 그리고 시시때때로 진행되는 특가 세일을 잘 활용하면 많은 비용이 절약된다.

마지막으로 이메일이나 신문에 끼어 들어오는 전단지의 쿠폰을 적극 활용한다. 쿠폰을 오려 가면 그만큼 할인을 받는다. 이렇게 가격을 깎을 방법이 많은데도 불구하고, 제값을 모두 지불하는 쪽은 거의 남자들이다. 그것은 체면 세우는 일이 아니라 바보들의 선택이다.

물론 돈을 절약하는 방법이 식료품점에서만 국한되는 것은 아니다. 자녀들과 함께 외식을 하는 방법도 있다. 가족 외식을 할 때도 음식의 영양소 공급은 어떠한지 따져 볼 필요가 있다.

패스트푸드 레스토랑　　패스트푸드 식당이 없는 곳도 있을까? 패스트푸드는 편리하고, 값싸고, 편하게 이용할 수 있다는 점에서 인기가 높다. 미국에서 햄버거, 프렌치 프라이, 초콜릿 쉐이크만큼 쉽게 찾을 수 있는 패스트푸드도 드물 것이다.

그러나 이 음식들이 필요한 영양소를 충분히 갖췄는지는 지극히 의문이다. 최근까지 이러한 식품에서 영양가를 발견하는 것은 거의 불가능했다. 가족의 건강을 고려하여 패스트푸드의 성분을 생각해 볼 필요가 있다. 햄버거에는 소금이 얼마나 많이 들어갈까? 튀긴 음식에는 어떤 종류의 트랜스 지방이 사용되었을까? 가족 건강을 위해 놓치지 말아야 할 것들이다.

지난 20년 동안 많은 사람들은 가족의 열량 조절과 건강에 관심을 기울이기 시작했다. 삶는 것으로 튀기는 조리 방법을 대신하고, 음식에 소금의 양을 줄이고, 다른 첨가물도 절제하는 분위기다. 또 전국적인 프랜차이즈 식당들이 자신들이 만드는 식품에 성분을 표기하는 규제를 받고 있다.

학교급식 프로그램 다른 패스트푸드 음식과 마찬가지로 학교 급식 프로그램도 몇 년 전부터 공격을 받았다. 온갖 매체들은 학교 급식의 연방정부 규제를 소개하면서, 햄버거 대신 야채 식품을 먹도록 유도한다. 그래서 학교급식 프로그램은 많은 규제와 감독을 받게 되었다.

이러한 규제를 받는 학교의 식단은 가정에서 준비해 온 도시락보다도 단백질과 필수 영양소가 충분하다는 연구 결과가 발표되었다. 프로그램에 따라 아동이 하루에 필요한 영양소의 최소 1/3을 공급하게 되었다. 하지만 여러분은 학기 초에 아동의 급식 프로그램에 동의할 때 주의를 기울여야 한다.

몇 가지 충고를 덧붙이자면 어린이에게는 식사와 식사 사이에 에너지 공급을 위한 간식이 필요하다. 가볍게 먹을 수 있으면서 제대로 영양가를 갖춘 간식이어야 한다. 저지방 우유, 과일 쉐이크, 크래커, 피넛버터를 바른 샐러리, 과일, 시리얼 등 다양한 식품이 여기에 해당된다.

가족의 건강을 지키는 일은 전통적인 요리 방법을 적절히 활용하는 것이라고 생각하면 무난하다. 아이들이 너무 오랜 시간 텔레비전을 보는 것도 건강에 해롭다. 방과 후 프로그램을 신청하고, 그곳에서 마련하는 활동에 적극 참가하도록 한다. 아이들은 되도록 많이 걷게 하고, 주말에는 싱글아빠도 함께 자전거를 타면 좋을 것이다.

자녀들에게 좋은 음식과 나쁜 음식을 규정해 준다. 지나치게 많이 먹지 않는다면 포테이토 칩도 영양 면에서 가치가 있다. 중요한 열쇠는 여러분과 아동들이 먹는 음식의 적절한 조절이다. 그것만으로도 식품 영양가의 균형을 잡기에 충분하다.

다시 한 번 아침의 중요성을 명심하라. 그러나 너무 표준을 지키기 위하여 고심할 필요는 없다. 냉동 요구르트를 얹은 와플이나 바나나, 피넛버터를 바른 토스트, 지난밤에 먹던 피자 등도 좋은 아침 식사 대용이 된다.

아동기와 청소년기는 성장의 중요한 시기이기 때문에, 지나치게 음식을 규제하고 통제할 필요는 없다. 대부분의 전문가들은 약간의 과체중이 아동의 활동과 음식 조절에서 오히려 더 낫다고 말한다.

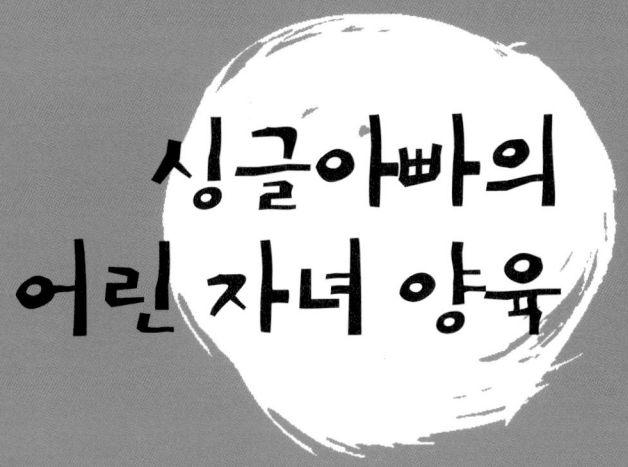

싱글아빠의
어린 자녀 양육

싱글아빠의
어린 자녀 양육

앞으로 네 장(章)에 걸쳐 아동의 발달 단계에 따른 특성들을 생각해 보려한다. 아울러 싱글아빠가 각 단계에서 부딪치게 될 문제와 해결 방법도 살펴보고자 한다.

먼저 영아(젖먹이)와 유아(생후 1년부터 만 6세까지의 어린아이)의 보호와 양육 이야기를 하고, 자녀들의 성장에 맞춰 취학아동 이야기와 십대 이야기, 청년기(대학생) 이야기로 이어갈까 한다.

어린아이 양육과 사회적 편견

아이가 유치원에 들어가기 전까지 함께 하는 시간은 싱글아빠에게는 흥분과 도전의 시기다. 2~5세의 아동을 돌보는 일은 최적의 환경에서 효과적인 학습을 했다고 해도 불안스럽다. 또 사회적인 분위기상 싱글아빠가 이 시기의 아동을 잘 돌본다는 것은 거의 불가능에 가깝다. 남자들은 아이들과 캠핑하고 낚시질하고 자전거를 타는 등의 활동에만 익숙하다는 고정관념처럼 아빠가 5세 이하의 어린아이를 돌보기는 어렵다는 사회적 통념 때문에, 어린아이는 주로 어머니의 보살핌을 받는다.

그러나 메릴랜드대학 사회복지학과 그레이프 교수는 여기서 몇 가지 사회적 편견을 지적했다. 아빠는 영·유아를 돌볼 능력이 부족하다, 아빠는 영·유아를 돌보는 것을 불편하게 생각한다, 아빠는 다른 자녀를 돌볼 때보다 영·유아를 돌볼 때 만족하지 못 한다 등이 편견이라는 것이다.

그레이프 교수는 싱글아빠 1,100명을 상대로 설문 조사를 하였다. 그 결과, 그는 '아빠들이 영·유아를 돌볼 능력이 없다'는 명제를 부정했다. 아빠들이 영·유아를 돌보는 능력이 부족하지 않을 뿐만 아니라, 영·유아기의 아동이 이후 시기의 아이들보다 아빠와 더 적극적인 활동을 함께 하면서 밀접한 상호 의존 관계를 나눈다는 것이다. 게다가 영·유아 시기의 아빠들이 이후 시기의 아빠들보다 아빠로서의 기술을 더 높게 인식하고 더 만족하는 것으로 나타났다.

그렇다면 왜 영·유아를 둔 부모들이 이혼을 할 경우 대개 아빠보다 어머니가 양육권을 갖게 될까? 이성적인 판단이라기보다 전통적으로 그렇게 해왔기 때문일 것이다. 또 한 가지는 재판부가 싱글아빠는 아이를 키울 수 없다는 편견을 가졌기 때문이다. 한 가지 더, 어머니들이 자녀 양육을 포기하는 불명예를 안고 싶어 하지 않기 때문이다.

하지만 학령기 아동과 10대 자녀를 둔 어머니들은 아이들을 다루기가 너무 어렵다고 하소연하면서, 남편의 도움이 필요하다고 말한다. 아빠와 함께 사는 아이들이 아빠의 품을 떠나 가출했다는 뉴스를 몇 번이나 들었는가?

우리는 아이들이 어머니의 품에서 더 잘 자란다는 편견에 대하여 심각한 의문을 제기한다. 어머니만이 자녀와의 애착을 형성하는 능력을 가진 사람이 아니라는 것을 마음속에 늘 간직하기 바란다.

부모와 자녀에게 필요한 시간

몹시 사랑하거나 끌리어서 떨어지지 아니하는 마음을 '애착' 이라한다. 그렇다면 여러분은 아이와 언제부터 애착을 형성하였는가? 대개 분만실에서 그 작은 생명체와의 만남에서부터 그러한 관계를 형성하였으리라 생각한다. 그때, 처음 자신의 아이를 품에 안는 순간 가슴에서 올라오던 뭉클한 감정을 아마 지금도 생생하게 기억할 것이다. 이러한 마음은 아마도 부드러움, 자부심, 헌신, 사랑, 애정 등의 단어로 묘사가 된다. 그리고 여러분은 알고 있다. 아빠가 된 그 순간부터 여러분의 인생은 많은 변화를 겪어왔다는 사실을 말이다.

여기서 말하고자 하는 것은, 아빠가 아이에게 느끼고 아이가 아빠에게 느끼는 유대감, 즉 애착에 대해서다. 두 사람의 관계를 떠올려 보면 기분 좋음으로 느껴지는 때도 있고, 힘들었던 느낌으로 남아 있는 시기도 있을 것이다.

자녀와 부모의 애착은 정서적인 요소뿐만 아니라 신체적으로 강한 유대감을 형성한다. 아이는 신체적으로 가까워지려고 아빠의 손을 잡고 아빠의 목소리를 듣고 싶어 한다. 처음에는 이러한 절대적인 밀착에 불편함을 느낄지도 모른다. 그러나 이러한 애착을 형성하는 데는 시간이 걸린다. 여러분과 자녀들이 서로 익숙해질 때까지는 얼마간의 시간이 필요하다.

어린아이들과의 발전적인 관계

자아 중심 주의　어린아이들은 자아 중심적이어서 자기가 온 우주의 중심이라고 생각한다. 그들은 모든 것이 자신을 중심으로 진행되어야 하며, 자신의 손이 닿지 않는 것이 있다는 생각은 못한다. 또 이 시기의 아이들은 인내심이 없어서 기다리지 못한다. 싱글아빠들은 그들이 끊임없는 관심과 돌봄을 필요로 하며, 끝도 없이 이어지는 그들의 요구를 들어줄 때만이 여러분은 그들의 삶 속에 존재한다는 사실을 알아야 한다.

언어 발달　2세에서 5세 사이에 사용하는 단어가 10개에서 1,000개로 증가하면서, 그들의 대화는 점차 복잡하고 정교해진다. 영·유아들은 언어가 자신의 요구를 표현하는 수단과 외부 세계를 표현하는 수단으로 두 가지의 기능을 한다는 사실을 깨닫게 된다. 이후에 어린아이들은 언어를 사용하여 계획을 이야기하고, 문제를 설명하며, 사물과 사람 사이의 관계를 이해하게 된다.

상상 놀이　　아이들이 언어를 사용하게 되면 상상 놀이를 한다. 그들의 놀이에는 특별한 목적이 없어 보인다. 그러나 눈여겨보면, 그들의 놀이가 얼마나 많은 목적을 가지고 이루어지는지 알게 된다.

모방　　아이들이 모방의 단계에 들어서면 부쩍 성장한다는 것을 느끼게 된다. 여러분이 설거지를 하면 아이도 아빠를 따라 설거지하기를 원하고, 세차를 하면 그 작은 손으로 도우려 할 것이다. 이러한 모방은 자녀의 사회화에 중요한 역할을 한다. 이러한 상호 작용을 통하여 아이들은 이후의 삶에서 필요한 기본 기술을 배우게 된다.

자율성　　인생에서 영·유아기는 지속적으로 무언가를 배우고 찾는 단계다. 말하자면 문제를 일으키는 시기이며 반항하는 시기이기도 하다. 그러면서 점차 독립적이 되고, 자율성을 획득하기 위하여 숙달될 때까지 지속적으로 활동한다.

신체적인 활동　　어린아이들이 조용할 때는 잠잘 때와 뭔가 일을 저지를 때뿐이다. 그들은 잠시도 쉬지 않고 움직인다. 믿기 힘들 정도로 많은 에너지를 소비하며 활동을 하게 된다.

아이는 기기 시작하면서부터 가능한 한 모든 물건에 접촉하고 기어오르면서 그것들을 지속적으로 탐색한다. 여기에는 최소한 세 가지 단계가 있다. 첫째 단계는 앞으로 나아가기, 아장아장 걷기, 달리기, 껑충 뛰어 오르기 등의 모든 근육 활동으로, 아이가 필요로 하는 다음 활동으로 이어지는 역할을 한다. 두 번째 단계는 미세 근육 활동으로 아동이 물체의 조작을 촉진하는 활동을 도와준다. 세 번째 단계는 아이들의 계속되는 호기심과 물체의 탐구 능력으로 훗날 세상에 나아가 맞닥뜨리게 될 문제의 해결 능력을 키우게 된다.

아이들의 관점에서 본다면, 아이를 둘러싼 세상이 엄청나게 큰 실험대라는 사실을 기억해야 한다. 그렇기 때문에 그 길이 막히게 되면 아이는 자신의 실험대를 잃어버리게 된다. 여러분은 인내심을 가지고 그들의 활동을 지지하면서, 위험한 결과가 발생하지 않도록 살펴봐야 한다.

다음은 이와 관련된 중요한 사항들이다.

영유아의 영역 탐색

어린아이들은 자신들의 영역인 가정을 탐색할 때 무엇보다 안전해야 한다. 따라서 싱글아빠들은 아이가 본격적인 탐색을 시작하기 전에 구석구석 살펴보고 위험 요소들을 미리 제거해야 된다. 이때 명심할 것은 여러분의 손과 무릎에서 해결해야 한다는 사실이다. 다시 말하면 어린아이들의 눈높이에서 위험 요소들을 찾아야 한다는 뜻이다.

그들의 눈높이에 맞춰 관찰해 보면, 집안의 모든 사물이 전혀 다른 모습으로 다가온다. 그것들이 아이와 만났을 때 얼마나 다양한 기능을 하게 되는지도 어렵지 않게 알 수 있다.

여러분의 입장에서는 음식을 조리하고 가열하고 식탁을 차리는 활동이 매우 단순하게 느껴질지 모른다. 그러나 아이의 관점에서 생각해 보고, 그들은 아빠의 행동을 모방하고 싶어 한다는 사실을 명심해야 한다. 싱글아빠가 옷을 다리던 뜨거운 다리미를 향해 엉금엉금 기어가는 꼬마를 상상해 보라.

특히 부엌에서는 어떠한 상황에라도 아이를 혼자 내버려 두어서는 안 된다. 조리를 할 때에도 가급적 가스레인지의 안쪽 불을 사용하는 습관을 갖고, 조리 그릇의 손잡이도 뒤편으로 놓아서 아이들이 잡지 못하게 해야 한다. 찬장의 아래 칸에는 아이들에게 유해한 물질이나 도구들을 놓아서는 안 된다. 아이들이 마시고 삼킬 만한 것들도 치우고, 비닐 백이나 플라스틱 백 등도 손에 닿지 않는 곳에 두어야 한다. 귀찮고 시간이 소모되더라도 아이의 시각으로 보는 습관을 갖는다면, 어린아이들은 자신의 영역을 훨씬 안전하게 누릴 수 있게 된다.

영·유아들은 사물을 탐색하고 살펴보는 활동을 좋아한다. 벽의 콘센트 구멍에 열쇠나 다른 금속 물체를 넣어 보려고 하는 경향이 그것이다. 콘센트 커버를 구입하거나, 이러한 일을 방지하는 아이디어 상품으로 위험 요소를 사전에 차단하라.

개방된 계단 역시 그들에게는 유혹의 장소다. 모든 계단에는 아이들의 접근을 제한하는 문을 만들어야 한다. 가족에게 열쇠를 사용하여 문을 잠그도록 주지시키고, 문을 열어 놓는 일이 없도록 늘 살펴야 한다.

부엌과 마찬가지로 욕실 역시 어린아이들에게는 위험으로 가득 찬 장소다. 보호자 없이 아이들을 욕조에 두는 일이 있어서는 안 된다. 욕조에 빠지거나, 뜨겁거나 차가운 물 때문에 위험에 빠지기 쉽다. 특히 욕실 캐비닛의 약품 보관에도 주의를 기울여야 하고, 면도기 등 전기 제품은 아이들의 손이 닿지 않게 해야 한다. 약품의 뚜껑

이 어린이 보호용인지의 여부도 잘 살펴야 한다.

어린아이들은 또한 밖에서 놀 때에도 혼자여서는 안 된다. 싱글아빠들은 아이들이 뒤뜰에서 놀 때 안심하는 경향이 있다. 그러나 집안과 마찬가지로 아이들 눈높이로 미리 살펴봐야 한다. 도로와 관개 시설이 집 주위에 있을 때나 바람이 불 때는 더욱 그러하다. 아이가 뒤뜰에서 놀 때 여러분은 마음이 편하겠지만, 아이를 혼자 놀도록 내버려 두는 것은 좋지 않다.

마지막으로 어린아이 보호용 장비를 최대한 활용하라. 예를 들어 고급 스테레오나 값비싼 장비들을 잠가두거나 보호 장비를 쓰면, 아이뿐만 아니라 집안도 보호할 수 있다.

적당한 보육 시설 찾기

모든 싱글아빠들은 주중에 아이를 맡길 적당한 장소를 원한다. 이 때 몇 가지 살펴보아야 할 사항이 있는데, 쉽고 편하게 이용할 만한 곳인지, 그들이 제공하는 서비스의 질은 어떤지, 보육비 부담은 어느 정도인지 등이다.

먼저 거주 지역에서 이용이 가능한 보육 시설을 찾는다. 가능하다면 이웃 부모들의 추천을 받는다. 그렇게 함으로써 여러분이 기울여야 하는 노력과 시간을 줄일 수 있다. 그밖에 여성가족부나 지역사회복지관, 건강가정지원센터, 보육사협회를 통해서 필요한 정보를 얻어도 된다. 이러한 기관에서는 해당 지역의 허가받은 장소와 명단을 제공한다.

같은 입장의 부모 단체(한부모 단체 등과 같은), 교회(때로는 이러한 단체가 보육을 하는 경우가 많다), 지역단체(YMCA, YWCA 등과 같은)와 접촉해서 정보를 구해도 된다. 그리고 지역 대학 등의 영·유아교육 프로그램을 알아보는 것도 좋다. 이런 경우 아동교육의 기회를 제공해 주기도 해서 일석이조다. 지역 초등학교의 보육 교사들을 통해서 정보를 구하는 것 또한 유용하다. 그들은 지역의 보육 시설을 설명해 줄 뿐만 아니라, 시설을 이용하는 아이들에게 필요한 것을 준비하는 방법도 알려 준다.

그러나 불행하게도 지역사회는 보육 수요를 모두 공급할 만큼의 능력을 갖추지 못했다(우리나라도 각 기업에서 제공하는 어린이집에 들어가기 위해서는 대기자 명단에 이름을 올려놓고 순번을 기다려야 할 정도로 상황이 어렵다.).

국가의 혜택을 받기 위해서는 대기자 명단에 이름을 올려놓고 기다려야 한다. 그렇기 때문에 이웃에서 운영하는 열악한 보육 시설에 아이를 맡겨놓는 경우가 많다. 아이들은 정부가 통제하는 안전하고 쾌적한 보육 시설에서 자랄 권리가 있다. 정부가 이러한 시설을 제대로 제공하지 못하는 것은 안타까운 일이다. 유럽의 많은 국가들은 보육을 필요로 하는 모든 가족에게 보조금을 지불하기도 한다.

여러분의 아이를 돌보아 줄 보육 시설이 갖춰야 할 합법적인 사항을 알면, 보육의 질이 어떠한지를 평가하기 어렵지 않다. 아이를 맡기기 전에 보육 시설의 책임자와 만나 시설을 포함한 제반 사항을 알아봐야 한다. 이때 여러분이 반드시 알아봐야 할 사항은 다음과 같다.

1. 보육 시설의 교육철학은 무엇인가? 프로그램에는 어떠한 종류의 활동이 있는가? 규율에 대한 관점은 아동 협력적인가, 표현적인가, 창조적인가?

2. 직원들은 어떤 종류의 훈련을 받았는가? 직원들은 얼마나 철저하게 지도받고 있는가? 지속적인 관계 형성을 필요로 하는 어린이들에게 직원들의 순환 보직은 어떤 문제가 되는가? 한 명의 교사가 담당하는 아동의 수는 얼마나 되는가?

3. 물리적인 시설의 상태는 어떠한가? 집단 활동을 위한 충분한 공간이 확보되었는가? 용변을 보는 곳과 기저귀를 채우는 공간은 분리되었는가? 야외 활동을 하는 데 필요한 공간은 충분히 마련되었는가?

4. 식사와 간식을 어떻게 관리하는가? 메뉴를 부모에게 미리 알려주는가? 사탕이나 단것을 주는 것에 대하여 어떠한 소신을 가지고 있는가?

5. 아픈 아동이 생기면 어떤 조항이 적용되는가? 아동이 감염되었거나 병에 전염되었을 때 부모들에게 이것을 알리는가?

6. 현장학습이 규칙적으로 계획되는가? 보육 시설을 떠났을 때 아동의 안전을 보장하는 조항이 있는가? 모든 차량에는 안전벨트가 장착되었는가?

7. 보육 시설의 프로그램이 장기적인 안목이 있는가? 장점과 약점의 정직한 평가는 어떠한가?

만일 가능하다면, 적당한 프로그램을 선택하기 전에 최소한 세 곳 정도의 보육 시설을 방문한다. 또 아이를 위하여 마지막 결정을 하기 전에, 보육 시설을 방문하여 아이들의 활동에 참여하면서 몇 시간 관찰할 필요가 있다.

최고의 프로그램에 참여하기 위한 비용을 알아보고 미리 준비해야 한다. 아동의 복지시설은 사실 상업적인 목적이 되어서도 안 되고 아이들에게 인색하게 굴어서도 안 된다. 많은 시설에서는 형제자매를 함께 등록시키면 참가비를 할인해 주기도 한다. 또 아동보육비용은 면세가 된다는 것도 잘 기억해 두기 바란다.

가정에서 아동 돌보기

시내로 일을 보러가거나, 혹은 직장 일로 출장을 가거나 할 때 누군가 여러분의 집에 와서 자녀를 돌볼 일이 생긴다. 가까운 친척 집에 아이를 맡긴다면 모든 불안을 떨쳐버릴 수 있다. 그러나 예측하기 어려운 일들이 심심치 않게 보도되듯이, 아이를 누군가에게 맡긴다는 것은 여전히 불안한 일이다.

간혹 자신이 돌보는 아동들에게 신체적인 학대를 가하는 보육사가 증가한다는 뉴스도 보도된다. 아이를 누군가에게 맡길 때는 보육사가 정식 교육을 받았을 수도, 그렇지 않았을 수도 있다는 점을 명심하라. 참고로, 영국에서 보육 교사가 되기 위해서는 보모 학교(Nanny School)에서 최소한 2년의 훈련을 받는다. 게다가 훈련 기간이 끝나면 국가고시를 통하여 자격을 취득해야 한다. 그런 면에서 미국은 아직 못 미치는 듯하다. 베이비시터 양성에 대한 접근은 바로 보육의 쟁점이 된다. 결국 여러분의 집에 들어오는 바로 그 사람이 보육이라는 문제의 핵심적인 역할을 담당하게 된다. 여러분은 그 사람을 믿을 수 있는가?

다른 부모들에게서 추천을 받는 방법도 좋다. 그러나 대부분 자신의 베이비시터를 다른 사람들과 함께 나누려 하지 않는 경향이 있다. 과연 그들을 비난할 수 있을까?

훌륭한 베이비시터를 찾는다는 것은 결코 쉽지 않기 때문에 일반적으로 그 비중을 금(金)에 비유한다. 그러나 여러분의 친구와 이웃은 좋은 베이비시터를 구하는 일에 적극 협조할 것이다.

지역의 적십자 단체에 확인을 해도 된다. 그들은 기꺼이 여러분에게 베이비시터 수업을 받은 십대들을 소개해 줄 것이다. 최소한 그들은 학교를 막 졸업한 사람들의 명단을 확보하고 있다. 여러분의 거주 지역 대학교에서 직업 카운슬러뿐만 아니라, 고등학교 추천자를 위한 카운슬러들에게 연락을 해 보는 방법도 괜찮다.

일반적으로 여러분은 베이비시터를 고용할 때 동생을 돌본 경험을 가진 직업적 경험이 별로 없는 소녀들을 선택한다. 이때 여러분은 베이비시터에게 상세하게 설명해 줄 필요가 있다. 수행해야 하는 것, 집에서 해야 하는 것과 해서는 안 되는 것, 반드시 책임을 져야하는 것을 일일이 설명해 주어야 한다. 가능하다면 후보자를 집으로 초대해서 아이와의 상호 작용을 관찰해 볼 필요도 있다. 그리고 "만일 ~한다면?" 유형의 질문을 통하여 비상사태에 대한 그녀의 책임을 설명해 주어야 한다. 만일 그녀가 베이비시터의 경험을 가졌다면, 그때 어떻게 그 역할을 수행했는지 알아보고 확인한다.

그녀가 어떻게 직업을 구하게 되었는지도 알아보고, 친척의 이름과 전화번호를 알아 두는 것이 좋다. 그녀의 사생활과 개인 정보를 외부에 알리지 않을 것을 약속하고, 그녀가 어떤 종류의 간식을 먹는지도 물어본다.

아이를 맡기게 되면, 가족을 위해 기울이는 노력과 공헌에 대하여 그녀에게 감사를 표하라. 필요하다면 그녀에게 보너스를 주어라. 명절과 생일에는 작은 선물로 축하해 주어라. 이러한 주고받음은 그녀 스스로 가치 있는 존재임을 느끼게 할 것이다.

불행하게도 좋은 베이비시터를 구하는 일은 그리 쉽지 않다. 좋은 베이비시터를 구했다 하더라도 계속 붙잡아 두는 것은 더더욱 어렵다. 대부분의 소녀들은 14, 15세가 되면 돈벌이가 더 잘되는 다른 직업을 찾기도 하고, 금요일 저녁과 토요일 저녁에는 친구들과 어울리려고 한다. 그러면 여러분은 베이비시터를 구하기 위하여 처음부터 다시 시작해야 한다.

베이비시터링 자조 모임을 고려해 볼 수도 있다. 부모들끼리 돌아가며 무보수로 베이비시터를 해주는 모임이다. 교환하는 체계는 보통 집단 내에서 점수를 더하거나 빼는 방법으로 한다. 여러분이 다른 가정의 아이를 돌보게 되면 점수를 얻고 아이를 맡기게 되면 점수를 뺀다. 점수는 아이를 돌보는 횟수, 아동의 나이, 주중인지 주말인지, 몇 시간을 했는지에 따라 달라진다.

불행하게도 이 집단의 몇몇은 싱글아빠 가정에 위험 요소가 많다는 편견을 갖기도 한다. 만일 여러분이 이에 동의한다면, 그 해결책으로 여러분 자신이 솔선하여 협력하는 것에서부터 문제를 풀어간다.

어린아이들의 건강

여러분의 여건이 허락하는 범위 내에서 아이의 건강을 돌볼 소아과 의사를 확보해야 한다. 소아과 의사는 영아부터 청소년에 이르도록 건강을 돌보는 의사를 말한다. 그들은 아동기와 관련된 병을 치료하고, 아동의 발달 과정을 체크하고, 아동을 의료적으로 돌보는 일을 하도록 훈련받았다.

역시 소아과 의사의 선택 또한 함부로 해서는 안 된다. 우선 가장 중요한 것은 싱글아빠의 입장을 지지해 줄 사람을 선택해야 한다. 그저 단순히 입장을 이해하는 사람이 아니라, 적극적으로 지지해 줄 의사를 뜻한다. 이것은 결코 가벼운 문제가 아니다. 싱글아빠로서의 노력을 이해해 줄 의사를 선택하는 것은 확실한 자원을 얻는 일이기 때문이다. 싱글아빠의 입장을 외적으로나 내적으로 이해하지 못하는 사람은 오히려 방해가 된다. 의사를 선택하기 전에 반드시 몇 가지 문제를 확인해야 한다.

이렇게 되면 의사는 자녀의 발달 과정에서 일어나는 여러 가지 일에 대하여 여러분을 도와 줄 것이다. 자녀의 발달 과정을 설명해 줄뿐만 아니라, 정상적인 패턴과 비교해서 아이의 상태가 어떠한지를 알려준다. 그의 승인하에 아이는 아동기에 맞아야 할 예방주사를 맞는다. 이때 중요한 것은 반드시 예방주사 기록의 사본을 확보해야 한다. 학교에 들어갈 때 그것이 필요하기 때문이다.

의사는 자녀가 정상적으로 발달하는지도 확인해 준다. 언어, 운동, 시각과 청력, 지능과 사회성 발달 등을 체크해 준다. 여러분은 의사에게 자유롭게 질문하고, 적절한 도움을 받도록 한다. 특히 아이가 밤에 악몽을 꾸는 원인이나 잠투정, 야뇨증, 기질적인 문제, 지나친 두려움, 언어발달 장애 등의 특별한 문제가 발생했을 경우에 전문적인 도움을 받아야 한다.

싱글아빠의 행동과 언어습관

어린 아동들은 자신의 발달 과정을 대체로 잘 따라간다. 옷 벗기, 방 치우기 또는 잠자리 정리하기 등의 행동을 잘 한다. 이것은 하나의 규칙으로 자리를 잡는다. 그들은 장난감과 옷을 정리하고 인형을 정리하는 방법을 잘 안다. 잠옷을 입고 난 후에 이를 닦고 좋아하는 슬리퍼를 찾는다. 그들의 활동에서 일체성과 조화로움은 싱글아빠들을 정신없게 할 수도 있다. 여러분의 입장에서 어떠한 시도도 이것들에서 빗나가지는 않겠지만, 이윽고 여러분은 화가 나는 상황에 직면하게 된다. 아이들은 자신들의 방식으로만 일을 하기 때문이다.

영·유아기의 이 작은 예식은 질서와 통제의 감각이 그들의 삶에 들어오는 단순한 시도로 이루어진다. 아이들은 하루의 일상이 예견될 때 안전함과 안정감을 느낀다. 자신의 생활 속에서 예견할 수 없는 일들로 가득 찰 때 절망한다.

싱글아빠들은 아이가 어릴 때부터 몸에 붙은 습관으로 형성된 이러한 의식을 인식하고, 이러한 행동의 심리적인 기능의 가치를 인정해 주어야 한다. 이것이 자율성으로 이어지기 때문이다. 이러한 의식이 활기찬 역할기능을 발휘한다는 사실을 기억해 두어야 한다.

싱글아빠는 행동을 통해 아이가 자신의 세계가 안전하다는 것을 느끼도록 해 주어야 한다. 잠자리에서 책을 읽어 주거나, 자장가를 불러 주거나, 잠자리에 들기 전에 한 잔의 물을 마시게 하는 보살핌을 통해 아이에게 안전함과 보호를 느끼도록 해 주어야 한다. 이러한 마음을 가지고 싱글아빠로서의 역할에 지속적으로 노력하는 것이 중요하다.

그리고 무엇보다 시간을 지켜라. 지킬 수 없는 것은 약속하지 말라. 아이와의 지속적인 관계는 아이에게 믿음을 심어 줄 것이고, 비지속적인 관계는 불신을 심어 준다. 아이가 여러분이 말한 것을 믿도록 하고, 글로 남기는 것은 좋지 않다(맹세나 서약 등으로). 그들의 관점에서 사물은 '예'나 '아니요', 혹은 '위'나 '아래', 그리고 '흰색'이거나 '검은색'이다.

여러분이 "6시에 올게."라고 말할 때 아이들은 그렇게 믿는다. '아마도'와 같은 모호한 말을 사용하지 말라. "저녁 먹은 다음에 우리는 공원을 가게 될 것 같아."라고 말하지 말고, "저녁 식사 후에 공원에 간다."와 같이 확실하게 말해야 한다.

마지막으로 어린아이에게 말할 때 "그래, 두고 생각해 보자."는 아이들에게 "그래."로 해석된다는 것을 이해해야 한다. 여러분이 아니라고 생각하면 "아니다."라고 정확하게 말해야 한다.

싱글아빠로서 즉각적인 결과가 설사 부정적으로 나타난다 해도, 지속적이고 예견되는 상황을 계속해서 만들어 간다면, 긴 안목으로 볼 때 긍정적인 결과를 가져오게 될 것이다.

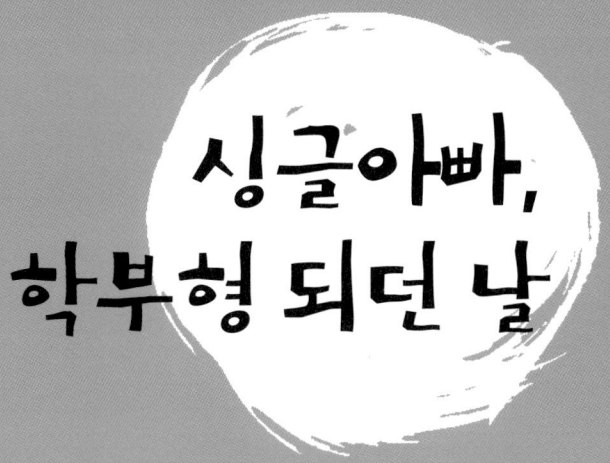

싱글아빠, 학부형 되던 날

싱글아빠, 학부형 되던 날

　어린아이가 어느새 자라 학교에 가게 되었다. 자녀가 학교에 가는 첫날은 싱글아빠의 삶이나 아이의 삶에서 매우 중요한 시작이다. 아이는 기대와 흥분과 놀라움과 불확실로 가득 차며, 학교에서는 완전히 새롭고 영광스러운 모험이 시작된다. 또 싱글아빠 입장에서 아이가 학교에 간다는 것은 변화되는 부모의 책임을 깨닫고, 아울러 자녀의 삶에 영향을 주는 중대한 원천이 더 이상 자신만이 아니라는 사실도 받아들이게 된다.

변화하는 싱글아빠의 책임

아이가 학교에 가면서 싱글아빠가 처음으로 느끼는 것은 안도감이다. 이렇게 느끼는 데는 몇 가지 이유가 있다. 먼저, 여러분은 아이를 데이케어 센터나 베이비시터에게 맡길 때보다 학교에 보냄으로써 마음의 부담이 확실히 줄어든다. 더욱이 아이의 욕구를 더 잘이해하기 위해 담임교사나 특수교사(보건 교사, 영양 교사, 사서 교사, 상담 교사, 학교 사회복지사)가 가진 자원에 접근하기 쉬울 것으로 기대한다. 재정적으로는 매월 지출되던 양육비가 줄어들게 된다.

그럼에도 불구하고 너무 빨리 샴페인을 터뜨려서는 안 된다. 아이가 학교에 다니게 된다 해도 부모로서의 책임이 반드시 줄어드는 것은 아니다. 오히려 어떤 측면에서는 중요한 일들이 늘어난다고 볼수 있다. 아이가 새로운 활동과 기회로 가득 찬 환경으로 이제 막 들어섰기 때문이다.

토요일 아침의 축구 경기, 방과 후의 밴드 연습, 음악 발표회, 스카우트의 잼버리 활동, 극기 훈련, 학교기금 모금활동, 생일파티 등…… 새로운 세계가 무궁무진하게 펼쳐진다. 싱글아빠 역시 학부형으로서 아이가 이러한 행사에 참석하기를 기대하면서, 아이를 실어 나르는 등 바쁘게 움직이게 된다.

한편 아이는 스스로 의사를 결정해야 하는 상황을 많이 접하게 된다. 누구를 친구로 삼을 것인가? 무슨 영화를 보러 갈 것인가? 친구나 급우들과의 갈등이나 싸움을 어떻게 처리할 것인가? 이러한 것들은 부모인 여러분의 영향력을 넘어서는 결정들이다. 아이들이 어떻게 행동하고 무엇을 말하고 무엇을 실행할 것인지 결정할 때, 여러분은 권위적인 아빠가 아닌 자상한 컨설턴트로서의 역할이 더 많아지게 된다.

아이에게 영향을 미치는 것들

가족은 학교 다니는 아이들의 태도·가치·신념에 영향을 미치는 유일한 근원은 아니다. 아이들이 주변 세계를 인식하는 폭이 넓어짐에 따라 그들은 가족의 철학·생활방식과는 다른 사례들을 많이 보기 시작한다.

그런 아이들에게 영향을 미치는 가장 새로운 것은 또래집단인 급우들과 친구들이다. 학교 다니는 아이들에게는 또래들로 구성된 법정이 항상 개정되어 있는 셈이다. 6~12세의 아이들은 친구들에게 인정받는 것이 무엇보다 중요하다. 또래들에게서 배척받는 것—야구의 선발 게임에서 마지막으로 선정된다든지, 점심 시간에 아무도 같이 앉으려 하지 않는다든지—보다 더 나쁜 상황은 없다.

담임교사라든가 학교 행정 관리자, 코치, 미술·음악 담당 교사, 그리고 날마다 아이들과 만나는 버스 운전기사 등 학교에 종사하는 일반 직원들도 아이에게 영향을 미친다. 싱글아빠들은 일반적으로 이들이 자신과 같은 신념을 가졌고, 아동의 성장에 대한 어느 정도의 전문적 지식을 갖추었으며, 그들 자신보다도 여러분의 아이들에게 더 깊은 관심을 둘 것이라고 생각하기 쉽다. 그러나 교사들의 수준은 정말 다양하다. 어쩌면 슬픈 현실이기도 하다. 좋은 교사도 있고, 괜찮은 교사도 있으며, 교사로서의 자질이 의심되는 사람들도 있다. 우리는 그나마 적절하게 균형을 이루기만을 바랄뿐이다.

또한 아이들은 지역사회에서도 영향을 받는다. 이웃들과 주변지역 사람들의 일상적인 태도가 아이들에게 영향을 미칠 수밖에 없다. 인종적 편견, 정치적 불의, 부도덕한 행위 등의 사례는 아이들도 당연히 알게 된다.

지역사회는 더 큰 문화를 형성하고, 여러 가지 경로로 우리 아이들의 매일 매일의 삶에 영향을 준다. 예를 들어, TV와 영화는 재미 제공뿐만 아니라, 아이들이 세상을 보는 관점에 영향을 주는 강력한 매체다. 영화가 15세 이상의 등급을 받았기 때문에 자녀가 그것을 보지 않을 것이라 믿고 싶은 마음으로 자신을 기만하지 말라. 아이들은 어떻게 해서든 결국 그것을 보는 방법을 찾아낸다.

아이들은 미디어를 통하여 전달되는 메시지에 강하게 영향을 받는다는 사실을 마음에 새겨둬야 한다. 불행하게도 현재 전달되는 불온한 메시지들 중의 하나가 폭력이 혼합된 섹스다. 여기서 싱글 아빠들이 할 수 있는 최선의 접근은 아이들의 관심거리를 함께 검토해 보자고 청하는 것이다. 어느 특정한 영화나 TV 쇼의 내용에 이의가 있다면 여러분의 의견을 솔직하게 제시하라. 아이들도 자신의 의견을 명확하게 표현할 시간을 주어라. 모든 논의 과정을 자유롭게 하고, 당장 VCR을 폐쇄한다든지 친구와 함께 외출하는 것을 금지한다든지 하는 최후 통첩적인 발언은 피하라. 이는 반발만 일으킬 뿐이다.

자녀의 발달 과정과 관심

6~12세 아이들은 현재와 미래의 삶에 영향을 주는 온갖 쟁점과 싸운다.

사회의 인정　　가장 큰 관심사는 친구나 또래들의 인정이다. 이 시기에는 또래들에게 딱 맞추려는 생각으로, 그들과 일치하여 군중 속의 하나로 보이기를 바란다. 그들에게는 상호 협조하면서 개인적 상호 작용이 강조되는 집단 게임이나 집단 활동의 참여가 아주 중요하다. 교실이라는 환경에서의 명성과 영향력은 얼마나 많은 친구를 가졌으며, 또 그들과 얼마나 밀접한 관계를 유지하느냐와 분명히 관련된다. 아이들은 공들인 입회식과 누가 집단에 속할지의 여부를 판별하는 기준을 정한다.

자기가치 감정　　학령기 아이들은 집단의 규범을 받아들이고 맞추어가는 것에 큰 비중을 둔다. 동시에 개인으로서 자신의 독특성을 탐험하기 시작한다. 아마도 자신만의 개성이나 특기 등의 가치를 집단 내에서 평가받기 때문일 것이다. 예를 들면, 아이들은 때때로 자신만의 특성이나 기술에 관심을 끄는 방법으로 별명을 붙이기도 한다. 아이들이 집단에 기여하는 것을 기본적으로 판별하기 시작한 셈이다. 그래서 이러한 자기가치 의식이 증가하면서 부모와 가족으로부터의 독립성을 키워가게 된다.

성 역할의 확인　　아이들은 그들의 성별에 적절하거나 적절하지 않다고 생각하는 행동을 일찍부터 구분한다. 그들은 자기의 성 역할 기대를 이해하게 되고 이에 근거하여 장난감, 게임, 옷, 놀이 활동을 선택한다. 흥미롭게도 남자 아이들보다 여자 아이들에게 더 많은 자유가 허용된다. 예를 들면, 우리들은 여자 아이들이 즐겨 하는 활동을 함께 하려는 남자 아이보다, 미식축구나 야구 게임에서 멤버로 뛰려는 톰보이 같은 여자 아이를 더 봐줄 만하다고 생각한다.

　모든 것을 고려하여 볼 때, 여러분의 자녀는 싱글아빠 가정에서 컸기 때문에 보살핌을 더욱 잘 받을 것이고, 전통적인 성 역할이라는 스테레오타입에 덜 매일 것이라고 생각된다. 그들은 무엇보다도 성인 남자의 역할에 요리, 장보기, 살림살이, 아이돌보기와 같은 여성과 관련되는 활동이 포함된 사실을 경험하여 왔다.

도덕성 발달　　아이들은 더욱 자주 외부 세계와 상호 작용함에 따라, 옳고 그른 것에 대한 확고한 의식을 발달시키기 시작한다. 처음에는 그들이 무엇을 말하거나 행동한 결과로 다른 사람에게서 보상을 받는지 처벌을 받는지에 따라 도덕적 선악이 결정되는 것으로 이해한다. 우리는 학교에 간 첫날 대부분의 시간 동안 교실에서 해야 할 행동과 하지 말아야 할 행동, 그리고 이를 어겼을 때 예상되는 결과에 대하여 선생님이 일일이 설명하던 일을 기억한다.

　어디에서부터인지는 모르지만, 아이들은 이러한 표준을 내면화하고 점차로 행동 강령과 비슷한 양상으로 진전시켜 나간다. 그들이 성숙하기 시작함에 따라, 도덕적 기준을 정하는 일이 간단하지 않다는 것과 항상 단숨에 결정할 사항이 아니라는 것을 점차로 이해하게 된다. 싸움은 나쁘지만, 교정에서 나이 어린 아이를 못살게 구는 아이에게는 어떻게 해야 하는가? 훔치는 것은 나쁘지만, 아이가 많이 아픈데도 약을 사줄 수 없는 아빠가 겪는 윤리적 딜레마(콜버그의 하인츠 딜레마)는 어떻게 생각해야 하는가? 이러한 딜레마는 아이들에게 혼란스럽다. 함께 앉아 그들이 부딪친 상황과 여러 종류의 선택에 따른 다양한 결과를 검토할 필요가 있다.

탐구　　학령기 아이들이 주변의 세계와 부딪쳤을 때 호기심을 갖는 것은 자연스럽다. 아이들은 흥미 있는 것은 무엇이든 만져 보고 해체하여 무엇이 똑딱거리게 하는지 알아보려고 조사하는 것이 즐겁다. 물론 여기에는 어떤 한계를 설정해 줘야겠지만, 미지의 세계를 탐구하려는 아이들의 욕구와 자발적 시작은 높이 평가해 줄 필요가 있다.

아이들의 호기심은 물질적 세계에만 그치는 게 아니라 형이상학적이기도 하다. 아이들은 하느님의 본성, 별들이 낮 동안에는 어디로 가는지, 왜 호수와 바다가 푸른지, 죽음의 의미가 무엇인지 의문을 갖는다. 묻고, 묻고, 또 묻는다. 싱글아빠 여러분은 아이들에게 백과사전에서 답을 찾아보라고 말하기보다, 좀 더 창의적인 쪽으로 유도하는 답변을 해 주도록 노력해야 한다. 아이들이 질문을 할 때 여러분이 대답을 계속 부분적으로 하거나 설명이 불충분하거나 무관심하게 반응하면, 아이들은 호기심을 갖거나 탐구하는 것이 잘못된 일이라고 판단할 수 있다.

성취 동기　　학교에 간다는 것은 교육을 받는다는 의미다. 우리는 교육이 아이들 자신의 평생을 위한 노력이라고 생각하는 경향이 있다. 어쨌거나 우리는 기본적으로 아이들이 배우는 것을 좋아하게 되기를 바란다.

실제로 어떤 아이들은 학교에서의 시간을 즐겁고 가치 있게 보내고, 공부하는 일도 매우 만족한다. 그러나 불행하게도 어떤 아이들은 이러한 기회를 놓치거나 도중하차로 끝내기도 한다.

싱글아빠들은 긍정적인 관점으로 교육이라는 과업에 접근해야 한다. 우리가 학교 시스템을 비판하고 부정적으로 언급하면 아이들은 즉각 이를 받아들인다. 오늘날 공교육의 결점을 찾아내는 일은 매우 쉽다. 그러나 우리 아이들을 위하여 혼자만 알아야 한다. 여러분의 불만은 학교운영위원회에 편지로 보내거나 담당 장학사에게 전화로 얘기하는 것이 더 좋다.

싱글아빠로서 여러분의 첫 번째 역할은 전 교육 과정 동안 아이들을 전폭적으로 지원하는 것이다. 그래야 아이들은 그들의 흥미와 능력을 탐구하고 사회에 기여하기 위해 필요한 기술을 얻는 데에 적극적으로 몰입한다. 이러한 기술은 정말 머리 아픈 일들이다. 그중 가장 필요한 기술은 첫 번째가 읽기다. 일단 아이들이 읽기를 배워 능숙해지면, 드디어 그들 앞에 세계가 온전히 열리게 된다. 문맹으로 세상을 살아간다는 것은 상상조차 어려운 일이다. 싱글아빠들은 집에서 읽기에 가장 높은 가치를 둠으로써, 자녀들이 읽는 즐거움을 증대시키는 많은 일을 하게 된다.

매일 아이들에게 읽어주는 시간을 가져라. 또한 아이들에게도 읽어 달라고 하라. 아이들이 적절한 잡지를 구독하도록 하라.

아이들이 학교생활을 성공적으로 수행할 수 있도록 도울 수 있는 동기부여는 무엇일까? 아이들이 아직 어릴 때에는 모든 성취동기가 오직 다른 사람을 기쁘게 하려는 욕구를 통하여 일어난다. 2학년이나 3학년 때는 좋은 성적을 받는 것이 부모나 선생님으로부터 인정을 받는 방법이다. 대부분의 아이들은 5학년이나 6학년이 되면 학교에서 잘 하는 것에 개인적인 만족을 느끼지 못한다. 이때부터 그들은 외부의 인정에 의존하지 않고 스스로의 목표를 성취하는 능력에 자긍심을 갖기 시작한다.

불행하게도 어떤 아이들은 실패에 대한 두려움 때문에 보다 좋은 점수를 얻고자 스스로를 압박한다. 이 아이들에게 학업 수행의 실패는 개인적인 자기 가치에 대한 직접적인 모욕이다. 더욱 나쁜 것은 어떤 아이들은 실패의 두려움이 아니라 성공의 두려움 때문에 부정적인 방향으로 전환한다. 그들은 능력과 지능을 갖췄음에도 중요한 과목에서 급우들보다 점점 뒤떨어진다. 성취하고자 하는 압박, 능력에 대한 비현실적인 기대, 또래들에게 지위나 명성을 잃게 될 수도 있다는 걱정들이 뒤섞여 나타나는 결과의 작용일 것이다.

개인 이미지의 중요성

아주 중요한 사항이다. 예를 들어, 여자 아이의 경우 수학이나 과학과 같은 과목에서 능력이 뛰어나면 친구들에게서 소외되거나 여성스럽지 않게 보일까 두려워한다. 남자 아이들 또한 어떤 과목에서 뛰어난 성적을 얻게 된다면 자기개념에 어울리지 않는 학문 분야로 나아가게 되지나 않을까 우려한다.

그만큼 학령기 아동에게는 개인 이미지가 중요하다. 개인 이미지는 여러 가지 형태를 가지는데, 이것은 자기개념의 형성에 매우 중요한 요소다. 이는 아이들이 또래들에게 자신을 보여 주는 방법을 포함하기 때문이다.

나는 슈퍼맨, 배트맨, 스파이더맨이 프린트된 도시락 중 하나를 골라 주느라고 거의 하루를 할인마트에서 보내기도 했다. 그것이 무엇이든지, 하여튼 그 해에 아이들에게 유행하는 도시락이어야 하는데, 나는 도통 아이들의 경향을 몰랐기 때문이다.

다음 사항을 유의하여야 한다. 9~10세 정도 나이에서는 이미지가 모든 것이다. 현재 유행하는 운동화, 야구 모자, 기장(記章), 스케이트보드, 산악자전거, 롤러브레이드 같은 것들 말이다.

몇 년 전에 크게 유행한 양배추 헝겊 인형을 기억하는가? 그것은 무엇보다도 이미지와 관련되어 있었다. "바로 이거야!" 하는 이미지로 선택되는 것은 가격·형태·기능과는 전혀 상관이 없다. 그것은 크기나 최상의 품질 여부, 또는 값이 싼지 비싼지도 상관없고, 오직 아이의 관점에 맞느냐가 중요하다.

이 문제를 가볍게 보지 말라. 여러분의 아이가 요청하는 것을 들어라. 그리고 그들의 요청에 대해 융통성 있게 대처하도록 노력하라. 그들이 15℃의 쌀쌀한 날씨에 짧은 바지와 티셔츠를 입고 현관 밖으로 달려 나가더라도 어깨나 으쓱하고 침묵해야 한다. 이것이 이미지인 것을 기억하라.

학교 선생님과의 대화

자녀의 학교생활이 시작되면 여러분은 학부모 회의에 참석하러 가게 된다. 싱글아빠들은 자녀의 담임이 면밀히 살펴볼 것이므로 점잖게 행동하라. 대부분이 여성인 담임교사는 여러분을 작은 책상 앞에 앉게 하고, 아이가 제출한 학교 과제들 중 샘플을 담은 폴더를 건네줄 것이다. 여러분이 그것을 훑어보는 동안 교사는 자신의 등급 기준 방침을 설명하고, 여러분의 아이가 교실에서 어떻게 지내는지 얘기해 준다.

여러분은 명백하게 불리한 입장이다. 여러분은 교사의 영역에서 통제받는 상태다. 다음 학부모가 차례를 기다리기 때문에 여러분에게는 아마 10분 정도의 시간만 배정될 것이다. 이와 같이 제한된 상황에서 이 시간을 여러분에게 유리하게 잘 이용하려면 어떻게 해야 될까?

담임교사는 대부분 양육 담당자로서 아이를 돌보는 싱글아빠와 만난 적이 거의 없다. 여러분은 이러한 점에서 어느 정도 부정적인 생각이나 잘못된 편견을 가진 담임을 만날 수도 있다. 교사는 이혼 때문에 여러분의 아이가 싱글아빠에게 양육된다는 사실을 안다. 이러한 배경이 교사에게는 부정적으로 작용하여, 여러분의 아이가 교실에서 어떤 문제를 일으켰을 경우 부모의 이혼이 영향을 미쳤다고 간주하게 된다.

아무리 여러분이 잘 대처한다 해도 이 짧은 시간에 싱글아빠도 부모 노릇을 제대로 할 수 있다고 납득시키기는 어렵다. 여러분의 말과 행동이 모든 것을 결정한다. 여러분은 그냥 자녀가 필요한 것을 제대로 마련해 주는 방법을 알고자 하는 관심 깊은 부모라는 점을 명백히 보여 줘라. 싱글아빠와 관련된 정치적 발언은 무엇이든 피하라.

여러분의 아이에게 도움이 되는 일에 담임과 적극 협력할 의사가 있음을 강조하라. 교사의 학습 과정을 심화시키기 위해 여러분이 집에서 무엇을 해야 되는지, 교사가 추천할 만한 역량 강화 활동은 없는지, 읽기 프로그램은 없는지 교사에게 질문하라. 가능하다면 학교의 특별활동 시간에 담임을 도와주는 자원봉사 활동이나, 곧 다가올 야외수업에서 보조교사를 맡겠다고 제의하라.

만약 자녀가 어떤 문제를 일으켰다면 아이를 돕기 위해 여러분이 무엇을 해야 하는지를 물어라. 문제 행동을 완화하는 하나의 접근 방법이 공동 행동수정 상담이다. 이 방법은 교사와 부모가 함께 협조하여 학교와 집에서 아이의 문제 행동을 변화시키는 것이다.

자녀가 숙제를 제 시간에 마치지 못한다고 가정하자. 그러면 담임과 여러분은 아이가 숙제를 완수하면 어떤 보상을 주는 프로그램을 세우기로 합의한다. 예컨대, 학교에서는 미술 숙제가 주어지고 집에서는 숙제를 마쳤을 때 아이가 좋아하는 TV 프로그램을 보게 해 준다. 여러분과 교사는 노트를 전달하여 서로 의견을 교환한다. 이 접근 방법은 성마름을 포함한 무의식적 감정 표출을 완화시키고, 수학과 읽기 능력을 향상시키며, 긍정적인 습관을 증대시키는 데 효과적이다. 부모가 자녀의 교육에 적극 개입하는 것을 보면서 아이들은 자신을 긍정적으로 생각한다.

기타 학교 인력들

다행스럽게 학교가 또 다른 주요한 인력을 확보했다면 이들과 협조적 관계를 맺을 수 있다. 많은 초등학교들은 학교 상담사나 학교 사회복지사를 채용하여, 특별한 문제를 가진 학생들을 담당한다. 대부분 지역 교육청에는 학교 심리상담사가 교사·학부모와 상담하며, 심리 사정 또는 검사와 모든 교육적 배치를 전담한다. 이들은 모두 전공 분야의 대학원 학위와 학교(청소년)상담 자격을 받아야 한다. 전문적인 조언이 필요하다면 그들을 만나는 데 머뭇거리지 말라.

그들이 도움을 주는 중요한 영역의 하나가 아이들이 부모의 이혼 상황에 잘 적응하도록 하는 것이다. 많은 학교에서 아이들을 위한 이혼적응 프로그램을 진행한다. 싱글아빠들은 프로그램 담당자와 협의하여 자녀를 참여시킬 수 있다.

자녀의 이혼적응 프로그램은 적어도 4가지 전형적인 목표를 갖는다.

첫째, 부모의 이혼에 대하여 아이들의 감정을 털어놓도록 하여 자신의 현재 상태를 받아들이고 적응하도록 도와준다. 둘째, 아이들의 감정과 경험이 결코 혼자만의 것이 아니라는 점을 이해하도록 도와준다. 셋째, 아이들에게 매일 일어나는 문제를 다룰 새로운 방법을 배울 기회를 준다. 넷째, 아이들이 자신과 가족에 대하여 현실적인 견해를 갖도록 도와준다.

프로그램은 6~8주에 걸쳐 매주 한 시간 정도 아이들이 참석하도록 계획된다. 싱글아빠들의 자녀가 이 프로그램에 참석하기 위해서는 여러분의 프로그램 참가 동의서가 필요하다.

싱글아빠네 아이들의 숙제

아이의 숙제로 곧잘 싱글아빠와 아이의 힘겨루기 상황이 발생한다. 담임교사는 아이들에게 숙제를 내주고, 아이들은 숙제를 하기 싫어하며, 부모는 숙제를 하라고 성화를 부린다. 때로는 "TV 끄고 가서 숙제해!"로 상황이 종료되기도 하지만, 평온했던 집안이 갑자기 전쟁터로 변하기도 한다. 아이가 제 방으로 들어가기까지 싱글아빠들은 머리카락을 쥐어뜯을지 모르지만, 그런다고 숙제가 끝나지는 않는다.

어떻게 하면 매일 이 같은 대치 상황을 피할 수 있을까?

첫째, 함께 앉아 숙제를 마치는 계획을 세워라. 대부분의 숙제는 한 시간 정도면 끝낼 수 있다. 이 시간 동안에는 TV나 전화걸기 등 숙제를 방해하는 그 어떤 일도 용납되지 않음을 분명히 밝힌다. 그 계획에는 주말도 반드시 포함되어야 한다는 사실을 지나치지 말아야 한다. 월요일 아침에 가져가야 할 숙제를 일요일 저녁에야 달라붙어 끙끙대는 짓을 하지 말라는 뜻이다.

둘째, 자녀의 숙제가 무엇이고, 언제 가져가야 되는지 아이들과 함께 알림장을 확인하라. 숙제는 읽기나 수학 같이 매일 해 가는 것도 있고, 일주일 동안 하는 사회 연구나 글쓰기도 있다. 숙제하기를 통해 어릴 때부터 계획을 미리 세우는 일의 중요성을 이해할 필요가 있다. 예를 들면, 한 달 동안 책을 읽고 리포트를 내는 숙제라면 마지막 순간까지 기다리기보다 매주 조금씩 하는 것이 좋다.

셋째, 아이들마다 공부하는 공간을 정해 두어라. 이 구역은 침실이나 식탁, 또는 빛이 잘 들고 주의를 산만하게 할 것이 없는 장소가 좋다. 아이들은 때때로 그들의 방에서 숙제하기를 싫어한다. 온 가족과 함께 있고 싶어 하는 것이다. 그러나 이러저러한 방해 요인은 아이들의 집중력을 떨어뜨리고, 아이들은 곧잘 주의가 산만해진다. 공부하는 공간은 조용해야 한다. 일터처럼 집중할 수 있는 공간으로 마련하는 것이 중요하다. 물론 아이들이 공부하기 위해 꼭 책상에 앉아야 할 필요는 없다. 그들이 침대나 마루에 자유롭게 엎드려 공부하는 것이 더 좋을 때도 있다.

넷째, 아이가 스스로 동기가 생겨서 숙제를 제 시간에 마치면 그에 따른 보상을 하라. 좋아하는 TV 프로그램을 보게 하거나 친구와 전화 통화를 할 수 있도록 하는 정도면 된다. 그러나 즐기기 전에 먼저 숙제를 끝내야 된다는 것을 강조하라.

마지막으로, 매일 이상과 같은 프로그램을 수행하도록 하라. 학교에서 숙제를 마쳤다고 해서 예외를 두어서는 안 된다. 이는 옳지 않다는 것을 설명해 주어라. 언제나 공부는 예습하거나 복습할 무엇인가가 있다. 하루의 일과로서 공부하고 이를 꾸준히 지속하는 것이 중요하다.

학교 다녀오겠습니다!

싱글아빠로서 나는 아이들이 특히 저학년일 때 혼자 하는 등하교가 항상 마음에 걸렸다. 매일 아침 냉장고를 열었을 때 우유병에서 행방불명된 아이의 사진을 보거나, 자녀들의 지문을 등록하라는 공공 안내문을 볼 때마다 남의 일이 아니라는 생각이 스친다.

아침에는 항상 학교까지 태워 줄 수 있었으나 오후에 그들을 태우러 가는 것은 불가능했다. 아이들 모두 같은 학교에 다녔기 때문에, 막내가 형이 끝나는 시간을 기다렸다가 함께 집으로 오게 했다. 정말 그것은 내가 선택할 수 있는 가장 좋은 방법이었다.

유치원이나 1학년은 다른 학년보다 30분 정도 수업을 일찍 끝내기 때문에, 자칫 형이나 언니가 어린 동생들을 보호할 가능성을 무산시키고 만다. 이것은 분명히 일하는 부모들을 차별하는 정책이고, 부모들은 낮 동안 집에 있어야 한다는 강한 메시지였다.

우리는 이러한 정책을 바꾸는 데 2년이 걸렸다. 다행스럽게도 그간에 몇몇 교장들과 교사들은 형이나 언니가 학교를 마칠 때까지 어린 동생들을 학교에 머물도록 해 주었다.

나는 여러분의 입장이 더 좋은 상황이기를 바란다. 싱글아빠인 여러분은 아직도 자녀가 학교에 갔다 올 때 그들의 안전을 염려할 수밖에 없다. 최상의 방법은 등하교하는 자녀와 동행하는 것이지만, 그게 불가능하다면 이웃 부모들과 일주일 단위 카풀제를 운영해도 좋다.

차선책은 여러분의 맏이한테 어린 동생의 보호 책임을 주는 것이다. 물론 이런 의무를 흔쾌히 받아들일 맏이는 없겠지만, 어떻게 해서라도 그들이 보람 있는 일을 한다고 설득해야 한다.

싱글아빠들이 어떤 방법을 쓰더라도 가능하면 어린아이들이 혼자 등하교하도록 해서는 안 된다. 여러 가지 위험에 노출되기 쉬우므로, 사전에 예방책을 세우는 것이 최선의 방법이다.

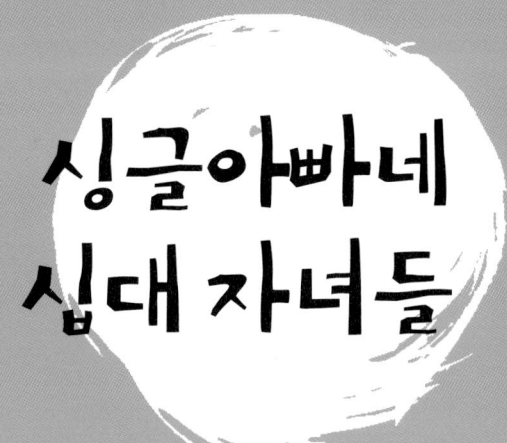

싱글아빠네 십대 자녀들

싱글아빠네
십대 자녀들

싱글아빠와 십대의 대립

그해 여름, 16세가 된 딸아이는 밤에 외출하는 것 외에도 스스로 의사를 결정하기에 충분한 나이가 되었다고 결론내렸다. 그때까지 그 애는 자신이 어디에 가는지, 누구와 같이 있는지, 언제 집에 오는지를 내게 항상 알려주었다. 그리고 저녁 10시를 넘기는 활동은 아빠의 허락이 필요하다는 인식을 함께했다. 나는 그 애가 십대에 이르기까지 귀가 시간이나 다른 종류의 일에 제한을 두지 않았다는 점에 자부심을 느꼈다. 딸아이는 항상 좋은 판단을 보여 주었고, 문제가 생길 때마다 함께 앉아 대화하였다.

그런데 혼란이 벌어졌다. 16세가 된 이후, 협조적이고 친밀하며 주의 깊고 사랑스러웠던 아가씨가 갑자기 변해버린 것이다. 여름 내내 밤 10시를 넘긴 늦은 시간에도 전화 한 통화 없었다. 자정이 가까워지면 나는 온갖 불길한 상황이 떠올라 미칠 것 같았고, 어쩌다 전화벨이 울리기라도 하면 경찰서거나 나쁜 일 때문일 것이라는 생각에 가슴이 덜컥 내려앉곤 했다.

제 정신이 아닌 상태에서 옷을 챙겨 입고 차를 몰아 동네 주변을 돌아다니곤 하였다. 십대들이 좋아하는 곳이 밤샘 영업을 하는 길모퉁이 팬케이크 가게라는 사실을 알았다. 나의 심야 방문은 여종업원들의 조크 대상이 되었고, 그들은 내가 문을 열기도 전에 "그 애는 여기 없어요!" 하면서 나를 떠밀어내곤 하였다. 어쩌다 딸아이가 친구들과 칸막이 뒤편 안쪽에 몰려 있을 때는 큰 소동을 벌이면서 집으로 끌고 오곤 하였다.

결국 딸아이가 제 정신이 아니라고 생각한 나는 그 애와 대립하게 되었고, 엄격한 귀가 시간을 선언하려 했을 때 딸아이는 "그건 아빠의 권한이 아니에요!" 하고 고함을 질렀다. 딸아이의 관점에서는 어떤 나쁜 짓도 하지 않았다. 그런데 그 애에게 임의적인 제한을 두어 강압하기 시작하는 나는 누구인가? 자신을 돌보는 딸아이의 능력을 왜 나는 갑자기 신뢰하지 않게 되었는가?

받아들이고 싶지 않았지만 딸아이의 주장에도 일리가 있었다. 왜 나는 아이가 방에 있는 것을 제외하고 귀가 시간 엄수를 강제할 모든 조치를 취하려 했는가? 아마 내가 독선적 행위를 보여 주었는지도 모른다. 그런데 딸아이와 마주앉은 나는 얘기를 하면 할수록 더욱 자기주장을 굽히지 않는 그 애를 발견했다. 그 애는 어떠한 계획을 세우기 전에 아빠에게 허락을 받도록 하는 것은 자신을 아이 취급하는 것과 같다고 생각했다. 그러나 인내를 가지고 부녀의 대화를 허심탄회하게 이끌어갔다. 그리하여 그 애도 아빠로서 최소한 딸이 어디에 있는지 정도는 알아야 한다는 내 마음을 받아들이게 되었다. 어떤 긴급한 상황이 발생했을 때 아빠가 딸의 도움이 필요하게 되면 어떡하겠는가? 결국 우리는 서로의 관점을 이해하게 되었고, 대등한 관계에서 서로를 바라보게 되었다.

훨씬 뒤에야 나는 이때의 경험으로, 싱글아빠 가정에서 자라는 아이들은 전통적인 가정에서 자라는 아이들보다 더 일찍 독립을 주장한다는 사실을 깨달았다. 사실 싱글아빠인 우리는 그들에게 아직 어린 나이에도 불구하고 조금은 버거울지도 모르는 책임을 주어 사회화시켜왔다. 나를 오해하지는 말라. 분명히 우리는 자녀가 어디에 있는지, 특히 그들이 밤에 무엇을 하는지 알아야 할 필요가 있다. 그러나 그들이 사춘기에 들어갔다고 해서 갑자기 엄격한 규율을 내 놓는 것이 공정한가? 그들의 삶에 있어 중요한 그 시기에 그들의 세상을 제한적이기 보다는 보다 자율적으로 만들어 주어야 하지 않을까? 우리는 이 사항을 좀 더 심각하게 생각할 필요가 있다.

싱글아빠인 우리는 아이들이 아직 어리다는 것을 알면서도 집안일을 분담하는 파트너로 대해 왔다. 우리는 아이들에게 집안의 잡다한 일의 책임을 주었고, 집안일의 계획을 세울 때에도 그들과 함께하면서 의사 결정에 적극 참여시켜 왔다. 이러한 아이들에게 규율의 의미와 목표에 대한 그들의 의견과 입장을 충분히 말할 기회도 주지 않은 채, 아빠가 제시하는 일련의 규율과 규제에 무조건 굴복하라고 한다면, 그것은 싱글아빠의 소박한 망상이 될지도 모른다.

가장 좋은 시기와 가장 나쁜 시기

사춘기는 가장 좋은 시기일 수도, 가장 나쁜 시기일 수도 있다. 싱글아빠의 과업 중에 어떤 것은 십대와 관련하여 더 쉬워지기도 하고, 더 어려워지기도 한다. 긍정적인 면으로는, 집에 나이 많은 자녀가 있다는 것만으로도 든든하고 생활하는 데 훨씬 더 홀가분함이나 융통성을 느끼게 된다.

아이들이 어렸을 때 늘 부모의 가시거리 안에서 확인했던, 그런 주의 깊은 보살핌은 줄어든다. 덧붙여 가게에 태워 가거나 숙제를 돌봐 주거나 방과 후 프로그램에 참석해야 하는 요구도 적어진다. 싱글아빠인 우리는 이제 더 이상 집에서 식단을 준비하고, 마트에 가야하고, 아픈 애완동물에게 약을 먹여야 하는 유일한 사람이 아니다. 성장해가는 아이들과 함께 우리는 집안일을 좀 더 편안하게 처리할 수 있다. 사실, 우리의 아이가 사춘기가 될 때 해야 할 첫 번째 일은 모두 식탁에 둘러앉아 가족 식사를 하는 것이다. 각자의 바쁜 스케줄로 가족 식사를 할 수 없으면 정기적인 식사 또한 하기 힘들다.

싱글아빠인 우리는 십대 아이들과 파트너십의 관계에서 서로 주고받으며 상호 책임을 공유한다. 집안일에도 각자의 기여를 기대하는 것이 합리적이다. 각자의 일에 책임을 져야 하고, 누구도 무임승차하는 일은 없어야 한다. 아이들이 13세나 14세가 될 때 집안 관리에 그들을 적극적으로 참여시키지 않는다면, 이는 사실상 우리가 아이들에게 잘못하는 것이다. 집은 그들이 성인의 삶에서 필요한 일상의 기술을 익히기 시작하는 곳이다.

성장한 아이들과 서로 지원하고 동반자 관계를 발전시킬 수 있는 기회는 많다. 우리가 성인 친구를 만날 때처럼 그 아이들의 의견과 느낌을 가치 있게 봐야 한다. 우리 십대 아이들은 그들의 문제를 공유하고 유용한 자문을 해 줄 사람으로 아빠를 보기 시작할 것이다.

그럼에도 불구하고 십대를 양육한다는 것은 힘든 면도 있다. 재정적으로 음식 · 의류 · 미용 · 화장품 등의 비용이 아직은 크게 늘지 않더라도, 자녀가 승용차를 운전할 나이가 되면 자동차 보험료의 급등으로 거의 위험 수준에 이르게 된다. 점차 대학에 보낼 교육비 마련에도 계획을 세워둬야 한다.

개인적 입장에서 십대들과 살아가면서 가장 어려운 면은, 거의 지속적으로 흥분과 소란한 상태의 개인과 말하려고 노력해야 한다는 사실이다. 격정의 호르몬이 분출되면 잠시 동안은 만전의 경계가 필요하다. 아무리 뛰어난 아이라 하더라도 사춘기가 시작되면 혼란 · 논쟁 · 반항 · 예측 불능의 행동들이 돌출한다. 십대들은 자율성과 독립심을 갖고 자신의 정체성을 확립하려고 하면서도 권위에 도전하려는 욕구와 가족의 한계를 테스트하려는 몸짓을 보인다. 싱글아빠인 우리는 그들이 혼자만의 날갯짓으로 날아오르려는 모험에 필요한 비용과, 그들이 공중에서 떨어지거나 태양에 불타버릴 가능성 사이에서 균형을 잡아야 한다.

아이들이 어릴 때는 베이비시터와 탁아소 사이를 왔다 갔다 하고, 집으로 달려가 저녁을 먹이고, 제대로 씻었는지 챙겨야 하고, 뒤죽박죽된 마룻바닥을 청소하면서 여기저기 널린 장난감을 정리하느라, 머리가 터져버릴 것 같은 밤을 거의 매일 보냈다. 그러다 애들이 잠잘 시간이 되면 침대 밑에서 이불을 덮어주고, 현관문을 잠근 후에야 TV를 켜고 다리를 뻗을 수 있었다.

우리의 세계에서는 모든 게 잘 진행되었다. 그러나 십대들은 우리를 효과적으로 배제하는 일련의 외부 영향으로 비교적 안전했던 그들의 영역을 침범 받게 된다. 십대 아이들이 바깥 세계 활동을 시작하고, 특히 잦은 저녁 외출을 하게 되면 드디어 우리들의 밤샘 또한 잦아진다. 일상적인 것에서부터 시작된 변화로 우리들의 사적 시간도 줄어든다. 아이들이 잠들고 난 후 한 시간이나 두 시간 자신만의 시간을 가졌던 우리는, 자녀가 십대가 되면서 더 이상 그런 달콤한 시간을 가질 수 없게 된다.

십대들의 성장

사춘기는 충전의 시기다. 고교 졸업 후부터 청년기까지의 기간은 신체의 급속한 변화, 또래 안에서 인정받기, 개인으로서의 숙련과 통제를 위한 노력, 인간으로서의 가치와 신념의 성숙으로 특징지어진다.

신체적 성장   새로운 세대로서 아이들은 일찍부터 신체적인 성장을 한다. 평균적으로 대부분의 소녀들은 11세부터, 소년들은 13세부터 성장 급등 현상이 나타나는 신체적 변화를 겪는다. 키가 크고, 재생산 기능이 성숙되며, 제2의 성징이 나타난다. 소녀들은 신체적 지방질이 증가하여 '둥근 외모'를 갖게 되는 반면, 소년들은 일반적으로 체지방을 잃게 되어 '모난 외모'를 지니게 된다. 그러나 어떤 소년들의 경우 신장이 급속하게 크는 데 비해 근육이 제대로 붙지 못하여 볼품없는 모습을 보이기도 한다.

또한 키와 체중이 급작스레 늘어남에 따라 이를 조정할 시간도 필요하다. 마치 다른 사람의 몸속에 그들이 들어간 것과 같다. 이러한 어려움에 더하여 다른 신체적 변화도 있다. 소녀들은 월경이 시작되고, 다리와 팔에 털이 나며, 엉덩이와 허벅지 등이 굵어져 체중 증가에 지나친 관심을 갖게 되면서 비만을 걱정하기도 한다. 소년들은 얼굴에 털이 나고, 몸 냄새가 나며, 남성호르몬인 안드로겐이 후두 세포를 자극하기 때문에 목소리가 저음으로 변한다. 남녀 모두 얼굴에 여드름이 나 이를 다스리는 것이 문제가 된다.

성욕의 증가　　사춘기의 가장 중요한 사건이 제1성징(신체적)과 제2성징(정서적)의 출현과 성에 대한 관심이다. 이성과는 일시적인 만남이더라도 완전히 다른 의미를 갖는다. 아이들에게 물어보면, 대부분의 십대들의 최고 관심은 이성과의 관계라는 것을 인정한다. 물론 우리가 아는 바와 같이 좋은 관계를 발견한다는 것은 쉬운 일이 아니고, 어느 정도의 실험과 실수의 반복이 있어야 된다.

싱글아빠들은 아이들이 사춘기를 겪어나가면서 성적으로 여러 상황을 만나게 되는 데에 준비를 잘 해야 한다. 성적 금욕의 가치에 대한 미사여구에도 불구하고, 십대들은 이러한 충고를 들으려 하지 않고 날뛰는 호르몬을 잡아두려고 하지 않는다. 사춘기라는 나이는 이미 몸에서부터 그들의 삶에 새로운 장을 시작하려는 준비가 되어 있는 것임을 받아들여야 한다. 가장 중요한 것은 안전한 섹스, 특히

AIDS를 비롯한 성을 통해 옮겨지는 전염성 질환의 예방이다. 이러한 중요한 예방 교육을 준비하지 않는다면, 그것은 생각만으로도 끔찍한 결과를 불러오게 된다.

또래들의 인정　　십대에게는 또래 집단의 소속 의식이 그들의 발달에 주요한 요소가 된다. 고등학교에 들어가면서 만나는 새로운 친구들이나, 참여하기를 선택한 새로운 집단은 아이들에게 영향을 미치는 외부의 원천들로서 그들의 삶에 들어오기 시작했다는 의미다. 이제 십대들에게 가족은 더 이상 소속과 인정의 근거가 되지 못한다. 또래 집단의 일부가 되는 것이 첫 번째 동기로 작용하게 된다는 것이다. 즉, 또래들에게서 새로운 가치와 행동과 옷과 개인적 스타일 등에 엄청난 압력과 영향을 받게 된다는 말이다.

우리는 아이들의 삶에 미치는 새로운 영향의 원천들에 위협을 느낀다. 집과 우리들의 울타리에서 아이들을 벗어나게 하는 흥미와 활동들이 분명히 있다. 그러나 동시에 우리들도 아이들에게 일어나는 변화에 적극적으로 동참하기 위해 진지한 노력이 필요하다. 아이들의 친구들이 현관이나 집 근처에 나타날 때 그들을 만나볼 수 있도록 요청해야 한다. 그들의 계획과 활동 내용을 들어보고, 소통 라인을 만들어 놓을 필요가 있다.

자율과 자립　　일반적으로 '질풍노도의 시기' 라는 십대들은 스스로 통제하기를 바란다. 그들은 부모 역할을 완수하려는 우리의 노력을 마치 자신들의 자율과 개인적 자유나 성장 의식을 침범하려는 것으로 간주한다. 부모가 이야기하는 대로 따르는 어린아이들과는 달리, 십대들은 우리의 요구에 순순히 따르지 않는다. 스스로 자신의 삶을 영위하기 위한 건전한 결정을 내릴 능력을 갖췄다는 확신에 찼을 때, 아빠가 그걸 의심한다고 느끼면 대립하고 반항하면서 갈등이 심화되기도 한다.

그러나 그것은 반항이라기보다, 사춘기에 자립심이 자라서 독립적인 성인으로서 어떻게 자유롭게 행동하고 기능하는지 배우는 과정이라고 보면 된다. 결국 우리의 장기적인 목표는 그들이 자신의 삶을 이끌어가도록 준비시키는 것이다. 그들이 독립적인 결정을 내리는 지점에 이르기를 바란다. 그렇지 않으면 그들은 결코 아빠 품에서 떠나지 못할 것이다.

개인 신념과 가치　　　사춘기에는 아이들이 자신의 삶을 지배할 개인적 신념과 가치를 정하는 문제에 부딪치기도 한다. 그들은 이제 더 이상 무조건 단 하나만의 이득으로 아빠의 견해를 받아들여 주지 않고, 자신만의 도덕적 코드를 세우고자 의미와 정의를 찾기 시작한다. 이러한 과정을 '정체성 찾기'라 한다. 많은 아이들에게는 이러한 탐색이 흥분되기도 하지만 어렵기도 하다. 주변의 세계를 면밀히 살펴보아야 하고, 그 세계에 자신이 어떤 종류의 영향을 줄 것인지 결정해야 된다. 예를 들면 어떤 종류의 정치적 동기를 가질 것인가? 인권? 환경보호? 재활용? …… 같은 것들이다.

그들은 새로운 정체성을 찾으려는 노력을 하면서 어떤 실험을 하려 들지도 모른다. 저녁 식사 때에 갑자기 더 이상 고기를 먹지 않겠다고 선언할지도 모른다. 또는 핵실험 반대시위에 참석하려고 친구들과 떠날지도 모른다. 또는 주일날 다른 교회에 가기를 원할지도 모른다.

우리의 아이들이 복잡하게 얽힌 세상에서 살아간다는 것을 잊지 말아야 한다. 우리들은 이 젊은 세대에게 매우 심각한 문제를 떠넘기고 있다. 그들이 우리의 얘기를 듣게 하기보다, 우리들이 그들의 생각을 듣기 위해 시간을 내야 할 것이다.

흥미와 능력의 확인　　가치나 신념과 마찬가지로 성인으로 성장하는 과정에서 아이들이 가져야 할 흥미와 능력을 확인하는 작업이 필요하다. 중학교부터 고등학교에 이르기까지 아이들은 지속적으로 발견하는 과정에 있다. 그들의 관심을 사로잡는 과목이 무엇인지, 어떤 활동이 재미있는지 끊임없이 탐색한다. 또한 무엇을 잘 하고 무엇을 못하는지도 발견한다. 그들은 자신이 누구인지, 매력을 느끼는 활동은 어떤 것인지, 닥치는 대로 정보를 모은다. 간단히 말하면 장래 직업과 관련된 종류의 과업을 탐색하는 것이다.

직업 선택은 아이들이 자라면서 당면하는 가장 중요한 결정이다. 오늘날에는 그들이 원하는 것이 무엇인지 일찍부터 결정해야 한다는 압력이 많다. 이것은 불행한 일이다. 왜냐하면 아이들에게는 선택 가능한 사항을 폭넓게 탐색할 수 있는 충분한 경험의 기회가 마련되어야 하기 때문이다. 13~14세의 아이들에게 향후 50년간 생활방식을 결정할 직업을 선택하도록 기대하는 것 자체가 옳지 않다. 우리들은 아이들이 흥미나 기술, 동기, 소망 그리고 시간에 따른 상황변화 등을 충분히 고려하면서 다양하게 탐색하도록 최선을 다해 도와주어야 한다. 예를 들면 고등학교 교과과정에 직업 탐색 활동을 정규 과목으로 포함하는 조치 등이다. '직업과 인생 계획' 이라는 과목이 모든 중학생과 고등학생에게 제공되어야 한다. 다양한 분야의 CEO가 학생을 방문하는 '직업의 날'은 정기적 행사로 개최되어야 한다.

독립심 기르기

우리는 아이들이 결단력 있고, 책임감 강하며, 생산적인 삶을 살아가는 독립적인 성인으로 자라기를 바란다. 그들이 이러한 덕목을 준비하기 위해 첫째는 최선의 결정을 하도록 돕고, 둘째는 독립적인 생활을 하도록 해야 한다.

최선의 결정을 내리는 방법을 익히는 데에는 상당한 시간과 노력이 소요된다. 최선의 결정을 도출해 내려면, 어떤 특정 과업이나 목표에 도달하기 전에 '좀 떨어져서 보는 법'이 필요하다. 숲을 보기 전에 산을 보라는 뜻이다. 달리 말하자면, 의사 결정의 두 가지 요소는 심사숙고와 계획인데, 사실 십대들에게는 늘 부족하기 쉬운 점들이기도 하다.

그렇다면 어떻게 해야 십대들이 보다 좋은 결정을 내리도록 도울 수 있을까? 첫째, 그들이 무엇을 이야기하고 어떻게 행동하든지, 십대들이 어떤 의사 결정을 할 때는 상당한 지도가 필요하다는 점을 인식해야 한다. 매일 생활에서 많은 불확실성에 당면하는 그들이 직접 우리에게 요청하지 않는다 하더라도, 우리의 도움이 필요한 것은 분명한 사실이다. 그러나 우리가 그들을 도와 단순히 결정하게 하는 것보다, 그들 스스로 결정에 이르는 방법을 배우도록 도와야 한다.

18세 된 딸이 주말에 두 여자 친구와 함께 유원지나 놀이동산에 가도 되는지 여러분에게 물어왔다고 하자. 아빠로서 여러분은 딜레마에 빠진다. 만약에 "안 돼, 못 가!" 하고 말한다면, 아마도 아빠와 딸은 싸우게 되고, 딸은 무슨 수를 써서라도 가고야 말 것이다. 반대로 "가도 좋아." 하고 허락하더라도 뭔가 일이 잘못 돌아갈 때에는 결국 그것은 여러분의 책임이 된다. 더 좋은 접근 방법은 의사 결정의 책임을 딸에게 되돌려주는 것이다.

"가야 좋을지, 안 가야 좋을지 결정하는 일에 내 생각을 말할 수 있어 다행이다. 그러나 어떤 결정을 내릴지는 결국 네가 판단해야 된단다."

최선의 결정을 하는 과정에는 몇 가지 단계가 필요하다. 첫째 단계는 결정의 필요성을 인식하고 결정하는 이유를 확인해야 한다. 둘째 단계는 모든 가능한 행동 방법들을 생각해 낸다. 셋째 단계는 각 행동 방법에 따른 잠재적인 결과와 관련된 긍정적·부정적 정보를 모두 모은다. 넷째 단계는 하나의 행동 과정을 선택하고 이를 수행한다. 마지막 단계는 그 결정이 어떻게 수행되고 어떤 결과가 나왔으며, 과연 좋은 결정이었는지 아닌지 그 선택을 평가한다. 아이들이 결정을 내리고, 결정의 적절성을 평가하는 방법을 배우는 것은 지속적인 준비와 실천의 과정을 통해서 가능하다.

아이들이 성인이 되는 준비를 도와야 할 다른 하나의 영역이 독립적인 생활이다. 여기에서는 그들이 스스로 집을 나가 독립하여 생활하는 데에 필요한 기술을 배우도록 돕는 것이 목표다. 개인의 환경에 따라 다르지만, 이러한 기술은 집을 깨끗하게 가꾸고, 식사 계획과 식품 구매, 자동차 유지보수와 수리, 개인 재정을 관리하는 방법, 예산을 세워 운용하고 개인의 안전을 관리하는 기본 사항들을 말한다.

십대들이 어느 특정한 때가 되면 집을 나가서 스스로의 생활을 할 수 있다고 믿는 것은 바보와 같다. 아이들이 의존적인 역할에서 독립적인 성인으로 전환하는 데는 어떤 종류의 통과의례가 필요하다. 아이들이 아직 집에 있는 동안, 이러한 통과의례가 폭풍이 밀어닥치듯이 이루어지기보다는 잔잔하게 흘러가도록 하기 위해, 필요한 것에 초점을 두어 도울 필요가 있다.

가능하다면 경과 기간을 두고, 십대 자녀와의 관계를 아빠와 어린 아이의 관계가 아닌 좀 더 동등한 인격체 수준에서 보아야 한다. 이 기간 동안 우리는 그들을 동거하는 사람으로 보아 집안일을 공평하게 맡아 하도록 한다. 이러한 접근이 잘 이루어지도록 우리는 아빠로서의 여러 본능을 억제해야 한다. 가르치기를 중지하고, 행동을 통제하려 하지 말아야 한다. 아이들이 요청하면 우리의 의견이나 제안을 내놓을 수 있지만, 최후통첩을 하거나 우리의 기대에 맞추도록 요구하는 일은 없어야 한다.

마지막으로 이런 과도기는 두 가지 방향으로 진행되어야 한다는 점을 기억해야 한다. 아이들에게는 자신의 능력을 인식하는 기회가 되어야 하고, 우리에게는 아이들이 성장하여 집을 떠남에 따라 아빠로서의 역할이 변화하는 기회가 된다. 우리는 이제 더 이상 모든 셈을 치르고 모든 결정을 내릴 필요가 없다. 우리는 변화를 위하여 드디어 스스로 날개를 펼칠 수 있게 되었다. 아이들이 성인의 길을 잘 가도록 하는 것은 해방의 경험이다. 내 인생에서 새로운 선택을 탐험할 기회인 것이다.

노동을 한다는 것의 의미

오늘날 대부분의 십대들은 일하기를 원한다. 여기서 잠깐, 여러분이 십대였을 때 '일을 한다는 것'이 무엇을 의미하였는지 생각해 보라. 나는 뉴욕시의 백화점에서 구두 재고 정리를 하였다. 당시 겨우 15살 때였는데, 매주 3일은 오후에, 일요일은 하루 종일 일하였다. 그리고 매주 일요일 오후에 10불짜리 한 장, 5불짜리 한 장, 1불짜리 두 장, 25센트 동전 3개가 든 노란 주급 봉투를 받았다.

내가 하는 일은 재고실의 먼지를 털고 닦고, 구두 재고를 파악하고, 판매 직원들이 던져 놓는 구두 박스를 다시 선반에 정리하면서, 조그만 승강기로 도착하는 새로운 구두 주문장을 받는 것이었다. 현장 감독관은 나에게 특별한 지시가 없는 한 매장에 나타나지 말라고 하였다. 다르게 말하자면, 나의 일거리는 눈에 보이지 않는 것이었다.

백화점은 나에게 옅은 푸른색 근무복 상의를 주었고, 일주일에 한 번씩 집에 가져가 세탁해 오도록 하였다. 나는 직원 탈의실에서 개인 옷장을 배정받았지만, 자물쇠가 고장이 나 거의 사용하지 않았다. 어떤 직원이 출퇴근 점검 시계의 작동 방법을 가르쳐 주면서, 시계에 장치된 버튼을 조금 늦거나 빨리 눌렀을 때 출퇴근 시간표에 나타나게 되는 작고 빨간 숫자의 위험에 대해서도 설명해 주었다.

30년 전의 일이지만 지금도 생생하게 기억한다. 현재 나의 기준으로 볼 때 특별할 것도 없는 일자리였지만, 상의 포켓 위에 새겨진 백화점의 금빛 라벨이 선명한 푸른 근무복을 입을 때마다 나는 자랑스러웠다. 내가 단순히 돈을 번다는 것보다, 나도 이제 노동자라는 생각 때문이었다. 실제로 나는 고용되었다. 나는 취업자였다. 나는 '직원 외 출입금지'라고 적힌 출입문을 이용하였으며, 백화점의 주요 승강기를 작동하는 열쇠를 가지고 있었다!

우리 아이들도 같은 방식으로 일자리를 가질 것이다. 일자리를 갖는다는 것은 성인 세계에 진입하는 의미의 첫 걸음이다. 가족 이외의 어떤 사람이 우리 아이들에게 일종의 모험을 걸었다는 뜻도 된다. 땀을 흘리더라도 도전해 볼 만한 가치를 지닌 일이다. 무엇보다 우리 아이들이 땀 흘려 일한 대가를 받는다는 데에 중요한 의미가 있다.

십대에게 돈은 매우 강한 유인 요인을 지녔다. 그들의 관점에서 보면 세상을 움직이는 힘은 현금으로 보이기 때문이다. 즉, 자신이 구매력을 갖게 된다는 것은 친구들과 동등한 지위를 갖는 것이고, 자립력을 상징하는 것이라고 믿는다. 설령 그것이 사실이라 하더라도, 싱글아빠들이 그대로 받아들인다는 것은 그리 쉽지 않은 일이다. 그렇다고 세상에 나가 돈을 벌고 싶어 하는 아이들을 무작정 막을 수도 없는 일이다.

어쨌거나 싱글아빠들은 자녀들이 하려는 시간제 근무의 형태나 스케줄에 관심을 가져야 한다. 무엇보다도 먼저 18세 이하의 아이들이 위험한 기계나 설비 주변에서 일하는 것을 허락해서는 안 된다. 미성년자를 보호하기 위해 법적인 장치가 되어 있음에도 불구하고, 열악하고 위험한 환경에서 일하는 젊은이들이 적지 않다. 패스트푸드점의 주방, 피자집의 오븐, 대부분의 농장 등의 설비는 화상을 포함한 크고 작은 안전사고에 노출되는 경우가 많다. 자녀가 일하는 것을 동의하기 전에 시간제 일을 감독하는 사람과 얘기하고 실제 작업장을 살펴보라. 그리고 어떠한 경우라도, 학교 다니는 자녀가 평일에 밤 10시를 넘긴다든지 주말에 밤 12시가 넘도록 일하는 것은 허용하지 말아야 한다. 또 일주일에 20시간 이상 일하지 않도록 해야 학교 수업에 지장이 없다.

무엇보다 아이들이 일을 시작하기 전에 학교 과업을 훌륭하게 수행해야 한다는 전제 조건이 필요하다. 자녀의 성적이 떨어지고, 교사에게서 부정적인 보고를 받게 되면, 그들과 함께 앉아 대화를 나눠야 한다. 그리고 학교 과업을 잘하는 것이 우선순위라는 사실을 주지시켜야 한다.

자녀가 일을 시작한 뒤에 싱글아빠들은 무엇을 해야 될까? 그들이 처음 올린 수입이 많거나 적거나 상관하지 말고 은행 계좌 개설을 도와주라고 충고하고 싶다. 아이들이 16세 이하일 경우, 예금 인출을 위해 부모가 동시 서명자가 되어야 하는 경우도 있다. 하지만 자녀의 이름으로 계좌를 연 이상, 여러분은 그들이 예금을 입출금하는 일에 개입하지 말고 맡겨야 한다.

싱글아빠 여러분은 단지 뒤로 물러나 지켜보라. 그들이 자신의 돈을 쓰도록 허용하라. 물론 쉽지 않을 것이다. 적어도 돈과 관련된 일만큼은 아빠가 함께 해야 된다고 믿는 것은 어쩌면 당연한지도 모른다. 우리는 아이들에게 천원의 가치를 가르쳐주고 미래를 위해 저축이 필요하다는 것을 보여 주려고 한다(우리가 자랄 때도 같은 일이 틀림없이 반복되었다.). 대부분의 아빠들은 자신의 지혜와 경험을 몽땅 넘겨주고 싶어 할 것이다.

그러나 그렇게 하면 안 된다. 돈에 관한 일이라면 아이들이 직접 경험하면서 배우는 것이 가장 좋다. 그들은 저축하지 않았을 때 어

떤 일이 일어나는지 경험함으로써 저축의 의미를 배우게 된다. 십중
팔구는 빈털터리 경험부터 하게 된다. 그리고 몇 개월 지나면 그들
은 여러분이 말하고자 하는 것을 자연스럽게 받아들이게 된다.

십대의 행동에 대처하기

아이들이 어렸을 때는 그들의 행동을 통제하는 몇 가지 방법을 활
용하면 되었다. 예컨대, 숙제가 끝날 때까지 TV를 켜지 않는다든가,
야채를 다 먹을 때까지 후식을 주지 않는다든가, 집안일이 끝날 때
까지 용돈을 주지 않는 등의 방법이다. 이를 부수적인 사건 관리라
하는데, 어린아이들에게는 잘 먹힌다. 그들은 반드시 원하는 것이
있게 마련이고, 그것을 얻기 위해서는 어떤 조건을 완수해야 된다는
사실을 안다. 다르게 말하면, 자녀들은 그들이 원하는 보상을 얻기
위해 우리의 기대를 충족시켜야만 했다.

그러나 십대들의 행동 통제는 이 방법만으로는 녹록지 않다. 무엇
보다도 우리가 결과나 보상을 통제한다는 것 자체가 더 이상 불가능
하다. 15세나 16세 아이가 TV 보기, 용돈 받기, 후식 한 조각 먹기 등
을 놓친다고 하늘이 무너져 내리겠는가? 그럼에도 불구하고, 우리는
아이들의 통제력을 놓치지 않기 위해 위협이나 최후통첩까지 동원
하여 필사적으로 매달리게 된다. 그러나 이 순간부터 상황은 나빠지
기 시작한다.

외출 금지를 예로 들어 보자. 싱글아빠들은 십대가 밤늦게까지 밖
에 있다는 것이 무엇을 의미하는지 다 안다. 그래서 평일 밤에는 10

시, 주말에는 자정 이후의 외출을 금지한다. 덧붙여 그들이 그 시간에 누구와 무엇을 하고 있었는지 묻지 않아도 먼저 이야기해 주기를 바란다. 이것은 정말 당연한 생각이다. 그리고 십대의 딸과 아들이 제 시각에 집에 도착하기를 바란다.

처음으로 그들이 새벽 3시에 나타나면 무슨 일이 일어날까? 그들을 의자에 앉게 하고, "애야, 네가 경기 규칙을 지키지 않는다면 너는 이제 더 이상 경기를 할 수 없어!"라고 말하는 경우는 거의 없다. 화가 난 정도에 따라 하루나 이틀 또는 일주일 내내 그들의 외출을 금지시킬 것이다.

잠시 생각해 보자. 우리가 지금 무슨 일을 저질렀나? 우선 우리는 그들에게 아빠의 권한을 남용하는 실수를 저질렀다. 다음으로 그들의 행동을 신뢰할 수 없다는 메시지를 보냈다. 그리고 우리는 감옥 감시자의 역할을 하였다. 결국은 외출 금지를 당하겠지만, 순순히 집에 앉아 있겠다고 받아들일 십대가 과연 몇이나 될까? 그들이 실제로 집에 있을 것이라고 확신할 사람은 또 몇이나 될까?

십대들에게 이러한 전략은 잘 먹히지 않는다. 그들은 곧바로 부루퉁해지고, 움츠러든다. 비협조적이고 반항적이 되어 날마다 점점 더 끝장을 보려고 할지도 모른다. 자녀는 결국 처벌의 고통을 기꺼이 감수하면서도, 오히려 불복종이 별것 아니라는 것을 배우게 되고, 싱글아빠와 심각한 불화까지 겪게 될 것이다.

싱글아빠로서 우리는 다른 해결책을 찾아야 한다. 하나의 해결책은 반대의 논리를 이용하는 것이다. 다음은 싱글아빠가 18세 아들에게 이러한 해결책을 이용하는 대화의 사례다.

아들: "밖에 나갔다 오겠어요."

아빠: "언제 돌아올 건데?"

아들: "언제까지 올까요?"

아빠: "네가 돌아올 수 있는 시간을 이야기하는 것이 좋겠는데."

아들: (잠시 생각하다가) 좋아요. (다시 잠깐 생각하고) 11시는 어때요?"

아빠: "11시까지 온다고?"

아들: "예. (잠시 머뭇거림) 아니요, 11시 30분이 좋겠는데요."

아빠: "좋아, 11시 30분. 기다릴게."

아들: "만약 늦게 되면 전화할게요."

아빠: "그래주면 고맙지."

부모로서의 책임을 훌륭하게 수행하는 싱글아빠다. 그는 귀가 시간의 책임이 누구에게 있는지 명확히 하였다.

마지막 충고 하나 더. 싱글아빠로서 여러분이 자녀에게 보여 주는 반응(행동, 표정, 말, 무시 등)의 선택은 아주 중요하다. 반응은 매우 융통성 있게 결정되어야 한다. 싱글아빠들은 특히 십대 자녀들을 상대할 때, 마음속으로 보고 싶은 것만 보는 사람이 되기 쉽다. 행동이 단순히 바보 같고 불쾌하나 악의가 없고 위험하지 않다면, "나는 이것을 무시하기로 선택한다."고 속으로 말하라. 그러나 악의나 위험이 있다고 확인되면 그것을 잘 다루도록 준비해야 한다.

십대의 자존감 쌓기

자존감은 자신의 가치를 발견하는 정도와 관련된다. 자기 자신의 독특한 재능, 보유한 자원, 가능성 등을 인식하고 발전시키는 능력이다. 스스로에게 낙관적인 견해를 가졌을 때 긍정적인 자존감을 갖고 있다고 말한다. 그들은 자신의 삶에 확신이 있고 희망을 가진다. 다른 한편 부정적인 자존감을 가진 사람들은 일반적으로 비관적이다. 그들은 자신의 독특함을 인정하지 않고 불안정하며 삶을 의심한다.

긍정적인 자존감은 그냥 생기지 않는다. 그것은 꽃망울을 터뜨릴 준비가 되기 전의 어린 묘목과 같아서, 충분한 영양분을 주고 정성으로 가꾸어야 한다. 사춘기는 긍정적인 자존성을 형성하는 데 매우 중요한 시기다.

다음은 싱글아빠가 자녀의 자존감을 향상시키려 할 때 필요한 사항이다.

1. 긍정적인 자존감은 책임을 통해 자란다.

십대들이 하는 행동이나, 우리가 그들에게 기대하는 행동이나, 그들 스스로 할 수 있다는 자신감이 필요하다. 이는 때때로 모두에게 어려울 수 있다. 대부분의 십대들은 아직 미숙하고 예측불허의 행동을 한다. 냉장고에 우유병을 절반쯤 넣다가 불쑥 떨어뜨리거나, 이층에 올라가 방을 치우라고 말했는데도 5분 뒤에는 외출하고 없거나, 집 열쇠를 어디다 두었는지 잊어버리기 일쑤고, 집에 돌아와 보면 거실 여기저기에 그들의 물건이 흩어져 있다.

여러분의 아이가 책임감 없는 멍청이 같이 행동한다고 반사적으로 생각할 필요는 없다. 오히려 어느 정도의 인내심이 필요하다. 그들을 향한 기대를 잊지 말고, 그들 스스로 성숙한 행동을 할 수 있도록 지켜보며 도와야 한다.

2. 긍정적인 자존감은 정서적 지지를 통해 자란다.

십대 자녀들에게는 아빠한테 가장 든든한 정서적 지지를 받는다는 믿음을 주는 것이 중요하다. 특히 위기일 때는 더욱 그러하다. 지금 이 순간 솔직히 말해보라. 그들이 정서적 지지를 필요로 할 때 누구에게 가기를 원하는가? 충분한 효과를 위해서는 아빠의 지지가 기꺼이, 그리고 조건 없이 주어져야 한다는 것을 기억하라. 아빠는 인내하는 힘과 용기를 주는 정서적 안전망을 제공해야 한다. 이는 어떤 조건도 없어야 한다. 이것을 지켜내는 일은 그렇게 쉽지 않다. 그들이 결정한 것이나 취한 행동을 여러분이 견딜 수 없을 만큼 받아들이기 어려울 때는 더욱 그렇다.

3. 긍정적인 자존감은 상호 존중을 통해 자란다.

"무엇이든지 남에게 대접을 받고자 하는 대로 너희도 남을 대접하라."는 황금률에 대한 여러분의 견해를 한번 말해 보라. 여러분이 십대를 존중과 긍정적인 관심으로 대접하면, 대부분 그 대접이 갑절이 되어 돌아올 것이다. 그들의 조언과 의견을 바란다고 말하라. 그들의 충고에 귀 기울여라. 그들이 옳을 때도 많다. 여러분이 잘못하였다면 즉시 사과하라.

4. 긍정적인 자존감은 칭찬을 통해 자란다.

여러분의 십대들이 얼마나 멋지게 보이는지 칭찬하라. 겉으로 드러난 것보다 더 많은 노력을 기울였음이 분명할 때는 특별히 칭찬하

라. 긍정적인 행동을 하려는 그들의 노력을 칭찬하라. 그 행동이 타인을 위한 것이라면 더욱 그렇게 하라. 여러분이 그들과 함께 있다는 것이 얼마나 즐거운지 그리고 그들의 독창성과 개별적인 특성에 얼마나 감탄하고 또 감사하는지 이야기하라. 아이들이 지금까지 살아오면서 성취했던 훌륭한 변화의 순간들을 그들에게 상기시켜라.

5. 긍정적 자존감은 진실을 통하여 자란다.

십대들은 여러분의 칭찬이 진실인지 아닌지 귀신같이 알아챈다. 십대들은 진실한 칭찬을 바란다. 칭찬이 정직하고 솔직할 때 이를 받아들인다. 그러나 진실이 결여된 칭찬은 금방 잊어버린다.

6. 긍정적인 자존감은 건설적인 비판을 통해 자란다.

솔직한 대화를 통해 신뢰를 쌓는 일은 참으로 중요하기 때문에 십대들에게 정직하여야 한다. 이는 때때로 그들에게 건설적인 비판을 해 주어야 한다는 것을 뜻한다. 건설적 비판을 어떻게 잘 할 수 있을까? 부정적인 비판을 긍정적인 표현으로 포장하는 샌드위치 방법을 써보라. 부정적인 것을 더욱 이해하기 좋고 듣기 쉽게 만든다. 이제 여러분의 자녀는 이렇게 생각한다.

"그래, 내가 이렇게 한 것을 봐주시는구나. 음, 부정적인 것 한두 가지를 지적하셨지만 이런 것들은 쉽게 해결할 수 있어. 하여튼 총체적으로는 아빠가 괜찮다고 하셨어."

여기서 여러분에게서 건네받은 전체적인 인상은 긍정적이었다는 것이 중요하다. 따라서 부정적인 비판으로 일어나는 공연한 소란과 분란을 미연에 막을 수 있다.

마지막으로, 자녀들의 자존감을 높이려면 아빠의 역할이 절대적으로 중요하다. 여러분이 그들에게 말하는 것, 그들의 행동에 반응하는 것은 매우 중요하다.

　싱글아빠들이 자녀 역할의 중요성을 무시하거나 하찮게 생각하는 것을 자주 본다. 이는 불행한 일이다. 가장 다루기 힘든 십대들이라 할지라도 여전히 여러분의 존중과 인정을 받을 때 힘을 얻는다. 그리고 이것은 공개적으로, 의도적으로, 무조건적으로 베풀어야 한다. 이것이야말로 아빠의 가장 신성한 의무라고 생각한다.

　여러분의 자녀에게 아빠가 얼마나 사랑하는지 말해 주어라. 이를 자주, 그리고 더듬거리지 말고, 아빠의 따뜻한 감정을 표현하고 나누어라. 어떤 보상과 기대 없이, 아이들에게 유익한 쪽으로만 관심을 가지고 조건 없는 사랑을 보내는 아빠는 아이들의 마음속에 자리 잡은 든든한 언덕과도 같다. 아이들이 무엇을 말하든지 어떻게 행동하든지와 무관한 존재 그 자체에 대한 감사의 표현이다.

　가장 힘든 상황에 처했을지라도 여러분이 어떻게 느끼는지 그들이 알게 할 필요가 있다. 아이들과 여러분 사이에 대화의 선이 항상 연결되도록 노력을 아끼지 말라. 어린 시절부터 감정을 표현하는 데 익숙하지 않았던 우리들이기에 사랑을 표현하려고 할 때 어려움을 느낀다면, 아빠의 따뜻한 마음을 담은 편지를 쓰라. 그들은 읽을 것이다. 아이들이 아빠에게 의지할 수 있다는 것, 아빠가 아이들을 지지해 줄 것이라는 확신은 인생에서 가장 커다란 선물이다.

싱글아빠네 아이 어른 됐네!

싱글아빠네 아이 어른 됐네!

　자녀들은 사춘기를 지나면서부터 눈여겨볼 만한 변화가 일어난다. 십대의 특징이었던 일반적인 혼란스러움이 사라져 간다. 싱글아빠들은 집안일이 점차 정상적으로 돌아가는 것을 발견하게 된다. 이제 여러분은 전화를 더 이상 내려놓지 않아도 된다. 또한 저녁에 그 누구의 방해도 받지 않으면서 편안하게 신문도 읽을 수 있다. 십대 자녀들의 외출과 밤늦은 귀가에 더 이상 걱정하며 지내지 않아도 된다.

　자녀들이 청년기로 접어들 때 부모로서의 역할과 책임의 정도나 형태는 변화한다. 이 전환기에는 몇 년 전에 경험했던 것과 같은 갈등과 대립이 아닌, 보다 성숙된 마음으로 서로의 관심사를 나누는 그러한 상호 관계를 맺게 된다. 일반적으로 여러분은 그들과 더욱 동등한 입장에서 보조를 맞추어 간다. 여러분은 그들과 부모자녀의 관계보다는 '한 지붕 두 가족' 같은 성인 간의 관계를 느끼게 된다. 어떤 일에 한계를 둔다거나 부모로서의 훈육, 집안일 할당이나 각자 역할을 잘 수행하는지, 가정을 이끌어 나가는 데 필요한 각자의 책임을 다 해내는지 등의 걱정이 줄어든다.

발달상의 관심

청년기에 들어섬은 모든 이들에게 상당히 고무적인 일이다. 이 시기는 여러분 가정에서 변화와 선택과 도전이 현저히 증가된다.

자율성 확립　청년기의 변화 과정에는 독립성 개발이 포함된다. 우리는 청년들 스스로 미래의 계획을 세우고 결정하기를 기대한다. 우리는 19세 아들과 딸들이 자신들에게 남아 있던 의존성의 꼬리를 자르고 어린 시절과 기꺼이 작별하기를 기대한다.

실제로 대부분의 청년들은 집을 나가서 그들만의 새로운 자유를 기대한다. 그러나 또 다른 젊은이들은 그들 스스로 결정을 해야 하고, 오로지 자신의 개인적 자원과 능력에 의지해야만 하는 미래에 양가감정을 가지기도 한다. 싱글아빠로서 우리는 이러한 감정에 예민해야 한다. 그들의 독립에 용기를 불어 넣어 주는 한편, 다른 측면에서는 그들의 안녕을 위한 우리의 헌신이 지속된다는 확신을 주어야 한다. 그들이 언제든지 편안한 마음으로 우리에게 전화하도록 해 주어야 한다.

또한 그들이 우리에게 온전히 의존했던 시기가 끝나고 완벽한 독립으로 내달려 가는 연속선상에서, 이전보다 더욱 잘 지내도록 깊은 관심을 가져야 한다. 이 시기의 자녀들은 대부분 무언가에 빠져들곤 하는데, 그때 우리는 그들이 좀 더 확실한 자기 신뢰와 개인적인 자율성을 발견하도록 도와줘야 한다.

독립적인 생활 　　자녀들이 동경하는 개인적인 자율성이 드러나는 곳은 그들만의 장소, 즉 원룸이나 대학 기숙사, 친구와 함께 세 들어 사는 집 등이다. 자녀들의 입장에서 처음으로 집을 떠나는 일은 아주 중요한 사건이다. 그것은 스스로의 정체성과 가족과의 분리를 나타내는데, 거기서 마침내 그들 자신을 개인으로 표현하게 된다. 그들은 자신의 규칙과 한계를 정하고, 가족에게 간섭받을 거라는 격정 없이 스스로의 삶을 이끌어 나간다.

싱글아빠는 아이들 집에서 처음으로 손님이 된 자신을 발견한다. 모든 것이 갑자기 변화되었음을 깨닫게 된다. 여러분은 이제 아이들이 선택한 삶에 더 이상 부모 역할을 행사할 수가 없다.

한편으로는, 최근 증가 추세인 캥거루족처럼 아이들이 집을 떠나지 않는 상황에 접할 수도 있다. 자녀가 20대가 된 뒤에도 부모와 함께 사는 이유는 여러 가지다. 그중 재정적 문제가 제일 큰 이유다. 주거와 학비를 모두 부담해야 하는 지방 대학에 다니는 아이들이 더하다. 특히 한동안 집을 떠났다가 돌아온 성인 자녀들에겐 아주 흔한 일이다. 그들이 집으로 돌아오기로 한 이유는 개인적이나 정신적인 어려움, 예컨대 취직이 안 된다거나 결혼에 실패했다거나 등이다. 여러분은 갑자기 싱글아빠가 되었던 그때 그 자리에 되돌아온 듯이 느낄 것이다.

어떤 경우든 여러분과 자녀의 관계는 변함없어야 하지만 24, 25세 자녀를 14, 15세 자녀와 동등하게 대우해서는 안 된다. 여기에는 다음과 같은 중요한 문제들이 발생한다.

가족 관계의 변화　무엇보다도 성인 자녀들은 성인 대접을 원한다. 싱글아빠인 여러분은 아마도 자녀를 평등주의로 키우면서, 자녀들에게 집안일이나 가정을 이끌어나가는 어느 정도의 책임감을 기대해 왔을 것이다. 그렇지만 여전히 성인기에 도달하는 데에는 변화의 시간이 필요하고, 모든 가족이 가족 관계에서의 새로운 역할에 익숙해질 때까지 긴장과 스트레스 상황에 놓이게 된다.

게다가 어떤 젊은이들은 독립된 성인으로서의 기능을 받아들일 준비를 하기 전에 충분한 휴식이 필요하기도 하다. 그들이 집을 떠나는 거리가 때로는 그 주(州)를 벗어날 만큼 멀 때도 있다. 편지나 전화도 없이 수일, 수주 혹은 몇 개월의 시간을 보낸다. 시련의 시간이다. 싱글아빠는 다음 비행기로 날아가 도대체 무슨 일이 벌어지는지 확인하고 싶다. 그러나 여러분이 그들을 방해하기 보다 그저 그들에게 시간을 주는 편이 낫다. 대부분의 청년들은 그들이 정말 완벽하게 독립된 삶을 스스로 누린다는 것을 증명해 보이면서, 보다 의미 있고 성숙하게 가족과의 만족스런 관계를 재확립해 나갈 것이다.

친밀감 형성　청소년기를 지나온 자녀들은 종국엔 독립적인 삶을 주도적으로 이끌어가는 능력을 보여 줌으로써 신뢰를 얻게 된다. 마찬가지로 그들은 동료들에게도 성인된 면모를 보임으로써 친구들의 존경과 경외를 받게 된다. 하지만 성인기는 아주 미묘한 영역이다. 그것은 광범위한 문제와 사건과 활동을 포함한다. 친밀한 관계를 찾아내고 유지하며, 생애를 준비하고 개인적인 가치와 신념을 확고히 하는 것들을 뜻한다. 대부분의 경우 이런 친밀한 관계의 시작은 청소년기에 시작하여 적당한 결혼 상대자를 만날 때까지 계속된다. 우리는 이런 것을 순조로운 과정이라 생각하고, 또 가끔은 그렇기도 하다. 그러나 친밀한 관계를 유지하는 것은 때로 헛발질과 실수와 기회를 놓치는 등의 어려움과 맞부딪치는 과업이기도 하다.

대부분의 사람들은 자신에게 딱 어울리는 좋은 파트너를 찾을 수 있다는 믿음을 키워간다. 그것은 적당한 장소에서 적당한 시간에 그들 마음이 가는대로 놔두는 데 대한 결과와 관련된다. 한번 연결되면 결혼으로 가든 다른 형태의 상호 관계로 가든, 행복이나 행운과 떨어질 수 없다. 결국 행운은 아메리칸 드림을 성취할 기회를 갖고자 하는 모든 사람들에게서 비롯된 것이다.

불행히도, 이런 신념은 최근 데이터를 통해서 여지없이 무너진다. 한국의 경우, 1980년대만 하더라도 조이혼율이 인구 1,000명당 0.6명이었는데, 2007년 현재 3명을 넘어섰으며, 2006년 한 해 동안에 매일 915쌍이 결혼했고 329쌍은 이혼한 것으로 나타났다.

미국의 경우, 지난 20년간 두 번 혹은 그 이상 이혼한 경우가 거의 두 배로 증가했다. 문제는 아직 최악의 상황은 오지 않았다는 것이다. 어떤 연구자들은 이 이혼율이 단지 보다 큰 폭풍우가 오기 전의 소강 상태에 머문 상황이라고 생각한다. 그들은 다음 세기의 이혼율은 60%까지 높아져서, 지난 세기 최악의 시나리오보다 10% 더 상승할 것이라고 예측한다.

우리 아이들은 이런 상태에 면역이 되지 않았다. 아마도 그들은 이혼의 산물이기 때문에, 친밀한 관계가 변하거나 변덕스러운 성격에 아주 예민할 것으로 보인다. 이런 경각심이 좋은 건지 나쁜 건지 언급하기는 참으로 쉽지 않다. 다만 우리는 이혼한 가정의 자녀들이 자신들의 결혼이나 출산과 관련하여 많은 어려움을 수반한다고 생각한다.

생애 준비　　직업의 세계로 진입하는 통로는 다양하다. 20년 전이나 그 이전에는 고등학교를 졸업하고 4년제 대학을 나와 직업을 갖는 것이 일반적이었다. 그러나 최근 상황은 대학의 학위만으로 행운의 500대 기업에 자동적으로 취업이 된다는 보장이 없다. 대학을 졸업한 사회 새내기들이 맞닥뜨리게 될 제한된 노동시장의 현상은 점점 더 증가할 것이라고 미국노동성은 밝힌다. 더욱이, 높은 수준의 교육과 수련을 받은 사람일수록 더욱더 취업 경쟁이 치열해질 것이다.

봉급과 임금 책정은 학교 연수와 상관이 없게 되었다. 블루칼라와 화이트칼라가 받는 재정적 구분은 사실상 사라지게 되었다. 그 결과로 우리는 확장된 중산층을 갖게 되었다. 결국 공공기관, 통신 기관, 자료처리사 등의 일터에서는 대학 학위를 더 이상 요구하지 않을 전망이다.

이런 상황을 고려하여, 보다 많은 젊은이들이 고등학교 졸업 후 기술이나 직업훈련을 강화하는 전문학교나 직업학교를 선택하게 될 것이다. 어떤 젊은이들은 다양한 군 입대를 통해 특수한 훈련을 선택하기도 할 것이다. 또 어떤 젊은이들은 OJT(on-the-job training)훈

런이나 도제 프로그램에 등록하여 본인이 선택한 직업 세계에 진입하기도 할 것이다.

생애발달 영역의 대가 도날드 슈퍼(Donald Super)는 "우리는 자기개념을 유지하면서 자기를 표현할 좋은 기회나 직업을 선택하려는 경향성이 있다."고 말했다. 그는 청소년 후기에서 초기 성인기에 이르는 시기는 적절한 직업상의 생애를 정의하는 데 아주 중요하다고 강조했다. 직업 탐색은 일찍이 고등학교 시절에 시작된다. 즉, 무슨 수업을 들을 것인가, 어떤 학교 활동을 할 것인가, 어떤 여가 활동을 추구할 것인가 등. 시간제 근무는 일을 해서 얻는 돈의 가치를 가르쳐 주는 한편, 비록 슈퍼마켓에서 새로 들어온 상품들을 선반에 쌓는 일일지라도 사회 환원을 가르치는 역할을 한다. 흥미와 능력은 점차 동일시되고, 서로 다른 직업에서 성공하기 위하여 무엇이 필요한지를 비교하게 된다. 임시적인 직업 선택이지만 조건이 갖추어지면서 후에 젊은이가 노동시장에 나아갈 때, 혹은 고급 훈련 프로그램에 등록할 때에 그 평가가 결정된다.

생애발달 영역의 또 다른 권위자인 존 홀랜드는 직업의 선택은 개인적인 특성에 기반을 둔다고 믿었다. 그에 따르면, 대부분의 사람들은 다음 6가지 성격유형으로 분류된다.

❶ 실재적 유형
구체적 사물이나 개인의 외적 특성(돈, 지위, 권력)을 중요시한다. 사람들과 같이 일하는 것보다는 기계나 사물을 다루는 데 재능이 있으며, 신체적 활동을 하면서 시간 보내는 것을 즐기는 사람들. 배관공, 전기 기사, 중장비 기사 등.

❷ 탐구적 유형

생각이 깊고 꼼꼼한 사람. 과제를 해결하는 것을 선호하고 사회적 상호 작용보다는 추상적 개념을 처리하기를 즐기며, 과학과 수학 분야에 능력이 있다. 연구소 기술자, 컴퓨터 프로그래머, 화학 기술자 등.

❸ 예술적 유형

감정이 풍부하고 감수성이 예민하며 개성이 강하고 독창적인 성격이다. 언어, 미술, 음악, 연극, 문학작품 등으로 자신의 느낌을 표현하는 예술적 창작에 재능이 있다. 다양성과 자유로운 것을 좋아하여 반복적인 틀에 박힌 일이나 활동은 싫어한다. 오케스트라 리더, 예술 평론가, 음악인 등.

❹ 사회적 유형

사람들과 어울리기 좋아하고 친절하며 이해심이 많아 남을 돕는 봉사활동과 교육 활동에 관심과 흥미가 있다. 수공 능력이나 기계 기술을 요구하는 직업을 피한다. 지도력을 갖춘 사람으로 지각한다. 사회복지사, 교사, 간호사 등.

❺ 기업가적 유형

열성적이고 경쟁심이 강하지만 사람들과 어울리기 좋아하고 친절하며 이해심이 많아 남을 잘 도와준다. 설득력과 통솔력이 좋아 사람들을 잘 이끈다. 권력과 명예, 경제적 보상을 추구한다. 과학적 능력은 부족하나 뛰어난 언어 구사력을 지녔다. 변호사, 부동산 중개업자, 판매관리자 등.

❻ 관습적 유형

구조화된 환경을 선호하고 데이터나 정보를 가지고 일하기 좋아하는 사람들. 정해진 원칙과 계획에 따라 자료를 체계적으로 분석·기록·정리하는 일을 좋아하고, 그러한 일을 능률적으로 수행해 가는 것에 만족감을 느낀다. 회계사, 데이터 기록인, 은행 창구직원 등.

홀랜드는 이런 6가지 성격유형을 측정하는 데 몇 가지 방법을 개발하였다. 그리고 그들을 다양한 직업과 연결시켜 보았다. 예로, 자기 탐색 검사는 30분 안에 완성되는데, 대부분의 고등학생 진로지도 센터나 대학 상담실에 비치되어 있다.

개인적인 신념과 가치관 굳히기　　청소년 후기에서 성인 초기 젊은이들은 보다 넓은 사회에서의 역할을 확립하려는 탐색을 통하여 특징지어진다. 이를테면, 그들이 궁극적으로 어떻게 살 것인가를 결정하는 데에 어느 정도의 실험과 다양한 신념 체계를 시도해 보는 시기다. 예를 들면, 젊은이들이 그들의 종교적 신념을 의문시하는 것 또한 그다지 놀랄만한 일이 아니다. 그들은 밖으로 나가 다른 종교를 직접 경험해 볼 수도 있다. 그들은 종교와 종교적 신념에 대한 헌신의 정도를 시험할 것이고, 개종(改宗)을 생각하며, 도덕적 행위에 대한 다른 합리적 이유들을 가지고 그 경험을 시험해 볼 것이다.

마찬가지로, 정치적 영역에서 그들은 여러 가지 정치적 이데올로기를 생각하고, 정치적 원인 추구를 같이 할 집단에 합류하며, 어떤 정치 후보자 진영에 합류할지 결정할 것이다. 사회적, 혹은 환경적인 이슈에 관련해서도 그들은 진실을 추구할 것이다.

젊은이들은 어느 중요한 행위를 하기 전에 이런 식으로 그들의 신념 체계를 시험해보는 데 자유로워야 한다. 그들은 주변으로부터 심각한 영향을 받지 않으면서 시작하거나 그만두거나 합류하거나 떠나거나를 스스로 결정할 수 있어야 한다. 전에도 언급했듯이, 성인 세계로 진입하는 그 자체가 복잡한 상황인 것이다.

싱글아빠로서 우리는 십대 자녀들이 전통적인 가족 가치를 버리는 모습을 볼 때 놀라게 된다. 우리의 자연스런 본능은 그들을 붙잡고 당장 그것에서 빼내 와서 제자리로 돌려놓고 싶어 한다. 그러나 불행히도, 우리가 밀어붙일수록 그들은 어쩌면 더욱더 격렬해질 것이다.

청소년 후기 자녀들의 실험적 역할을 너무 염려하기보다는 잠시 뒤로 물러서 지켜보는 게 더 낫다. 결국 이것은 그들이 어른이 되어가는 여정에 필요한 한 부분이다. 게다가 부모의 이혼 속에서 살아남은 아이들이라면, 십대를 넘어가면서 양친 가정의 아이들보다 훨씬 더 많은 걱정을 갖게 된다는 사실을 생각해야 한다.

이혼 가정의 아이들에 대한 관심

1971년, 심리학자 주디 윌러스테인(Judy Wallerstein)과 조안 켈리(Joan Kelly)는 이혼 가정의 아이들 프로젝트를 시작했다. 연구는 이혼한 커플과 그 아이들을 대상으로, 깨어진 결혼이 어떤 영향을 미쳤는지 파악하기 위하여 디자인되었다. 연구자들은 샌프란시스코에서 최근 이혼한 가정 60곳을 조사하는 광범위한 인터뷰를 했다. 처음 조사한 날로부터 20년이 지난 1989년에 그들은 가정 52곳의 구성원들과 다시 인터뷰를 했다. 당시의 아이들은 더 이상 아이들이 아니었다. 대부분 그들은 20대 후반이거나 30대 초반이었다. 연구자들은 이혼한 가정에서 성인이 된 그들의 삶과 부모의 삶을 물었다. 그들 대부분은 할 말이 많았다. 그들은 그들이 경험한 이혼에서 많은 영향을 받았다. 그들은 참으로 많은 문제와 걱정을 이야기했다.

다음은 그중 중요한 것을 간추린 대목이다.

1. 이혼 가정의 아이들은 부모와 같은 이혼을 반복할까 걱정했다. 그들 역시 어른들과 친밀한 관계를 맺거나 유지할 때의 어려움을 두려워했다.

2. 많은 경우 부모가 이혼한 결과를 받아들이는 데 어려움이 있었다. 20년이 지난 후에도 그들은 부모가 화해하고 가족이 다시 합치는 환상에 매달려 있었다.

3. 생활이 힘들었음에도 불구하고 대부분 그들은 사랑에 빠지고 싶어 했다. 그들 역시 그만큼의 사랑을 되돌려 받고자 하는 욕구가 강했다. 동시에 그들은 로맨틱한 관계를 찾는 것이 상당히 불안하다고 토로했다. 많은 젊은이들이 배반당하거나 버려지는 일에 두려움을 느끼고 있었다.

4. 그들 대부분은 과거로부터 벗어나는 심리적인 자유를 갈구했다. 어린 시절의 죄의식, 분노, 불안 등의 상처에서 벗어나고 싶어 했다.

5. 거의 모든 젊은이들이 어린 시절과 청소년 시기에 이혼의 영향

을 받았다고 생각했다. 그들은 부모의 잘못 때문에 고통을 받았다고 느꼈다.

6. 이혼 가정의 아이들은 사랑과 결혼을 갈망하면서 성인기에 이르렀다. 결과적으로 그들은 성인기 삶에서 이혼을 결코 가볍게 다루지 않는다.

7. 캘리포니아 집단의 거의 반이 걱정, 낮은 성취감, 자기 비하 그리고 분노로 점철된 상태로 성인기에 이르렀다. 실제로 대부분 친밀한 관계를 맺는 데 어려움을 겪고 있었다.

8. 성인기에 들어가면서 많은 젊은이들이 어떻게 해야 사랑하는 관계로 발전하여 유지하는지, 그리고 상대방과 어떻게 관계를 견디어 나가는지 모델의 결핍을 느꼈다.

9. 그 집단의 다른 이들은 인정 많고 용기와 능력 있는 젊은이로서 성인기에 진입했다. 이렇게 잘 지낸 젊은이들은 대부분 그들의 내적 자원과 부모 중 어느 한쪽이나 양쪽, 혹은 조부모와 새 부모, 형제나 멘터와 조화를 이뤄 도움을 주고받으며 살아왔다. 그들 중 몇몇은 나중에 따뜻한 사랑 관계를 경험한 후 성공적인 결혼에 골인했다. 또 그들은 성공적인 삶을 이룬 부모에게서 도움을 받기도 했다. 또 다른 젊은이들은 잘 살고 있었지만 부모의 모델이 자신들에게 적절치 않다고 판단하여, 스스로를 부모에게서 격리되어 성공한 삶을 살고 있었다.

10. 만일 그들의 부모가 두 번 혹은 세 번의 격랑을 겪었다면, 그들도 그 두 배 이상의 영향을 받았다고 보고했다.

11. 많은 젊은이들은 부모의 생활을 지켜보면서 어울리지 않는 책임을 느끼기도 했다. 그들은 오히려 무능력하거나 무책임한

부모의 요구를 들어주고 돌봐 주어야 하는 역할을 떠맡아 곤경에 사로잡혀 있었다.

12. 양친 가정에서 부모와 좋은 관계 속에서 보살핌을 제대로 받으며 자란 자녀들이 그들의 성인기 삶을 행복하게 누린다는 주장은 사실이다.

이혼 가정의 많은 젊은이들이 성공적인 결혼과 행복한 삶을 보고했지만, 그들이 겪는 마음의 동요가 내면 깊숙한 곳에 흐르는 것은 분명하다. 시간이 그들의 상처를 반드시 치유해 주지는 않는다. 양친 가정의 아이들과 비교해 볼 때, 이혼 가정의 아이들은 그들의 성인기에 더 많은 갈등 관계와 해체된 결혼을 경험한다. 안정되고자 하는 욕구는 아직 준비가 안 됐음에도 너무 어린 나이에 결혼을 선택하게 되고, 그다지 오래지 않아 이혼 소송에 휘말리곤 한다. 또 다른 젊은이들은 결혼 자체를 두려워한다. 왜냐하면, 이미 어렸을 때 그 레슨을 너무나도 잘 받았기 때문이다. 소위, 누구도 믿지 말라는 것이다.

특히 여성들은 그들의 부모가 헤어졌을 때 더 고통을 받는 것처럼 보인다. 그들은 친밀한 관계를 맺거나 유지하는 것을 어려워하거나, 너무 일찍 결혼하거나, 아니면 오히려 이상적인 파트너를 끝까지 기다리려는 경향이 있다. 그들은 그들이 어렸을 때 좋은 결혼 생활을 관찰할 기회가 없었으므로, 결혼을 하여 어떻게 행복한 반쪽이 되는지를 잘 모르겠다고 걱정하곤 한다.

전문가들은 이혼 가정 아이들의 적응 문제가 이혼 경험 그 자체나, 이후 몇 년 동안 살았던 한부모와의 생활이나, 결혼의 파탄에서 오는 재정적인 어려움 때문이라는 데 동의하지 않는다. 이혼 가정의 아이들보다 오히려 갈등과 끊임없는 전쟁터와 같았던 가정에서 키워진 아이들에게서 더 혼란스러운 아동기 경향이 나타난다고 주장한다.

대부분의 이혼 가정에서 성인이 된 아이들은 인간 관계를 걱정하고, 그 어디에서도 보장될 수 없다는 인식을 한다. 이런 신념은 몇 가지 결과를 초래한다. 헌신적 관계에 들어가는 것에 저항하거나, 관계를 쉽게 깨지고 불안정한 것으로 여겨 일상적인 불화를 확대하여 인식하는 경향, 어쩐지 이혼을 그들의 혈통으로 느낀다거나, 결혼과 결혼할 만한 파트너를 로맨틱하게 생각하고, 삐걱거리는 결혼을 기꺼이 끝내버리려는 경향, 그 반대로 그 결혼을 어떻게 해서라도 확대 연장하려는 경향 등이다.

이혼 가정의 아이들이 성인으로서의 기능을 어떻게 잘 발휘하느냐의 주된 요인은 그들 부모의 태도에 달렸다. 부모의 이혼 후에 아이들이 분노와 좌절과 우울을 겪는 것은 자연스러운 현상이다. 그러나 그들이 감정을 잘 조절해서 제대로 삶의 궤도에 오른다면, 그들의 자녀는 훨씬 더 훌륭하게 성공할 수 있다. 게다가 부모가 서로 좋은 관계를 유지한다면 자녀들에게는 확실히 도움이 된다. 만약 전 배우자가 열린 의사소통을 하고 이전과 마찬가지로 부모 역할을 유지한다면, 그 자녀들은 이혼의 영향을 최소화하게 될 것이다.

이혼 가정의 성인 자녀들은 성장하면서 그들의 가족에게서 더욱 독립적이 되었고, 자신의 삶에서 터닝 포인트를 만들었다. 그것은 그들이 겪은 슬픈 어린 시절을 극복하기 위하여 공격적인 행동을 취하기로 결정했다는 뜻이다. 더욱 긍정적인 면을 본다면, 어린 시절

이혼 가정에서 살아남은 아이들에게 실제로 더 이로운 것이 있다. 그들은 더욱 독립적인 영혼과 성숙함과 자기 신뢰를 가지고 성인기에 접어든다. 더불어 그들은 삶에서 원하는 것을 아주 잘 이해하는, 훌륭하고 헌신적인 파트너가 될 것이다.

성인기로 진입하는 자녀 돕기

몇 년 전, 싱글엄마인 여자 친구가 들려준 말이 생각난다. 그녀는 아이들이 성인기에 도달했을 때, 아이들의 생활에 끼쳤던 영향 때문에 부모로서 그녀가 얼마나 왜소하게 느껴졌는지 모른다고 했다. 그때 그녀의 이야기가 내게도 괴로움으로 남아 있었음을 기억한다.

나는 그녀가 부모로서 자신의 역할을 너무 평가절하 한다고 생각했고, 아이들은 여전히 예전처럼 그녀의 도움을 필요로 할 것이라고 확신했다. 사실, 아이들이 성인기로 들어서면 우리 부모의 역할은 변한다. 하지만 끝나는 것은 아니다. 우리 아이들은 아직도 우리를 필요로 한다. 조금 다른 방식이긴 하지만, 시인이자 철학자인 칼릴 지브란은 아이들을 자신의 길을 찾으러 세상에 던져진 화살과 같은 존재라고 묘사했다. 그들 삶의 궤도를 안내해 주는 것은 여전히 그 활을 쏘는 사람의 몫이다. 그와 마찬가지로, 우리 부모들은 기꺼이 활을 굽혀 각 화살의 방향을 안내해 주어야 한다.

청년기와 성인기 사이에 우리 아이들은 현저한 변화를 경험한다. 그들은 우리에게 다시 한 번 귀를 기울이기 시작한다. 그들은 우리의 조언과 우리의 안내를 원한다. 십대로서 그들이 마지막으로 원하는 것은 우리들의 정보 제공이다. 이제 우리는 갑자기 거꾸로 그들에게서 주목받는 대상이 되었다. 이런 현상이 일어나는 이유는 여러 가지다.

1. 성인이 된 아이들은 수년 동안 우리가 겪은 경험이 정말로 중요하다고 인식한다. 결국 우리가 살아온 흐름 속에서, 우리가 보지 않고 겪지 않은 것은 거의 없다. 우리 아이들에게 들려주는 우리들의 성공담이나 실패담은 그들에게 확실한 도움이 된다.

2. 그들은 우리 삶에서 우리가 어떻게 많은 도전에 대처해 왔는지 알게 된다. 싱글아빠 가정에서 자라난 아이들은 어려운 상황을 어떻게 다루어 나가는지 직접 터득하게 된다.

3. 그들은 우리의 성공담이나 실패담이나 도전기를 통해 확실한 한계를 깨닫는다. 아이들은 우리에게 들을 만한 충고가 거의 없음도 알게 된다. 그들은 우리의 경험을 받아들이거나 무시한다. 하지만 불가사의한 일은, 그 이야기를 들음으로써 그들 자신이 어떻게 해야 할지 깨닫게 된다는 것이다.

4. 그들은 우리가 완벽하지 않다는 것, 또 우리가 모든 해답을 가지고 있지 않다는 것을 안다. 그러나 우리의 의견은 중요하다. 어쨌거나 우리가 그들에게 완벽한 답을 주지 못하기 때문에 더욱 더 토론의 여지가 생기는 것이다.

5. 그들은 우리가 진심으로 그들에게 흥미가 있다는 것을 안다. 결국, 피는 물보다 진하다. 우리는 그들을 사랑하기 때문에 우리가 생각하는 것이 가장 좋은 것임을 그들에게 말한다.

집을 떠나는 아이들

싱글아빠의 막내가 마지막으로 짐을 꾸리고, 자신의 길을 떠나는 날이 드디어 다가왔다. 여러분은 그들이 가장 좋아하는 아침을 차려 주고, 그들이 짐을 싣는 것을 돕는다. 그리고 막내의 눈을 보며 "굿 바이!" 한다. 자녀들이 하나 둘 떠날 때마다 그랬듯이, 여러분은 길 옆에 서 있다. 감정은 복잡하게 뒤엉킨다.

싱글아빠는 자녀들 중 마지막으로 막내가 위험을 무릅쓰고 떠나는 것을 보며 마음이 슬프다. 그들의 성공도 아직은 행복하지 않고, 그들이 스스로 독립된 삶을 이루어 내는 것도 기쁘지 않다. 차가 떠난 뒤 집으로 들어간다. 그리고 거실에 앉는다. 집은 텅 빈 것 같다. 다시 한 번 둘러봐도 모든 것이 다 비어 있음을 깨닫는다.

처음으로 여러분은 완전히 홀로임을 느낀다. 부모로서의 중요한 역할은 끝났다. 여러분은 우울한 느낌 속으로 빠져들 수도 있다. 이런 갑작스런 변화를 받아들일 준비가 되지 않았기 때문이다. 따라서 이런 변화를 가져오는 전환기적 사건을 순조롭게 하기 위해, 여러분의 마음에 미리 몇 가지 준비를 해두어야 한다.

첫째, 여러분의 아이가 집을 떠날 때 일상의 생활과 역할에 전반적으로 적응하도록 몇 가지를 확보해 두어야 한다. 둘째, 여러분 스스로에게 적응할 시간을 주어야 한다. "이제 정말로 우리들의 둥지가 비었구나!" 하는 사실을 받아들이기까지 어쩌면 한참 걸릴지도 모른다. 셋째, 여러분의 둥지가 비었다는 것을 신의 축복으로 받아들이고, 진실로 감사를 드린다는 상상을 해 보면 어쩌면 훨씬 기분이 나아질 것이다.

여러분 자신을 친절히 대접하기 시작하라. 주말 휴가를 갖고, 새로운 골프채를 사고, 몇몇 친구를 저녁 식사에 초대하라. 세상에 공표할 만한 때가 되었다. 여러분의 막내가 떠나버렸다! 여러분이 수년 동안 얼마나 훌륭한 일을 해냈는지를 생각해 보라. 여러분은 얼마나 성공했는지, 여러분의 성취에 대해 친구들한테 자랑도 해 보라. 바로 여러분 자신이 이루어 놓은 것이다.

그 다음, 여러분 삶의 현 상황을 냉정하고 꼼꼼하게 살펴보아라. 여러분의 집은 아이들을 키우기엔 아주 적절한 장소였지만 지금 혼자 남겨진 상황에서도 그 공간이 여러분에게 적절한지. 아마도 여러분은 좀 더 자그마한 집, 손길이 덜 가는 아담한 정원, 그러면서도 시내와 더 가까운 그런 집이 편할 것이다. 여러분은 아마 부동산 중개인에게 주택시장 상황이 어떤지 물어보고 싶을 것이다. 아이디어를 얻은 다음 이사할 결심을 했다면, 여러분의 선택이 어떠한지 알아보아라. 그런 다음에 여러분이 새로운 생활에 적응할 만한 좋은 장소를 결정하라.

여러분이 이사를 하든지 안 하든지, 지금은 집을 깨끗이 청소하기에 딱 좋은 시간이다. 한 번에 한 방씩 청소하라. 단순한 청소가 아니라 대청소라는 것을 명심하라. 아이들을 기르는 동안 켜켜이 쌓인 모든 어수선한 것들을 제거하는 것이다.

여러분은 어떤 것을 남기고 어떤 것을 버려야 할지 어려운 결정을 해야 한다. 물론 아이마다 추억거리를 남기고 싶을 것이다. 애기 신발, 좋아하던 장난감들, 즐겨 읽던 책들…… . 그들에게 먼저 물어보지 않고는 버리지 않는 게 상책이다. 확실치 않은 것들은 다른 통에

뇌두었다가 자녀들이 방문하면 그들이 다시 둘러보게 하라.

둥지를 이렇게 뒤집는 것은 여러분의 영혼을 위해서도 좋다. 이로 인해 중요한 전환점에 서 있는 여러분은 분주해진다. 결국 이것은 여러분의 마음속에서 미래를 내다보는 것이고, 여러분 자신의 삶을 재확인하는 것이다. 이러한 모든 것들이 여러분을 우울증에서 지켜줄 것이며, 이것은 매우 중요하다.

아이들이 집을 떠나는 것과 동시에 시작되는 우울증은 '빈 둥지 증후군'이란 용어를 만들어 냈을 정도로 아주 심각하다. 그 증상으로 고통받게 되면 면역 시스템의 능력이 저하되어 아주 극심하게 쇠약해진다. 이러한 싱글아빠들에게는 공통적으로, 부모 노릇이 그들의 삶에서 더 이상 우선순위가 아니라는 공허함과 무가치한 감정이 짙어진다. 그들은 더 이상 삶의 의미가 없고, 모두들 떠난 황량한 공간은 이제 그 무엇으로도 채워질 수 없다고 느낀다.

가정 밖에는 전혀 흥미도 없고 활동도 없었던 대부분의 싱글엄마들은 더 쉽게 빈 둥지 증후군의 희생양이 된다. 하지만 싱글아빠들도 같은 증상으로 외상 충격을 받는다. 시간이 경과함에 따라 일반적인 증상의 강도는 약화되지만, 며칠이 지나도록 우울증 현상이 지속되면 가정이나 전문가에게 도움을 요청하라. 성공의 열쇠는 이 전환기를 여러분에게 찾아온 새로운 생활을 시작하는 기회라고 인식하는 것이다. 새로운 사회 집단과 새로운 관계를 가지는 것 뿐만 아니라, 새로운 흥미나 활동을 추구하는 아주 이상적인 시간이다. 그야말로, 여러분 앞에 펼쳐진 나머지 생을 시작하는 첫날인 것이다.

마지막 당부를 하자. 여러분이 여러분 삶을 시작하는 주체이듯 아이들 또한 그들 나름대로의 삶을 갖게 된다. 그들에게 빌붙지 말라.

힘들이지 않아도 우리 아이들은 우리의 행복과 안녕에 어느 정도 책임을 느낄 것이다. 그들에게 죄의식을 느끼게 하는 것은 옳지 않다. 우리 아이들도 그들의 삶을 누릴 권리를 가져야 한다.

싱글아빠 자녀의 결혼

이제 또 다른 중요한 날이 왔다. 싱글아빠 자녀 중 어느 한 아이가 결혼 계획을 선포한 것이다. 집은 결혼 준비로 떠들썩해진다. 꽃집과 피로연 담당자 연락이며, 청첩장 인쇄에 연미복 주문, 신혼여행 계획 등…… 모든 것이 분주하게 움직인다.

이혼 가정의 아이들에게 결혼은 의례적인 치료 과정으로 여겨진다. 오래된 상처에 밴드를 붙여 새살이 돋게 한다. 아이들의 관점에서 본다면, 결혼은 부모의 이혼에서 받은 아픔과 고통을 던져 버리는 것이다. 결혼은 그들의 생활에 마법을 걸어 더 이상 그들이 상처받지 않도록 보호한다.

어쨌거나 결혼은 그들의 빈약한 관계에서 생각나게 하는 사람을 대신하게 된다. 최근, 이혼 가정의 아이들은 결혼의 50%가 파탄으로 끝난다는 통계도 나왔다. 그들은 자신의 성공적인 결혼에 대한 걱정을 안고 있다. 제대로 배우자를 선택한 것일까? 부모가 부딪쳤던 문제들을 잘 피할 수 있을까?

이렇게 되면, 결혼식 자체가 스트레스다. 불행하게도 이혼 가정 아이들의 결혼은 가족의 옛 상처를 되살아나게도 한다. 그들의 부모는 서로 가까이 앉을 것인가? 누구를 초대해야 하는가? 가족의 친구나 친척들은 어떠한가? 누가 신부 입장을 이끌 것인가? 어떤 젊은이들은 이런 이슈들을 슬기롭게 처리한다. 그들은 이러한 상황에 대처하는 역량을 충분히 발휘한다. 그러나 어떤 젊은이들은 세상의 모든 무거운 짐을 전부 짊어진 것처럼 전력을 다해 그 정신적 긴장을 겨우 겨우 버틴다.

이러한 상황에서 싱글아빠의 역할은 무엇인가? 제일 먼저 결혼하는 자녀가 안정과 지지를 느끼도록 가능한 한 곁에 있어주어야 한다. 두 번째로, 여러 가지 준비를 도와야한다. 자청하여 전화하고, 가구 옮기는 것에서부터 마지막 마무리까지 마치기 위하여 시내를 누벼야 한다. 그리고 친척들과 친구들 사이를 오가며 외교적인 노력에 최선을 다해야 한다. 여러분 자신을 위한 욕구는 잠시 밀쳐두고 자녀를 위해 최선을 다해야 한다는 말이다. 이혼 전의 친척들과 얘기도 하고, 오지랖 넓은 친척 아줌마나 아저씨가 이러쿵저러쿵 간섭하는 것도 막아야 한다.

마침내 결혼식 날이 왔다. 여러분은 아주 환한 미소로 만나는 모든 사람들과 화기애애하게 어울리면서, 신부와 신랑이 내내 즐겁게 보내는지 눈여겨봐야 한다. 혹여 안절부절못할지도 모르는 그들을 안심시키는 것까지 여러분이 모두 도맡아야 한다. 언제든지 준비되어 있어야 한다.

무엇보다도, 여러분의 행동을 스스로 통제하고 감시해야 한다. 전처와 시시덕거리거나, 사업 얘기에 매달리거나, 괜히 눈물을 찔찔거리거나, 술에 만취되는 등 여러분을 바보로 만드는 행동을 해서는 안된다. 여러분이 정말 더할 나위 없는 점잖음으로 필요한 조치를 취한다면, 자녀들은 싱글아빠로서의 여러분에게 내내 감사할 것이다.

할아버지가 된다는 것

또 다른 자랑스러운 날은 싱글아빠에게 손자가 생기는 날이다. 아직 할아버지가 될 정도로 늙지 않았다는 느낌을 버려라. 그저 편안한 마음으로 새 생명의 탄생을 즐겨라. 누가 뭐라 해도 여러분은 영·유아 전문가 아닌가! 그러나 그때와는 사뭇 다른 즐거움이 있다. 할아버지로서의 즐거움 중 하나는 아기 기저귀를 갈아 주는 일을 책임지지 않아도 된다는 것이다.

싱글아빠의
건강과 재혼 문제

싱글아빠의
건강과 재혼 문제

앞에서 우리는 아이들의 욕구를 어떻게 충족시킬 것인지 살펴보았다. 이젠 싱글아빠의 욕구와 그것을 어떻게 충족할 것인지를 알아보자.

싱글아빠의 야외 활동

흔히 싱글아빠는 사회적으로 위축되거나 고립되는 경향을 보인다. 이제 막 역할을 시작한 싱글아빠에게 시간은 늘 부족하다. 대부분 퇴근 후의 짧은 시간에 해치워야 할 집안일로 심한 압박감을 받는다. 모든 육체적·정서적 에너지가 아이들을 돌보고 집안일을 하느라 소진되어 버리는 것처럼 느껴진다. 하루 일이 끝날 때쯤이면, 바깥으로 나가 좋아하는 취미 활동을 누릴만한 한 줌의 기운도 남아 있지 않다.

전환기의 싱글아빠 대부분은 그 어떤 활동조차도 생각할 수가 없다. 내가 아는 한 사람은 친구들과의 주말 낚시 여행을 삶의 큰 즐거움으로 삼았는데, 싱글아빠가 되어 어린 두 아이들을 돌보면서부터는 애써 잊어야 하는 일이 되었다.

이와 같이 싱글아빠는 이전 친구 관계를 단념해야 하는데, 특히 원만한 결혼 생활을 하는 친구들과는 더욱 그렇다. 종종 싱글아빠는 결혼한 친구들이 하등의 도움이 되지 않는다고 깨닫는다. 싱글이라는 존재 자체가 결혼한 부부들의 생활에 위협이 되기도 한다.

싱글아빠가 사회적으로 고립되는 경향은 눈에 띄게 드러난다. 그한 가지 예로, 싱글아빠에게서는 싱글엄마에게 주어지는 사회적 지지를 발견할 수 없다. 게다가 그들은 집안일 때문에 다른 사람들과 멀어지게 된다고 느낀다. 퇴근 후 가볍게 한잔 하는 정도의 간단한 모임도, 집에 빨리 가서 아이들 저녁을 챙겨줘야 하는 싱글아빠에게는 불가능하다.

이 모든 것들은 악순환을 가져온다. 싱글아빠가 집안일에 더 많은 노력을 쏟으면 쏟을수록, 그는 더욱더 사회로부터 멀어져 간다. 단순히 저녁에 집을 나선다는 생각 자체가 그를 몹시 괴롭히는 것이다. 차라리 집에 들어앉아서 TV나 보는 것이 훨씬 더 편하다. 게다가 그들은 자기 개념이나 자존감이 예전 같지 않을 가능성이 있다. 솔직하게 이야기한다면, 이제 더 이상 사회적인 존재가 아닌 것처럼 느낀다.

게다가 아이들은 어떻게 하면 싱글아빠가 부모로서의 죄의식을 느끼는지 잘 안다. 싱글아빠가 지인(知人)들의 연락을 받고 외출하려는 대단한 용기를 내면 아이들은 아빠가 어디에 가는지, 누구랑 함께 있을 것인지, 무엇을 할 것인지, 언제 돌아올 것인지 시시콜콜 알고자 한다. 왜 그러는가? 언젠가 내 딸아이가 말했듯이, 싱글아빠는 집안의 중심이기 때문이다. 모든 가족은 싱글아빠에게 의지한다. 아빠가 밖에 나가는 것은 그들을 버리는 것처럼 아이들에게 여겨진다. 모든 정보를 재확인했음에도 불구하고, 아이들은 아빠가 문밖으로 향하는 것을 두려워한다.

"아빠가 안 돌아오면 어쩌지?"

상황이 이 정도로 전개되면 싱글아빠들은 대체로 집에 머물게 된다. 그들은 거실에 앉아서 저 멀리 쓸쓸한 밤하늘의 외딴 별과 같은 자기 모습을 스스로 처량하게 느낀다. 조만간 친구들의 전화는 더 이상 울리지 않을 것이다. 누가 무능한 병사와 어울리길 원하겠는가?

싱글아빠가 할 수 있는 것들

"만일 여러분이 변화를 원한다면 뭔가 다른 일을 해라."

만화 주인공 캐시의 말이다. 물론 용기가 필요하다. 아이들에게 아빠 자신의 삶을 영위하는 것이 왜 중요한지를 분명하게 설명하라. 아빠로서의 무조건적인 사랑과 신뢰를 담아, "아빠는 너희들을 버리지 않는다."는 확신을 심어줄 필요가 있다. 더 좋은 방법은 퇴근길에 전화를 해서, 아빠 상황이 어떻게 돌아가는지 가볍게 이야기해 두어라.

그럼 싱글아빠들은 어떤 외부 활동을 할 수 있을까? 헬스클럽, 스파, 피트니스 센터, 볼링 게임, 하이킹 클럽, 요트 클럽, 교회 활동, 심포니, 오페라, 스퀘어 댄스, 정치적 모임, 합창단, 자원봉사 프로그램, 와인 시음 동호회, 외식 모임, 성인 교육 프로그램, 독립 영화 모임 등이 가능하다. 대부분, 큰 지역사회에서는 연중 스케줄이 지역 신문이나 이벤트 게시판에 공지된다. 공립 도서관, 주민자치 센터, 지역 교회는 지역에서 무엇이 어떻게 돌아가는지 알려주는 좋은 정보원이다.

개인적으로 만족스러운 활동을 선택하라. 싱글아빠들의 사회적 지능을 활용하여 새로운 친구를 만드는 것도 좋은 일이다.

육체적으로도 보람 있고 정신적으로도 기분이 좋아지는 활동을 찾아라. 처음에는 4인조 골프처럼 오랫동안 익숙했던 활동을 지속하다가, 나중에는 스쿠버다이빙처럼 새롭고 멋진 무언가를 개발해 나가라.

처음엔 저녁이나 주말에 소파에서 뒹굴면서 감자 칩이나 먹으며 시간을 보냈다면, 여러분 스스로 활기찬 변신을 위해 감정적인 지지자가 되어 보라. 게다가, 만일 새롭게 시작한 활동들이 뜻한 대로 풀리지 않는다 하더라도 주눅들 것은 없다. 어떤 활동들은 시간이 걸린다. 무언가에 익숙해지기까지는 적어도 한 달 정도는 필요하다.

한 달에 한 번, 혹은 한 주에 한 번, 정기적인 활동을 선택하라. 여러분을 기대로 부풀게 할 것이다. 그리고 제발, 사랑스러운 아이들이지만 데리고 다니지 말라. 그들은 지루해하기만 할 뿐 마음은 이미 콩밭에 가 있다.

결론적으로, 여러분 자신을 위하여 익숙하지 않은 세계를 향해 잠시 떠나는 것을 두려워 말라. 나는 혼자서 파티에 참석하는 것이 정말 싫었다. 더군다나 아는 사람 하나 없는 파티라면 말할 것도 없다. 그때 나는 깨달았다. 나뿐만이 아니라 다른 사람들도 마찬가지라는 것을.

무엇보다도, 아이들과 함께 만들어 가는 아빠로서의 삶과 아이들이 빠진 자신의 삶의 균형을 잡아라. 이 균형은 아이들이 성장하면서 더욱 중요해진다. 결국, 지금까지 자기감정을 억제하고 조절하는 것만 배워 왔던 여러분은 '빈 둥지 증후군' 에 대처할 연습을 하는 것이다.

친구에 대한 욕구

인간은 사회적 동물이다. 정신 건강을 위해서 우리는 주위에 다른 사람을 필요로 한다. 사실 가장 잔인한 형태의 벌은 외부 세계와 단절되는 것이다. 사회적 격리가 오랫동안 지속되면 대인 관계가 피폐해지고 침체되어, 정서적으로 심각할 정도의 영향을 받게 된다.

나는 몇 년 전에 샌프란시스코 알카트라즈 섬을 방문한 적이 있다. 지금 이 섬의 오래된 감옥은 국립공원 관할구역 무장 순찰 대원들이 매일 순찰한다. 여행 코스에는 독방 감옥 체험이 포함되어 있었다. 우리가 어둡고 작은 방에 들어가자, 그곳을 지키는 순찰 대원이 견고한 쇠문을 걸어 잠그고 한동안 우리를 그 안에 가두었다. 그때 심정은 그 순간이 영원으로 이어지는 듯했으며, 마치 내 심장이 목구멍 밖으로 나오는 것 같았다. 이것은 정말 사람이 사는 길이 아니었다.

우리 모두는 삶에서 친구가 필요하다. 친구는 우리를 사람답게 살게 해 주는 생명력이다. 그들이 없으면 우리의 운명은 외롭고 불행하다. 우리는 친구를 우리의 가족으로 보게 된다. 그들은 우리의 슬픔은 물론이고 즐거움도 같이 나눈다. 그들 없이 어떻게 우리가 존재할 수 있단 말인가?

싱글아빠들은 때때로 친구 관계를 유지하는 데 많은 부담을 경험하기도 하겠지만, 그럼에도 불구하고 우리는 새로운 친구를 만들어야 한다. 전에도 언급한 것처럼, 싱글로서의 삶에 적응해 가는 전환기에 어떤 친구들과의 관계가 지속되지 못하게 된다는 사실 때문에 한동안 부담이 되기도 한다. 어떤 친구들은 이 중요한 시기에 여러분 곁에 딱 버티고 있어 준다. 그러나 불행히도 많은 친구들은 그렇지 못하다. 친구들과 관련된 다음 몇 가지 기본적인 규칙을 따른다면 훨씬 지내기 수월할 것이다.

1. 여러분의 삶에서 우정을 우선순위에 두어라. 친구들을 장담하지 말라. 여러분이 친구에게 충실하면 그들도 여러분에게 충실할 것이다.
2. 뒤로 물러앉아서 친구의 전화를 기다리지 말라. 시간이 오래 걸린다. 전화하고 계획 세우고, 무언가를 제안하는 일의 주도권을 잡아라.
3. 친구에게 거절당하면 기분이 언짢아진다. 그러나 그것을 개인적인 결함으로 받아들이지 말라. 결국 그것은 그들의 문제다. 여러분의 문제가 아니다. '나와 함께 시간을 보내지 않는다면

결국 네 손해다.' 생각하며 떨쳐버려야 한다.

4. 다시 한 번, 그들에게서 전화가 오지 않는다 하더라도 그들이 여러분을 포기하는 것은 아니다. 그것 또한 그들 자신을 포기하는 셈이 된다. 여러분과의 전화 통화가 그들을 즐겁게 할 수도 있기에 더욱 그렇다.

5. 여러분의 나쁜 시간뿐 아니라 좋은 시간도 함께 나누도록 하라. 별거나 이혼 같은 아주 끔찍한 시기에 여러분이 얼마나 불행한지 넋두리를 계속 털어 놓더라도 끝없는 인내심으로 들어줄 친구를 기대한다. 단, 여러분의 고통스러운 감정은 끝이 없겠지만, 아무리 친한 친구라 해도 인간의 인내심에는 한계가 있다. 그렇게 많은 어려움이 있다면 오히려 전문적인 치료자를 찾아라.

6. 새로운 친구를 만드는 기회를 찾아라. 새로운 친구를 사귈 기회가 필요하다고 느꼈다면 이것은 분명하다.

7. 아이를 가진 친구를 찾아라. 왜냐하면 여러분은 비슷한 라이프 스타일을 나눌 것이고, 그들 또한 여러분의 상황을 보다 잘 이해하고 도울 수 있다. 마찬가지로, 아이 없는 친구들도 사귀어라. 그들은 싱글아빠로서의 자질구레한 고민거리를 떨쳐내게 한다.

8. 우정의 장애물을 걷어내라. 친구들은 꼭 여러분과 동년배일 필요가 없으며, 비슷한 교육 배경이나 같은 종교적 신념과 삶의 목표도 필요 없다. 왜 이런 종류의 인위적인 제한을 부과하는가?

9. 좋은 우정이란 쌍방향이다. 그것은 상호 작용에 기반을 둔다.

친구가 어려울 때엔 여러분이 도움을 주고, 여러분에게 도움이 필요할 때는 친구가 호소를 들어줄 것이다.

10. 마지막으로, 여러분이 자신의 친구가 되는 것을 연습하라. 자신의 충고를 믿는 법을 배우라는 뜻이다. 몸이, 머리와 가슴이 말하는 소리를 귀담아 들어라. 무엇보다도 여러분 자신을 친절하게 대접하라. 여러분 내면의 또 하나의 자신과 외출하여 점심을 먹거나, 영화를 보든지 데이트를 해 보아라. 새로운 골프채를 사고, 새로운 스웨터를 사거나, 자동차에서 들을 수 있는 CD를 사라. 일요일 오후, 공원에서 한가하게 어슬렁어슬렁 거닐어 보아라. 기분 좋게 만드는 그 무엇이라도 시도해 보아라.

데이트

어떻게 보면 이미 여러분의 생각은 로맨스로 향하고 있다. 이혼의 결과로 여러분이 싱글아빠가 되었다면, 데이트에 대한 여러분의 감정은 미묘할 것이다. 다른 한편, 멋진 여성과의 동반을 기대하기도 하고, 과거의 이혼 생활은 서서히 지워져야 할 것으로 자리 잡아 가게 된다. 놀랍게도 아직 성적인 충동이 남아 있는 자신을 발견하기도 한다. 그러나 그저 단순하게 가벼운 마음으로 하는 데이트라 할지라도 불안과 두려움이 시작된다. 만일 그녀가 진정으로 자신을 좋아한다면 어떻게 말할 것인가? 그녀가 거절한다면? 그녀에게 전화를 할 때마다 손바닥은 진땀으로 젖고, 아마도 입은 모래를 씹는 듯이 깔깔하게 느낄 것이다. 마치 열여섯 살 소년처럼 의심과 불안감으로 소용돌이치는 싱글아빠의 모습이 지금 여기에 있다.

이혼의 상처에서 벗어나려면 당분간 시간이 필요하다는 사실을 여러분은 받아들이기 시작해야 한다. 새로운 만남을 찾아 나서기 전에, 슬픔과 분노를 가라앉힐 시간을 자신에게 주어라. 그렇지 않으면 이러한 오래 묵은 감정이나 아직 해결되지 않은 감정의 소용돌이가 다음 만남에서도 살아 숨 쉰다.

여러분 자신이 한 개인으로 성장할 시간을 허용하는 것이 중요하다. 과거의 실수로부터 배우려는 노력을 기울이고, 이러한 아픈 과거의 기억으로부터 안정을 회복하여 어려움을 헤쳐 나가겠다는 각오를 확실히 하라. 이러한 노력들이 바로 자신을 자유롭게 하고, 결국 새로운 누군가와 더불어 행복과 성취를 이루어가게 한다.

게다가 자신이 싱글이란 입장에 적응하도록 충분한 시간을 주는 것이 필요하다. 이것은 자신을 한 인간으로서 편안하게 한다는 뜻이다. 여러분 자신 그 자체로 사랑하는 것이 필요하다. 다른 사람들에게서 지속적인 확신과 지지가 없어도 자신의 두 발로 꿋꿋이 땅을 딛고 서야 한다. 사실 여러분이 어떤 사람에게 가급적 빠른 시간 안에 너무도 많은 도움이 필요하다는 것을 내비친다면, 오히려 그들을 쫓아버리는 것이나 마찬가지다.

대부분의 이혼은 최악의 상황을 가져오기 때문에, 감정의 혼란과 소용돌이를 견디기 위해서는 엄청난 용기가 필요하고, 한동안은 얼빠진 듯 시간을 보낸다고 이야기한다. 이혼한 첫 해의 대부분은 자신을 완전한 실패자라고 생각하기 때문에, 이 기간 동안의 로맨스는 그리 오래 가지 못한다. 준비가 되었다는 것은 충분한 시간을 거쳐 축적된 것이다.

모순으로 들릴지 모르겠으나, 다시 데이트를 시작하는 가장 좋은 방법은 데이트를 하지 않는 것이다. 데이트를 할 새로운 사람을 찾는다는 생각 없이 밖에 나가 활동하라는, 단순히 사람을 만나고 즐거움을 가지라는 뜻이다. 새로운 사람을 찾는 모험을 하면 할수록 어쩌면 여러분은 자포자기한 것처럼 딱하게 보일 수도 있다. 여러분이 만나는 여성은 그 절망적이고도 딱한 모습을 보게 된다. 처음 느꼈던 여러분의 두려움과 불안정은 지극히 정상이라는 것을 받아들여라. 누구라도 이러한 느낌을 한 번 혹은 몇 번이라도 경험하게 된다. 이러한 불편한 감정을 감수하고라도 사람들과 알고 지내려는 모험을 계속하라.

만일 여러분이 데이트 상대자나 애인이 아닌, 새로운 친구를 찾아나선다면 훨씬 나을 것이다. 이러한 접근은 부담을 없게 해주며, 보다 나은 적응 기회가 된다. 많은 경우, 연인관계는 좋은 친구관계에서 시작된다. 만일 여러분이 여성들에게 접근할 때마다 "바로 이 사람이야!"라고 생각한다면 긴장을 풀고 쉰다든가 마음껏 즐긴다는 것은 거의 불가능해진다.

그리고 어떤 일이 있더라도 돈으로 사람을 사지는 말라. 싱글 바에 가보면 여러분의 로맨틱한 관심을 투자할 장소는 그 곳이 아님을 확인하게 된다. 여러분은 이것보다는 나을 수 있다. 단순한 하룻밤의 정사가 주는 위로가 다른 불이익적인 요소를 능가하지는 못한다. 우리는 에이즈를 포함하여 수많은 성병이 노출된 곳에서 살고 있다. 콘돔을 사용한다고 해도 이러한 위험을 줄여줄지언정 안전을 보장하진 못한다. 가장 좋은 방법은 여러분과 파트너가 숨김없이 솔직하게 이러한 것을 이야기할 때까지는 깊은 관계에 들어가지 않아야 한다. 그러나 무엇보다 최선은 여러분 스스로 그러한 위험을 미리 예방하는 것이다.

그에 비하여 여러분이 편안해졌고, 자신을 마음껏 즐기려 한다면 사람들이 많이 모이는 여러 곳에서 잠재적인 데이트를 찾아라. 하지만 이러한 것들은 여러분이 거의 기대를 하지 않았을 때 일어난다. 여러분이 실제 새로운 관계를 추구하지 않은 바로 그 시점에 대부분 새로운 관계를 찾게 된다. 그것은 여러분을 위하여 새로운 삶을 만들게 되기 때문에, 정확히 스스로 책임을 견디어 낼 만큼 준비되었다는 뜻이다. 이제 더 이상 여러분 삶 속에서 생의 허전함을 채우려기를 쓰지 않게 되었다. 여러분이 싱글 자체를 즐기고 있을 때 이미 여러분은 사랑에 빠져 있음을 발견하게 된다.

그러나 여러분은 단순한 싱글이 아니다. 여러분은 싱글아빠다. 이 단순한 사실은 여러분 사랑에 영향을 주게 된다. 여러분은 자신뿐만 아니라 자녀들을 좋아하는 여성을 선호하게 된다. 그녀가 아이들을 미치도록 좋아할 필요는 없다. 단지 최소한 그들에게 적절한 관용을 베풀고 친구처럼 지낼 수 있으면 된다.

반대로, 아이들에게 전혀 관심이 없거나 아이들을 드러내놓고 경멸하거나 반대하는 여성은 피해야 한다. 가족에게 지나치게 열정적인 태도를 보이는 여성도 주의해야 한다. 결국 여러분의 가정에 마찰과 후회를 가져오기 때문이다.

마지막으로, 단순히 싱글아빠 책임을 면하게 해 줄 만한 사람을 찾는 것을 조심하라. 만일 이런 부담을 줄이려는 욕구가 강하다면 차라리 가정부를 고용하는 것이 낫다.

그러나 여러분이 정말 강하게 끌리는 사람을 발견했다고 가정해 보자. 여러분은 그녀와 시간을 같이 보내기 시작하고, 그 관계는 점차 진지해진다. 여러분은 더 많은 시간을 함께 보내려 하고, 밤을 같이 지내게 된다. 여러분의 아이들과 이런 상황을 어떻게 다룰 것인가?

어떤 싱글아빠는 아이들과 로맨스를 따로 분리할 것을 선호한다. 특히 섹스가 관계되었다면, 여자 친구랑 밤새 같이 있었다면 아이들이 어떻게 반응할지 점차 걱정될 것이다. 아이들에게 지금 좋은 모델을 보여 주는 게 맞는지 걱정하게 된다. 아마도 그들은 아이들이 없을 때에만 여자 친구와 있으려 할 것이다. 아니면, 애들이 깨기 전에 여자 친구를 일찍 떠나도록 할 것이다. 어떤 이들은 로맨틱한 만남을 그녀의 집이나 모텔로 한정하기도 한다.

이러한 모든 일들은 썩 좋은 관계라 할지라도 이상적이지 않고, 스트레스를 준다. 그 누구라도 모텔 주위를 배회하거나 한밤중에 쫓겨 나가고 싶어 하진 않는다. 게다가 가끔 아이들은 아빠가 여자 친구와 밤을 새면 아주 현명하게 처신하기도 한다. 간단히 말해서, 그런 일은 그들에게는 별로 큰일이 아니라는 듯이 행동을 한다. 여러분은 '크레이머 대 크레이머'의 한 장면 —아빠의 여자 친구가 한밤중에 발가벗고 홀에 내려왔다가 아이와 대면한— 을 회상할 것이다. 그때 그 아이가 어떤 행동을 했는가? 가장 자연스러운 행동을 했다. 아이가 그녀에게 스스로를 소개한 것이다.

그러나 싱글아빠가 아이들 앞에 성관계를 드러내지 않는 것은 중요하다. 이것은 사적인 문제다. 뒷전에서 이루어지는 것은 여러분의 문제일 뿐이다. 그러나 동시에 아빠의 건강하고 애정 어린 관계를 보이는 것은 아이들에게 도움이 된다. 이것은 모두에게 좋은 일이다.

덧붙여 아이들은 아빠와 관련된 사람과 만날 권리가 있다. 그들은 같이 시간을 보내며 서로에 대해 알 수 있는 기회를 가져야 한다.

진실로, 아이들에게 가장 중요한 것은 이 새로운 관계가 그들 자신의 생애에 영향을 미친다는 것이다. 그들은 아빠의 사랑과 관심을 그 새로운 사람이 낚아채가지 않을까 걱정한다. 상상은 끝 간 데 없이 치닫는다. 그녀는 모든 음식을 다 먹어버리고 아이들에게 나가라고 한다. 그녀는 엄마 자리를 꿰차고 앉는다. 그녀는 애완동물을 포기하라고 한다…….

아이들의 불안이나 두려움이 점점 고조되면 그들은 결코 바람직하지 않은 방법으로 그녀를 망연자실하게 하여 쫓아버릴 것이다. 아빠로서의 여러분은 아이들에게 두려워할 것이 없다는 확신을 주어야 한다. 어쨌든, 이 새로운 관계는 모두 마음 모아 나누어야 할 사랑이 더 많이 있음을 의미한다.

재혼

어느 시점에는 재혼을 결정해야 한다. 이것은 흔한 일이다. 통계에 따르면, 이혼한 남자의 70%와 이혼한 여자의 65%가 결혼을 시도한다. 사실, 미국에서 일어나는 결혼 중 40% 이상이 재혼이다. 그것이 설령 두 번째, 세 번째, 네 번째, 다섯 번째 혹은 여섯 번째일지라도.

과거의 잘못으로부터 우리는 인생을 배운다고 믿고 싶다. 새로운 파트너에 거는 기대는 지나간 날의 자기 파괴 행동이나 실수를 반복하지 않겠다는 것이다. 대개의 싱글아빠들에게 재혼은 보다 나은 미래의 희망을 낙관적으로 바라보게 한다. 결국 우리는 점차 나이 들어가면서 현명해지는 것이다. 우리는 우리 자신을 더 잘 알게 된다. 우리의 삶은 점점 안정되어 간다. 확실히 우리는 이번에 더 잘할 것이다.

하지만 불행히도 요즈음 재혼은 더 힘들다는 통계가 있다. 사실 재혼은 초혼의 50%가 넘는 이혼의 가능성을 보여 준다. 무슨 일일까? 왜 재혼은 이런 고통의 연속인가? 재혼 과정에서 일어날 법한 몇몇 문제점들을 짚어보기로 하자.

1. 재혼 파트너는 이 재혼이 실패한 결혼의 모든 문제와 잘못을 보상해 줄 것이라는 비현실적인 기대를 한다. 그들은 이 새로운 관계가 아주 특별하고 환상적이며, 잘못될 일은 아무것도 없다고 생각한다.

2. 만일 재혼이 의존적 욕구를 충족시켜 주고 비참한 생활에서 구해 주거나, 오랫동안 거절당하거나 버려진 것 같았던 감정을 해결해 줄 거라고 여긴다면, 어려움은 일어나기 마련이다.

3. 재혼은 이전의 모든 문제들을 다 없애주지 못한다. 또한 불행한 사람을 갑자기 행복한 사람으로 만들어 주지도 않는다.

4. 재혼은 첫 번째 결혼에서 부닥치지 않았던 예상할 수 없는 곤란한 상황을 일으키기도 한다. 예를 들면, 두 사람이 재정적인 자원을 공동출자할 것인지, 아니면 그들 각자 해 왔던 대로 놔둘 것인지, 집과 부동산을 어떻게 할 것인지, 유산과 소유는 어떻게 할 것인지, 투자에 관해선 어떻게 할 것인지, 개인 계좌와 연금은 어떻게 할 것인지 등이다.

5. 파트너가 아직도 첫 결혼과 관련된 스트레스와 분노를 해결하지 못한 채 새롭게 시작되는 결혼에 참여할 수도 있다. 이러한 해결되지 않은 감정은 새로운 관계를 손상시킨다.
6. 부작용은 아이들과 연관되어서도 일어날 수 있다.
7. 결국, 새롭게 결혼 생활을 시작한 커플은 문제의 해결 방안을 모색하기보다는, 문제가 쉽게 처리될 것이라고 보는 경향이 있다.

이 모든 어려움에도 불구하고 많은 사람들은 재혼해서 성공을 거둔다. 그들은 재혼은 사랑만으로는 충분하지 않다는 사실을 받아들인다. 그것은 열심히 일하고 노력해야 한다는 의미다. 그들은 팔을 걷어붙이고 자신들의 새로운 생활을 만들어 나간다.

혼합 가족

아이들과 함께 사는 싱글아빠의 재혼은 여러 가지 형태가 있다. 아이들이 없으면서 싱글이거나 이혼한 여성을 찾기도 하고, 아이들이 다 자라서 혼자 사는 여성을 찾을 수도 있다. 또는 자신처럼 아직 아이들과 같이 사는 여성을 만나기도 한다. 후자의 경우, 만일 양쪽 아이들이 새로운 부모와 한 지붕 아래에서 살지 않는다면 많은 문제가 발생한다.

혼합 가족에게는 몇 가지 잠재적인 이점이 있다. 첫째, 양쪽 아이들을 키우는 데 두 부모의 자원이 한데 모여 한부모로서 골치 아팠던 일들을 제거해 준다. 결과적으로 아이들은 성인 남성 모델과 여성 모델의 역할을 보고 배운다. 게다가 두 사람이 일을 한다면, 재정적인 융통성과 경제적인 옵션을 더 갖게 된다. 결과적으로 혼합 가족은 미국인의 이상을 성취하게 해준다. 이것은 생활에 '브래디 번치'를 가져오게 된다(역주 : '브래디 번치(The Brady Bunch)'는 1969년부터 5년 동안 ABC에서 방영된 시트콤이다. 아들 셋을 가진 싱글아빠 브래디가 주인공인데, 딸이 셋인 가정부와 빚어지는 에피소드가 소제였다. 시트콤에서 브래디의 아들들은 조금 엉뚱하면서도 얼뜬 모습을 보인다.). 혼합 가족 구성원은 충족하고 행복하여 서로를 지지하게 된다. 그러나 우리가 알듯이 '브래디 번치'는 현실보다는 사회적 통념에 근거를 두었다.

아마도 '브래디 번치'와 비슷하거나 그렇지 않은 가족도 있겠지만, 일반적으로 혼합 가족은 몇 가지 어려운 문제점을 안고 있다.

1. 인스턴트 사랑이라는 사회적 통념이 있다. 혼합 가족에서는 누구든 다른 사람을 즉시 사랑할 것이라고 여긴다. 그러나 현실적으로 이런 일이 하룻밤 사이에 일어나지는 않는다. 흔히 재혼한 부모는 서로 상대의 아이들을 갑자기 사랑하기는 어렵다고 이야기한다. 적어도 혼합 가족이 한 가족 단위로 발전하고 적응하는 데에는 1년에서 3년이 걸린다. 정서적인 에너지는 그만큼의 시간과 노력 끝에 비로소 한 줄기로 흐르게 된다. 많은 경우에는 단순한 공손함과 존경만으로도 충분하지 않을까 하는 희망을 갖기도 한다.

2. 혼합 가족의 아이들이 새로운 어른을 그들 생활에 받아들일 준비가 충분하지 않으면, 종종 문제를 일으키기도 한다. 계부나

계모가 훈육을 시도한다거나 이미 몸에 밴 습관이나 신념을 간섭하려 할 때 갈등이 일어난다. 그때 아이들은 그들의 친부모보다 계부모를 더 받아들이라고 강요받는 것처럼 느낀다.

3. 혼합 가족에서 흔히 발견되는 질투와 모순된 충성이 어른들과 마찬가지로 아이들에게도 영향을 미친다. 아이들은 새로운 침입자를 쫓아버리기 위해 그들의 친부모뿐 아니라 친형제들과 동맹을 맺을지도 모른다. 부모도 갈등이나 위기 상황에서 배우자의 아이들보다 자신의 아이들에게 더욱더 애정을 보이게 된다.

4. 혼합 가족은 첫 결혼에서보다 더 많은 복합적인 양상을 보인다. 많은 것들이 오고 가며 바쁜 스케줄로 얽힌다. 더군다나 혼합 가족은 훌륭한 경력으로 시작하는 것이 아니다. 각각 독특한 역사와 관습을 가진 두 가족의 문화를 혼합하여 새로운 의식과 전통을 세워야 한다.

5. 대부분의 경우, 혼합 가족은 결혼한 이들에게 혼자만의 시간이 줄어드는 것을 의미한다. 첫 번째 결혼에 비해 혼합 가족의 결혼에서는 신혼 초 같이 함께 보내는 질적으로 수준 높은 시간이 많이 생략된다.

6. 혼합 가족의 늘어나는 재정 문제는 더 큰 스트레스가 된다. 한 예로, 앞으로 모든 아이들의 대학 경비를 위하여 더 많은 저축을 해야 한다.

7. 재혼을 부정적으로 볼 수도 있지만 오히려 헤어진 가족은 재결합 못한다는 통념을 잠재울 수도 있다. 물론 아이들은 아직 이를 잘 받아들이지 못할 것이다.

8. 이 새로운 동맹(재혼)으로 위협을 느낀 헤어진 아내나 남편이 일으키는 많은 곤란한 사정으로 동요를 일으킬 수도 있다. 만일 헤어진 배우자가 아이들에게나 자신의 부모 역할에 이 결혼이 부정적인 영향을 준다고 본다면, 이것은 사실로 드러난다.

9. 사악한 계모, 추한 이복 자매, 흉악한 계부 등 혼합 가족을 서술하는 사회적인 용어 자체도 나쁜 의미를 함축한다.

10. 끝으로, 혼합 가족의 커플이 가장 다루기 어려운 것은 아이들 문제와 재정적인 문제로 강조된다.

이처럼 부정적인 요인에도 불구하고, 많은 혼합 가족들은 잘 지낸다. 그리고 그들은 스스로를 위해 생산적인 미래를 잘 만들어 가려고 노력한다. 다른 재혼의 형태와 마찬가지로 혼합 가족의 성공은 '브래디 번치'를 흉내 내기보다는, 가족 구성원이 각자의 위치에서 그 책임 완수를 위해 최선을 다하여 노력하는 데에 달렸다.

싱글아빠의 한계는 어디일까?

싱글아빠의 한계는 어디일까?

앞에서 잠깐 싱글아빠의 일상을 떠나 로맨스와 재혼의 가능성을 이야기했다. 이제 싱글아빠가 매일 만나는 현실과 그것이 우리의 삶에 미치는 영향을 생각해 보기로 하자. 특히 우리가 한계와 위기의 시기에 자녀들을 지키는 방법을 아는 것은 매우 중요하다. 나는 한 개인적인 경험을 나누면서 시작하고자 한다.

지옥에서의 그 여름

싱글아빠로 생활한 지 10여 년 무렵의 어느 날, 느닷없이 내가 가볍게 치유되지 않을 심각한 전염병에 걸렸다는 사실을 알게 되었다.

그제야 되돌아보니, 내 몸은 나에게 무언가를 말하려 했던 것 같다.

그동안 내 심신은 그야말로 기진맥진한 상태였다. 밤에도 두세 시간 이상 잘 수 없었고, 뚜렷한 이유 없이 체중이 5㎏ 이상 줄었다. 심지어 매우 단순한 일조차 감당하기 힘들었다. 자동차는 큰 수리가 필요했지만, 정비소까지 차를 운전해 갈 힘조차 없는 것처럼 느껴졌다.

애완동물들의 예방접종 시기는 6개월이나 지나버렸다. 우리 집 재정 상태는 바닥이었다. 두 개의 신용카드는 한계에 도달한 뒤였고, 세 번째 카드도 거의 한계에 다다랐다. 집안 사정도 엉망이었다. 세탁기는 아주 못쓰게 망가졌다. 두 아이는 학교에서 큰 문제를 안고 있었다.

보기 좋은 상황이 아니었다. 마치 이상한 나라의 앨리스 같았다. 우리 가족은 단지 같은 자리에 머무르기 위해 최대한 빨리 달리고 있었지만, 우리는 같은 상태에도 머무르지 못했다. 우리는 매일 생명 에너지를 잃어가고 있었다.

그리고 정말 이상한 일은, 아무도 그러한 소용돌이가 우리에게 다가옴을 간파하기는커녕 예상도 못했다는 사실이다. 확실한 것은, 우리의 문제점이 우리가 싱글아빠 가족이라는 것과는 관계가 없다고 생각했다. 우리는 모든 대처능력을 갖췄다고 생각했다. 우리는 어떤 문제든지 해결할 수 있고, 뒤따라오는 어떠한 상황도 조절할 수 있다고 느꼈다.

'슈퍼 대디' 신드롬

결국 나와 아이들은 슈퍼 대디 신드롬의 희생자였다. 이 현상은 언제 어떤 상황 아래에서든, 종종 예상치 못했을 때 갑자기 닥쳐올 수 있다. 한 싱글아빠가 나에게 이야기한 것처럼, 이런 과정을 거쳐야 진짜 용기 있는 사나이가 된다. 여기서 '슈퍼 대디 신드롬' 이란, 싱글아빠들이 자녀를 위해서라면 언제 어디서든 외부의 도움 없이 모든 일을 동시에 처리할 수 있다고 믿는 것이다.

싱글아빠들이 이러한 종류의 곤경에 빠지는 몇 가지 이유가 있다.

죄책감 싱글아빠들은 결혼 생활이 원만하지 못한 것에 죄의식을 갖는다. 아이들이 이미 이혼의 충격을 경험했기 때문에, 싱글아빠들은 자녀를 위해 헌신함으로써 그들이 경험할지도 모르는 심리적인 어려움으로부터 보호하려고 애쓴다.

거절당하는 두려움 싱글아빠들은 아이들에게 가족을 위해 시간을 좀 내라든가, 집안일을 분담해서 하자는 요구를 하면, 아이들이 거절할 것이라는 두려움을 느낀다. 몇 가지 사례들, 특히 양쪽 부모가 자녀의 사랑과 인정을 받기 위해 싸울 것을 강요받는 느낌을 주는, (자녀)보호 논쟁의 사례에서 아마 이런 두려움이 쉽게 발견될 것이다.

부정 몇몇 싱글아빠들은 아이들을 위해서 뭐든 할 수 있다고 믿는다. 그들 스스로 슈퍼 대디라는 생각에 사로잡힌다. 결국 그들은 생활에서 보다 분명한 스트레스 신호를 무시한 것이다. 그들은 끝내 스스로 판 그 구멍을 발견하지 못한다.

완고함　몇몇 싱글아빠들은 상황의 현실을 제대로 인식하는 데 실패한다. 더욱더 깊은 문제로 들어가면서도 어떤 외부의 도움도 받기를 완고하게 거절한다. 어떻게 지내느냐는 질문을 받을 때면, 스스로 상황을 잘 해결해 나간다고 말한다.

완벽주의　싱글아빠가 된다는 것은, 그들이 바라는 대로 세상이 완벽하게 흘러가지 않는다는 사실을 받아들였다는 의미이기도 하다. 갈아입을 깨끗한 셔츠가 준비되지 않은 것, 따뜻한 저녁 식사가 준비되지 않은 집에 돌아오는 것에서 오는 허전함, 말쑥하게 정돈된 집을 기대할 수 없다는 것 등……. 싱글아빠가 되었을 때, 완벽한 생활양식을 유지하기 위해 노력하는 사람들이 문제에 빠지게 되는 상황들이다.

그렇다면 슈퍼 대디 신드롬 때문에 싱글아빠들이 언제 어떤 고통을 겪게 될지 알 수 있는 방법은 없을까? 방심하지 않고 경계해야 할 몇 가지 위험신호가 있다.

1. 쉽게 피로해짐
싱글아빠들은 하루 일과가 끝날 때 쯤 완전히 지쳐버린다. 좋아하는 텔레비전 쇼를 보기 위해 저녁 내내 깨어 있는 것이 전부다. 집안 구석구석에서 발견되는 일상의 자질구레한 허드렛일조차 자신을 지치게 만든다. 싱글아빠들은 주말을 충분히 쉬면서 보내지만 그조차도 별로 좋아 보이지 않는다. 게다가 질병에 대한 면역력도 예전과 같지 않다. 감기나 유행성 독감은 빠뜨리지 않고 걸리는 듯하다. 어느 날 문득, 직장에서 예전보다 훨씬 많은 병가를 사용한 자신을 발견하게 된다.

2. 수면장애

싱글아빠들은 평소보다 훨씬 더 많은 시간을 잔다. 그렇지만 아침에 일어나기가 점점 더 어려워진다. 자명종을 믿고 잠이 들지만, 자명종 소리가 점점 남의 일처럼 여겨진다. 어쨌든 최근 피곤하다고 느낄 때 짬짬이 눈을 붙이는 방법은 충분히 좋은 착상이다. 그러나 그렇게 눈을 붙여도 피로 회복에 별다른 영향을 미치지 못한다. 여러분은 계속 몸이 좋지 않음을 느낀다.

마음이 불안정하면 지나칠 정도로 거의 잠을 자지 못한다. 잠을 자러 갈 때쯤 이미 지쳐버린다. 물론 잠은 아침까지 잔다. 그러나 한밤중에 갑자기 깨어나기도 한다. 이미 처리했어야 할 일들, 아직 미완성으로 남겨진 프로젝트 등으로 머릿속은 바삐 돌아간다. 아무리 잠을 청해 봐도, 다시 깊은 잠에 빠져들기가 쉽지 않다.

3. 섭식장애

식욕이 없다. 아이들을 위해 식사를 준비하지만, 막상 식탁에 앉아 식사를 하려고 하면, 단지 접시 주변에 음식들을 밀어놓을 뿐이다. 억지로 식사를 하고 나면 한 시간쯤 뒤 제산제를 찾는다. 어렵사리 먹은 것을 확인하는 노력까지 한다(구토). 맵거나 기름에 튀긴 음식이 식탁에 올라오지 않는다 해도 위는 여전히 신트림을 꺽꺽 올려 보낸다.

4. 압도된 느낌

싱글아빠들이 슈퍼 대디가 되려는 노력을 할수록, 어깨를 짓누르는 기대의 무게는 더욱 가중된다. 그러한 노력은 삶을 단순하게 하기보다 오히려 더욱 복잡하게 만든다. 문제를 해결하기보다 오히려 새로운 문제를 창출한다. 그것은 마치 자신이 거대한 소용돌이에 휘말린 것과 같다. 점차 바닥으로 가라앉으면서, "내가 할 수 있는 것은 아무것도 없다."고 느낀다.

5. 무감각한 느낌

압도당하는 느낌 이외에도 싱글아빠들은 변화의 방법이 없다고 생각하기 시작한다. 다람쥐 쳇바퀴 돌듯, 판에 박힌 생활을 반복하면서 마치 삶이 자신을 스쳐 지나간다고 느낀다. 자신의 삶이 절망적인 곤경 속으로 들어가더라도 그것을 애써 중요하지 않게 보려고 한다. 주변을 변화시키려는 그 자체가 몹시 성가시고 귀찮다.

6. 불안한 감정

싱글아빠는 다가오는 모든 것을 안정된 기분으로 받아들이는 일이 점점 더 어려워짐을 발견한다. 아주 하찮은 일들까지 계속 걱정한다. 하루 이틀 계속해서 어떤 계획을 세운다는 것 자체가 불가능해 보인다. 게다가 어떤 것들은 잊어버리기 시작한다. 사람들의 이름, 중요한 전화번호, 자동응답기의 코드번호 등……. 순간 당황스러워 쩔쩔맨다거나 갑자기 머리가 텅 빈 듯 혼란스러워진다.

7. 욕구불만의 감정

한동안 성미가 급해지고 아주 작은 일에도 안절부절못하는 자신을 발견한다. 심지어 자신이 왜 그렇게 화를 내는지조차 잘 모른다. 아이들에게 소리를 지르기 시작하고, 괜히 옆에서 눈치 보는 강아지를 발로 차기도 한다.

게다가 전에 없던 난폭 운전을 한다. 모든 운전자들이 싫어한다는 것을 알면서도 차선을 왔다 갔다 하며 마치 전자 게임하듯 곡예 운전을 한다. 인내심까지 바닥난다. 은행이나 슈퍼마켓에서 줄을 서는 것조차 불가능해 보인다.

8. 무능력한 느낌

급기야 부모로써의 자신의 능력을 의심하기 시작한다. 자신이 스스로의 가장 큰 적이다. 자신이 하는 모든 일에서 결점을 찾아낸다. 게다가 직장에서도 스스로 자신의 성과를 의심하기 시작한다. 자신을 무능하고 어리석다고 본다. 사람들이 자기 주변에 왜 머물지 않으려 하는지 이상하게 생각하기 시작한다.

위 증상들로 고통을 받는다면, 계속되는 다음 장(章)을 숙독하기 바란다. 상황을 개선시킬 대책을 발견하게 될 것이다.

싱글아빠의 휴식

만약 여러분이 전일제 직장을 다니는 전업 싱글아빠라면, 여러분은 참호 속의 병사와 같다. 낮과 밤으로 펼쳐지는 전투에 대비해서 교대 병력도 없이 홀로 참호를 지키는 셈이다. 직장생활과 가정생활 사이에서 여러분은 24시간 대기하고, 지속적으로 에너지를 쏟아 부어야 한다. 어떤 외부의 도움이 없다면 그 대부분의 일은 싱글아빠의 몫이다.

두말할 나위 없이, 싱글아빠에게는 쉬는 시간이 절대 필요하다. 휴식은 싱글아빠로써의 생존에 필수 요소다. 최소한 2주에 하루 정도는 누군가에게 자녀를 맡기고, 마음 내키는 일을 할 수 있도록 자유로워야 한다. 주말 시간을 통틀어 할애할 수 있다면 더더욱 좋다. 아이들을 보살펴 줄 사람은 전처나 친가 가족 중의 한 사람, 유급 베이비시터, 아동보호사, 보모, 친구, 자녀를 가진 이웃 등이다. 가능하면 도움을 주고받을 수 있는 사람이 좋다. 예를 들어, 다른 싱글아빠와 함께라면 격주로 토요일마다 상대의 자녀를 돌봐주면서, 역시 격주로 토요일마다 황금 같은 휴식을 취할 수 있다.

휴식 시간이 결정되었다면, 그 시간에 무엇을 할까? 경험에 의하면, 무엇을 할지 생각하기보다는 '자유로운 토요일에 절대로 하지 말아야 할 일'을 찾는 것부터 시작하라고 충고하고 싶다.

"난 집안 청소를 하지 않을 거야. 난 식료품 쇼핑을 하지 않을 거야. 난 아이들의 새 옷을 사러 나가지 않을 거야. 난 난로랑 진공청소기랑 토스트기를 수리하지 않을 거야. 난 앞 베란다에 페인트를 칠하지 않을 거야. 난⋯⋯."

의심할 여지없이, 이 모든 일들은 우선순위로 처리해야 할 것들이다. 그 일을 해결하면 싱글아빠의 삶을 보다 편하게 만들어 준다. 그러나 그것들은 모두 집안일이다. 싱글아빠가 잠시 홀가분한 기분으로 모처럼 주어진 시간의 즐거움을 만끽하는 것과는 엄연히 다른 지지고 볶는 살림이다.

아이들과 하루 동안 떨어져 지낼 토요일 아침이 오면, 싱글아빠 역할부터 내려놓는 것이 중요하다. 자신의 자유로운 시간을 보내기 위해 결심한 선택이 어떻게 되든지, 싱글아빠로서의 모든 무거운 의무와 책임 또한 내려놓도록 하라. 하루만이라도 자신의 내면에서 살아 숨 쉬는 어린 꼬마를 불러내어, 그 어디에도 매인 데 없이 오롯이 자신만의 한가로운 시간에 기꺼이 초대해라. 아마도 매우 상쾌하고 평화로운 시간을 함께 보낼 수 있을 것이다.

부모의 안전밸브

때때로 휴식 시간을 충분히 낼 수 있음에도 불구하고, 싱글아빠들은 여전히 상당한 시간을 홀로 아이들과 보낸다. 집안의 평정을 유지하고 아이들이 받아들이는 한계 안에서, '부모 스트레스 레벨' 전략을 몇 가지 제안하는 것이 절대적으로 필요하다.

매일 직장에서 집으로 돌아오는 퇴근길에 한 가지 명백한 문제가 발생한다. 싱글아빠 역시 대부분 직장에서 8시간 정도 일을 한다. 그러나 다른 사람들과는 달리 집에 돌아와서 다시 3, 4시간 동안 아이들을 돌봐야 한다. 저녁을 먹고, TV 앞 소파에 맥없이 앉아 있는 것이 싱글아빠가 원하는 전부일 때도 있다.

그러나 쉬는 시간의 호젓함을 빼앗는, 싱글아빠의 주의와 관심을 필요로 하는 사소한 일들이 발생한다. 아이들 중의 누군가는 숙제를 가지러 친구 집에 갔다 와야 된다고 울상을 짓기도 하고, 난로는 수리해 달라고 신호를 보낸다. 아침에 마실 우유가 없다는 것을 뒤늦게야 발견하고 한밤중에라도 편의점에 다녀와야겠다고 중얼거리는 자신을 발견한다. 때때로 또 다른 뭔가에 말려드는 압박감이 밀려오는 상황에 남겨진 자신을 느끼기도 한다.

만약 여러분이 싱글아빠로 살아남으려 한다면, 자신의 마음을 컴퓨터 파일처럼 폴더로 구분할 필요가 있다. 직장이라는 폴더를 닫고 집이라는 폴더로 넘어가듯이, 자연스럽게 시공간을 넘나드는 스위치를 확보해야 한다. 따라서 직장인으로서의 역할을 내려놓고 싱글아빠의 역할로 들어갈 때 정말로 변속 기어를 바꾼다는 인식에서부터 시작하라. 그리고 한 환경에서의 요구와 기대는 또 다른 환경에서의 것과는 전혀 다르기 때문에 자신을 위한 유머 감각이 최상이다.

퇴근하여 현관문에 들어서기 직전, 오늘 하루 직장에서 어떤 일이 일어났든지 자신의 머리를 깨끗하게 청소할 필요가 있다. 아이들은 싱글아빠의 상사나 사장이 더 많은 시간과 노력을 직장에 쏟아 부어야 한다고 요구했거나, 비서가 아파서 결근했거나, 또는 큰 고객을 잃어버린 일 등에는 관심이 없다. 여러분이 현관문에 들어설 때, 아이들은 지금이야말로 그들의 문제를 아빠와 상의할 절호의 기회라 생각하며 달려들지도 모른다. 그들이 아빠에게 요구하는 것은 이해와 완전한 공감이다. 하루 종일 기다렸던 아이들은 아마도 아빠와 마주 앉아 이야기하고 싶어 할 것이다.

그러므로 아이들과의 어울림을 시작하기 전에, 자신을 위해서 적어도 10분 정도의 시간을 갖도록 노력하라. 만약 직장일로 이리저리 이동할 일이 많았던 날이라면, 집에서 몇 블록 떨어진 길가에 차를 세워놓고 잠시 동안이라도 스스로 긴장과 스트레스를 풀도록 하라. 자동차 라디오나 CD에서 흘러나오는 편안한 멜로디의 선율에 몸을 맡겨라. 깊은 산 계곡에 앉아 청량하게 흐르는 물소리를 듣고 있는 자신을 상상해 보라. 상큼한 바람결을 맞으며 가벼운 산책을 할 수도 있겠다. 여러분의 마음을 단순하게 잠시만이라도 표류하도록 하는 것, 그리고 공장이나 회사의 골칫거리와 좌절을 저만큼 밀쳐두는 방법이라면 어떤 것이라도 사용하라. 목표는 여러분이 현관문에 들어서며 아이들과 친밀한 인사를 나눌 기력을 회복하고, 산뜻한 기분을 느끼는 것이다.

무엇보다도, 긴장을 풀기 위한 방법으로 알코올에 의지하는 것은 금물이다. 특별히 힘든 하루를 보냈다면, 스카치 한 잔 정도는 괜찮겠지 하는 마음이 생길 것이다. 그러나 싱글아빠에게 한 잔의 술은 자신을 오히려 우울하게 할 뿐만 아니라, 결국 또 다른 문제에 빠져들게 한다. 아이들에게 좋은 아빠가 되기를 원한다면, 맑은 정신으로 올곧게 생각할 수 있어야 한다.

그러나 모든 것이 최상의 상황이라 하더라도 그저 혼자 있고 싶을 때가 없지는 않다. 여러분의 기분이 좋지 않다고 가정해 보자. 침대에 가서 잠시나마 누워서 쉬고 싶다. 다음날 아침 9시 정각 판매 미팅의 예산 보고를 준비하기 위해 저녁 식사 후에 방해받지 않는 시간이 필요하다. 아빠가 혼자 있어야 한다는 메시지를 아이들에게 어떻게 전달할까?

심지어 여러분이 집에 있을지라도, 집에 없다는 신호를 보낼 방법을 찾으려고 노력하라. 그것은 마치 자동응답기를 발신자 표시가 뜨는 전화로 사용하는 것과 비슷하다. 여러분은 응급 상황이거나 정말 이야기를 나누고 싶은 누군가라면 수화기를 들 것이다. 자녀가 필요로 하는 일이 정말 급한 일이거나 도저히 나중까지 기다릴 수 없을 경우가 아니라면, 아빠가 한 시간만 방해받고 싶지 않다고 아이들에게 이야기하라. 만약 그들이 문제 상황에 빠진다면, 다음을 위해 메모해 두겠다고 아이들에게 확실히 해 두어라.

내가 아는 한 싱글아빠는 방해받고 싶지 않을 때, 집에서 그의 뉴욕 메츠 야구 모자를 쓴다고 한다. 물론 아빠가 모자를 쓰고 있는 동안에는 혼자 내버려둬야 한다는 것을 그의 아이들도 익히 안다. 마찬가지로 그들 또한 아빠로부터 비켜 있는 공정한 게임이라는 것을 안다.

그 밖의 모든 것이 실패했을 때

싱글아빠가 아이들과 맞닥뜨리게 되는 문제들은 아주 사소한 일로 시작해서 때로 격한 감정의 소용돌이로 몰아가 심각한 위기로 발전하기도 한다. 싱글아빠가 열두 살 난 아들에게 거실에 놔둔 그의 재킷을 치우라고 요구했다고 가정해 보자. 아들이 거절하거나 숙제를 끝내고 나서 하겠다고 대답하면, 여러분은 다시 요구한다. 아들은 다시 거절한다. 별안간 싱글아빠의 고함이 터져 나온다. 아들은 교과서를 털썩 내려놓고, 재킷을 집어 들고 씩씩거리며 문으로 돌진한다.

무엇이 잘못되어 아수라장이 되고 말았는지 걱정되는 이러한 종류의 충돌에서 벗어나라. 그저 대수롭지 않게 지나쳤을 사소한 상황이었음에도 불구하고, 아빠와 아들은 감정의 소용돌이에서 허우적거리며 서로 다스릴 수 없는 엄청난 대결 구도로 나아가게 된다. 아빠가 아들에게 재킷을 치우라는 요구가 그리 힘든 일인가? 만약 두 사람 사이가 어긋나 버릴 만큼의 결과가 나온다면 더욱 그렇다. 이런 일이 일어나면 짧으면 이삼 일, 혹은 그 이상이 지나야 부자간에 드리워졌던 먹구름이 가시게 된다. 그제야 비로소 다시 아들과 마음의 거리를 좁히게 되는 것이다.

부모에게 있어서 아이들을 이해하는 지혜도 매우 중요하다. 아이들을 향한 부모의 반응 역시 매우 중요하고 선택적이다. 집에서 발생하는 모든 일에 여러분이 개입해야 해결되는 것은 아니다. 여러분의 개입이 미칠 영향이 어느 정도인지 고찰해 보는 시간을 가져라.

가능하다면, 갈등이 위기로 확대되는 상황에 아이와 함께 하는 것을 피하라. 대개 이런 상황들은 힘겨루기를 포함한다. 한편으로 그들은 문제를 단숨에 끝내는 것으로 느끼기도 한다. 곧 분노가 폭발하기 시작하고 별안간 구경거리가 벌어진다.

여러분이 통제력을 잃을 것처럼 느껴지면, 즉시 타임아웃을 선언하라. 자신을 진정시킬 때까지 잠시나마 집에서 떨어져 있도록 하라. 의자를 가져다 차고에 앉아있거나 근처로 산책을 나가라. 이것은 심각한 일이다. 여러분은 아이를 때릴지도 모르는 증폭된 대치상황을 피하려고 노력하는 것이다. 여러분은 가정에서 일어나는 일에 함께 개입하고 긴장 수준을 낮춰 줄, 또 다른 성인과 같은 안전밸브를 갖지 못했음을 기억하라. 여러분 스스로 그것을 해야만 한다.

타임아웃의 선언은 통제력을 잃었다고 느끼는 가족 구성원 어느 누구도 할 수 있어야 한다. 뒷문 옆에 달걀 한 바구니를 놓아둔 농부 가족의 이야기를 기억하라. 뭔가 힘에 겹다고 느낄 때면 언제라도 바구니에서 달걀을 꺼내들고 마당을 가로질러 헛간 뒤로 가서 오래된 사과 나무를 향해 던진다. 이미 스스로를 가다듬을 기회를 경험한 그들이 제 자리로 돌아왔을 때는 처음 그들을 폭발하게 했던 것과 상관없이 상당히 진정된 상황이다.

여전히 아무것도 효과가 없는 것처럼 보일 때도 있다. 무슨 일을 저지를지 모른 채로 여러분은 스스로를 진정시킬 수 없다. 만약 여러분이 몹시 어려운 궁지에 빠져 있다면, 잠시 아이들을 돌봐줄 이웃이 없는지 둘러보라. 아마도 그들과 통화를 하여 안정을 얻게 될 수도 있다. 비슷한 상황을 겪은 사람들에게서 조언을 얻는 부모 전화 상담 서비스를 찾아봐도 좋다. 어떤 지역에서는 고민하고 힘들어하는 부모들에게 그 어떤 사정도 묻지 않고, 아이들을 하룻밤 머물게 해주는 주거 시설을 후원한다.

결국 위험수위를 넘었을 때에는 그것을 인정하라. 잘못했을 때는 진심으로 자녀들에게 사과하라. 이것은 실제로 서로의 긴장을 줄이고, 의사소통 관계를 회복하는 데에 도움이 된다. 게다가 여러분의 사과는 아빠에 대한 존경을 떨어뜨리기보다는, 반대 상황을 만들어준다. 결국 여러분 또한 한 인간인 것이다.

전문적 도움을 받는 것

여러분은 단지 인간이기 때문에, 싱글아빠로서의 삶이 합리적으로 흘러가게 하기 위해서 전문적 도움을 원하게 될지도 모른다. 도움을 요구하는 자신을 부끄럽거나 불명예스럽거나 당황스럽게 생각해서는 안 된다. 그것이 여러분을 부족한 사람, 실패한 사람, 얼빠진 사람으로 만드는 것은 아니다. 단지 일을 잘 해결하고 삶의 요구에 더욱 잘 대처하기 위해서 도움이 필요할 뿐이다.

예방할 방법을 생각해 보라. 아직 상대적으로 조용한 동안에, 위기 상황 한 가운데에서 자신을 발견하기 전에 전문적 상담이나 치료를 받는 것이 훨씬 낫다. 여러분에게 일어난 최근 상황에 효과적으로 대처하는 방법을 배워야겠다는 생각으로 도움을 요구하는 반사적인 태도보다는, 오히려 사전에 준비하도록 노력하라는 뜻이다.

여러분의 문제를 가족이나 친구들과 끊임없이 나누려하지 말라. 그들이 여러분의 호소를 듣고, 최선의 충고와 제안을 하면서 행복해 할 것은 의심할 여지가 없다. 그러나 그들과의 관계 때문에 그들이 제공하려는 내용이나, 그들이 직접 나서서 밀어붙이려는 열의에 분명한 경계선을 긋기가 여간 어렵지 않다.

반대로, 가장 친한 친구들도 끊임없이 되풀이되는 문제의 장황한 설명에 지칠 것이고, 심지어 여러분과의 관계를 불편해할 것이다. 실제로 사례를 지불하고 들어줄, 전문적인 귀를 제공할 누군가의 도움이 필요하다고 그들이 먼저 제안할지도 모른다.

전문적 상담이나 치료 형태의 도움은 지역사회에서 얼마든지 찾을 수 있다. 여러분의 가정의를 포함한 주변 사람들에게 추천을 부탁해도 된다. 또한 지역의 인정받는 전문적 상담가나 치료자들의 네트워크 명부를 알아보는 지역 서비스에 연락해도 된다. 많은 클리닉에서 현재 외래 환자에게 개인이나 가족 상담을 제공한다. 지방자치단체의 정신보건 센터, 결혼과 가족치료 클리닉, 지역사회 상담 센터, 대학 내 상담 센터, 그리고 개인 클리닉을 포함한다. 지역의 사업 주소지나 전화번호부, 혹은 인터넷에서 상담 · 정신치료사 · 가족치료사를 검색해 보라. 종교를 갖고 있다면 사목이나 목회 상담을 제공하기 위해 특별히 훈련받은 성직자 중의 한 사람과 상담해도 된다.

어떤 타입의 치료가 가장 적합한지의 결정은, 여러분만의 독특한 환경과 욕구뿐만 아니라 지역에서 어떤 서비스가 가능한지에 따라 달라진다. 선택할 자격을 갖춘 전문가들은 상담심리사를 포함하여 임상심리사, 정신과 의사, 가족 사회복지사, 가족치료사, 사목상담가, 집단치료사, 정신보건상담가 등이다. 그중 한 사람의 전문가를 선택하는 것은 여러분을 가장 압박하는 것이 무엇이냐에 달려 있다. 예를 들어, 우울 · 분노나 투약이 필요한 정신 건강 문제라면 정신과 의사를 선택해야 한다.

더불어 치료 과정을 선택하기 전에 전문가의 자격도 확인해야 한다. 상담사와 치료사들은 전문적 서비스를 제공하기 위해서 특정 조건을 만족시키는 자격을 갖추게 된다. 또한 대부분 전문적 멤버십을 갖추거나, 한국에서는 한국상담학회, 한국정신치료학회, 한국가족치료학회, 전문 사회복지사협회, 한국청소년상담원 같은 특정 기관의 인증을 받아야 한다. 최근에는 건강가정지원 센터에서 많은 사업을 전개한다.

전문적 치료비는 도움을 받아야 할 정도로 부담이 되어서는 안 된다. 대부분의 경우, 건강보험료는 특정 요구 사항들과 정책의 한계에 따라서 일반적으로 치료비의 50~80% 정도를 낼 것이다. 현재 몇몇 기업은 정부의 가족친화정책 영향을 받아, 종업원들을 위한 전문가를 회사에 배치해 무료로 상담서비스를 제공하기도 한다. 뿐만 아니라 많은 지역사회 정신보건 센터에서도 이용자들의 급여를 기준으로 슬라이딩 시스템을 적용한다.

치료사가 선택되면, 두 사람이 함께 협력적인 관계를 유지해야 효과적인 치료가 가능하다. 만약 치료사와 맞지 않을 때에는 즉시 의사를 밝히고 치료사를 바꾸도록 한다. 그럼에도 불구하고 계속해야 한다는 의무감에 사로잡히지 말라.

대부분 치료사들은 한 주에 50분씩 진행되는 세션을 10~12번 정도로 구성한 단기 치료 모델을 따른다. 여러분이 안고 있던 문제를 곧바로 치료해 주기도 하지만, 어떤 경우에는 더욱 광범위한 치료가 필요하게 될지도 모른다.

가장 좋은 치료사는 여러분이 신뢰할 수 있다고 느끼는 사람, 특별한 관점을 주장하지 않으면서 여러분이 말하고 싶은 것을 들어주는 사람, 접근이 유연하고 현실적인 사람, 여러분의 최고 관심사를 다루어 주는 사람, 기적이나 즉각적인 치료를 약속하지 않는 사람, 그리고 여러분에게 해야 할 것과 삶을 살아가는 방법을 강요하지 않는 사람이다.

효과적인 치료를 위해 여러분의 치료사가 꼭 이혼 경험이 있어야 하는 것은 아니다. 어쩌면 이혼하지 않은 치료사의 개인적인 편견이 다른 사람보다 덜할 수도 있다. 객관적인 지각 체계를 잘 유지하였기 때문에 이혼하지 않았을 수도 있고, 그러한 치료사의 특성이 실제 상담에 더 효과적일지도 모른다. 그들에게 자녀가 있고 없고도 치료와는 직접 관련이 없다. 그러나 어린이와 어린이의 욕구를 숙지해야 하며, 여러분에게 효과적인 부모 역할이나 자녀 관계의 대처 기술을 제안해 줄 수 있어야 한다. 사실 어떤 측면에서는, 가족체계라는 관점을 고려할 때, 실제적인 가족의 상호 작용을 관찰하기 위해 온 가족이 치료 과정에 동참하는 것이 바람직할지도 모른다.

여러분의 치료 시간을 현명하게 사용하라. 그냥 별 의미 없는 지껄임이나 전처, 아이들, 직업을 불평하지 말라. 치료 세션을 자신에 대해 충분히 탐색하는 시간, 자신의 삶에 보다 바람직한 변화를 가져오도록 희망 가득 찬 전략을 세우는 기회로 삼아라. 여러분은 자신의 내면이 치료 세션을 통하여 드러나기 전에, 오히려 마음속 소용돌이를 내쳐 써 내려가고 싶을지도 모른다.

치료는 완전할 수 없음을 기억하라. 그것은 마술처럼 문제를 사라지게 하지 않는다. 하지만 여러분을 위해 마련된 자리에서 지나간 삶을 되돌아보기도 하고, 과거 갈등과 문제들을 들여다보면서 통찰력을 얻기도 한다. 무엇보다도 여러분의 현재 상황에 효과적으로 대처하면서 지금까지와는 달리 높은 자존감을 회복하게 되어, 자신이 선택하는 미래를 위하여 보다 생산적인 계획을 세우도록 도와주는, 바로 여러분 자신을 위한 기회가 될 것이다.

싱글아빠
가족 레크리에이션

| 집에서 신나는 일들
| 동네 주변의 신나는 일들
| 가족 동반 휴가

싱글아빠 가족 레크리에이션

레크리에이션을 시작하면 아이들은 그저 신이 나서 즐거워한다. 굳이 많은 계획을 세우지 않아도 된다. 싱글아빠가 할 일은 단지 아이들의 마음속으로 들어가는 것이다. 가족 레크리에이션의 방법을 살펴본다.

집에서 신나는 일들

오락 활동을 계획할 때, 그것은 단순할수록 좋다. 아이들과 함께 온 가족이 즐거움을 느끼고 서로 신나기 위해서, 대 활극을 벌여야 할 의무감을 가질 필요는 없다. 어떤 종류든 과장되고 웅장한 것은 피하라. 계획이 정교하고 복잡할수록 실패하거나, 최소한 실망스런 결과를 낳는다. 즐거움을 함께 하기 위하여 값비싼 투자를 할 필요는 없다. 재미있는 활동들 중 대부분은 돈이 들지 않거나 최소의 비용으로 충분하다. 신나게 즐기자는 마음만으로 준비는 충분하다.

즐거움을 느끼고 경험하는 것의 대부분은 스스로 즐기면서 자발적인 공간을 만드는 것임을 기억하라. 정말로 대단한 프로젝트가 아니다. 다음은 싱글아빠와 자녀가 집에서 활짝 열린 마음과 최소의 비용으로 가능한 12가지 활동이다.

1. 토요일 밤에 비디오 영화를 빌려라.

이미 실행중인 가족도 있겠지만, 이제부터 영화를 보다 재미있게 감상할 만한 새로운 묘안을 짜내려고 노력한다. 자녀가 성장했다면 영화 한 편을 아이들이 고르게 한다. 물론 싱글아빠도 마찬가지다. 그 대신 아빠는 최근에 개봉된 영화는 피하고, 고전영화 한편을 고른다. 가끔 옛날 코미디와 드라마 등 텔레비전 프로그램을 빌려보는 것도 묘안이다. 간단한 음료수와 집에서 만든 팝콘이 곁들여지면 금상첨화다.

2. 라디오 쇼의 기쁨을 재발견하라.

당시의 상상력을 지배하던 옛 시절 라디오 쇼 프로그램 가운데 대부분은 오디오 테이프나 CD로 구매하거나 빌릴 수 있다. 아이들은 영화를 보는 것과는 색다른, 듣는 쇼 프로그램에서 새로움을 발견하고 놀랄 것이다.

3. 보드 게임은 가족을 한 자리에 둘러앉도록 한다.

오랫동안 활용되어 왔지만 여전히 훌륭한 방법이다. 대부분의 게임들은 비교적 저렴하고 종류는 끝이 없다. 내가 개인적으로 좋아하는 것들은 사탕나라, 폭포와 사다리, 미스터 위글리, 미안, 스트레이트고, 배고픈 하마, 위험, 어둠의 성, 모노폴리 등이다. 휴가 시즌에 가족을 위한 선물로 새로운 보드 게임을 구입하는 것도 고려해 보라.

4. 퍼즐 맞추기 또한 좋은 집단 활동이다.

퍼즐은 곧바로 구입해도 되고, 지역 도서관에서 빌릴 수도 있다. 퍼즐은 주말 저녁에 온 가족이 함께 시작하여, 그것이 완성될 때까지 주중에 가족이 맞추어 나간다. 퍼즐을 사용하지 않을 때는 비교적 손이 타지 않는 곳에 그대로 보관한다.

5. 한 벌의 카드 게임으로 가능한 다양한 게임을 재발견하라.

개인적으로 좋아하는 것은 크레이지 8, 고 피시 스푼, 카나스타 등이다.

6. 촛불을 켜고, 집안 조명을 어둡게 한 뒤 귀신 이야기를 하라.

벽 한쪽으로 카드 박스에 크레이프 종이와 여러 색깔의 전등불로 벽난로처럼 설치해 보는 것도 기발한 가족 프로젝트가 된다.

7. 각자 좋아하는 요리를 준비하여 저녁을 차려 보아라.

훌륭한 뷔페가 되기도 하지만, 온갖 종류의 혼합 음료처럼 재미있을 수도 있다.

8. 여름날 오후에는 온 가족이 함께 세차를 하라.

세차는 물싸움을 위한 좋은 방편일 수도 있다. 더욱 신나게 즐기려면 이웃의 세차까지 하는 것이다.

9. 뒷마당에 어린이 풀장을 만들어라.

잔디 아래 스프링클러를 돌리거나, 저렴한 어린이 풀장을 모두가 사용할 수 있도록 뒷마당에 꺼내 놓는다. 물을 자주 갈아주고, 잔디 손상을 피하기 위해 풀장을 새로운 위치로 계속 옮겨야 하지만, 어린이들이 무척 즐거워한다. 그러나 아직 어린아이들은 가시거리에서 벗어나지 않도록 하고, 잠시라도 그들만 방치되지 않도록 주의해야 한다.

10. 가을에는 낙엽을 긁어 모아 나뭇잎 싸움을 하라.

11. 저녁시간 TV를 보는 동안을 즐겨라.

등 긁어 주기, 머리 긁기, 발가락 간질이기, 발바닥 문지르기 게임을 한다.

12. 눈이 내리는 겨울밤에는 거실에 텐트를 쳐라.

산 속 호수 옆으로 모두 여름 야영을 온 듯이 상상 놀이를 한다. 그 느낌을 확실히 하기 위해 스테레오에 숲의 숨결이 묻어나오는 자연 음악을 걸어두어도 좋다.

동네 주변의 신나는 일들

여러분의 거주 지역이나 지역사회 주변에서도 다양한 오락 활동이 가능하다. 어떤 것은 무료거나 저렴한 가격이지만, 어떤 것은 꽤 비싸기도 하다. 가급적이면 오락 활동과 관련된 지도를 작성하여 형편이 허락하는 범위 안에서 신나게 즐긴다.

오락 활동은 아이들의 관점에서 싱글아빠가 무엇을 하느냐가 아니라, 그것을 어떻게 운용하는지가 더욱 중요하다. 아이들은 의식적인 행사를 좋아한다. 예측 가능하고 셀 수 있는 것도 좋아한다. 1년 동안 정기적으로 할 수 있는 활동을 선택하라. 좋은 예로, 한 달에 한 번 동물원에 가거나 아이들이 좋아하는 박물관에 갈 수도 있다. 이런 프로그램의 대부분은 매번 티켓을 사는 것보다 훨씬 저렴한 회비로 다양한 정보와 서비스를 제공하는 연간 멤버십 제도를 운영한다.

사람들은 동물원에 가는 것은 여름쯤이 좋다고 생각한다. 그러나 동물들은 그 어떤 곳으로 이동하지도 않고 오로지 그 동물원에서 지낸다. 일 년 내내 계속 열려있는 동물원을 겨울에 구경해 본다면, 의례적으로 여름에 가는 것보다 훨씬 더 많은 것을 얻게 된다. 우선 시즌에 비해 몰려드는 인파가 적다. 적어도 사람들 때문에 밀치거나 떠밀리는 일은 없다. 기다랗게 늘어선 줄을 서지 않아도 될 것이고, 더 뭔가 신나고 멋진 구경거리를 찾아 누군가의 어깨 위로 고개를 빼 들고 낑낑거리지 않아도 된다. 또 동물원 가족 대부분은 시원한 날씨에 훨씬 활동을 많이 한다.

동물원에서의 간단한 규칙이 있다. 동물원 방문을 지난번과 똑같은 순서로 해 보는 것이다. 만약 기린을 보는 것부터 시작했다면 매번 기린 방문을 시작으로 해야 한다. 의외로 아이들은 이렇게 하는 것을 당연하다고 생각한다. 그렇게 해야만 여러분 스스로도 안정되게 즐길 수 있다. 어떤 것을 선택하든 여러분의 임무는 아이들의 마음속으로 들어가는 것이다.

역시 이 분야의 대표적인 활동 12가지를 소개한다.

1. 공항에 가서 비행기 이·착륙을 보라. 터미널을 따라 걸으면서 외국 사람 가려내기, 외국어 식별하기 등의 게임을 한다.

2. 대형 문고나 도서관에서 개최하는 어린이를 위한 이야기 시간을 활용하라. 적어도 일주일에 한 번 정도의 프로그램이 계획되어 진행된다.

3. 공원이나 해변에 가기 위해 하루를 비워 두어라. 피크닉을 위한 가벼운 점심을 준비하여 연날리기, 자전거 타기, 비둘기나 오리 먹이 주기, 원반던지기, 배구나 배드민턴 등을 즐긴다.

4. 집이나 아파트를 장식할 만한 독특한 것을 찾기 위해 중고품 가게, 풍물벼룩시장, 재래시장, 아름다운 가게 등을 찾아 오후를 보내라.

5. 또 다른 싱글아빠 가족과 볼링 토너먼트에 도전하라.

6. 근린 지역 공원도 좋고, 놀이 시설이 갖추어진 공원에서 인라인 스케이트나 눈썰매를 즐겨보라. 또 생태공원이나 철새 도래지에서의 색다른 체험도 좋다.

7. 집 주변을 가볍게 산책하면서 저마다 독특한 모습의 다양한 나무와 꽃 이름 알아맞히기, 지저귀는 새소리를 들으며 동물 이

름 알아맞히기를 해 보라. 지나치다 눈에 딱 들어오는 나뭇잎이나 유난히 정겹게 느껴지는 돌멩이 수집을 시작하고 싶다면 플라스틱 샌드위치 가방을 들고 간다.

8. 지역 쇼핑몰에 운전해 가는 동안 만나는 가게들을 하나하나 들어가 보아라.

9. 지역 스포츠 이벤트에 가라. 고등·대학 축구, 농구나 야구 게임, 테니스 게임이나 아마추어 골프 토너먼트도 좋은 선택이다.

10. 파이와 아이스크림을 사는 것보다 주 경계선을 넘어 트럭 운전사들이 자주 들르는 식당으로 운전해 가 보아라. 주차장에서 얼마나 많은 종류의 자동차 번호판을 발견하게 되는지 눈여겨본다.

11. 아이들에게 특별한 매력을 주는 지역 사업이나 공장을 견학하라. 제과공장이나 장난감 제조 공장 등을 방문하는 것도 좋고, 재미있는 어린이용 드라마가 만들어지는 방송국 스튜디오도 좋은 선택이다.

12. 나른한 여름날 저녁 불빛 아래에서 미니어처 골프를 하면서 시간을 보내라. 12살 이상은 왼손으로 하거나 한 손만 사용하는 것도 재미있다.

가족 동반 휴가

여러분이 8~13세의 세 아이 싱글아빠라고 가정해 보자. 대부분

집이나 지역사회에서 즐기는 전형적인 가족 놀이 활동은 이미 다 해 버렸다. 심지어 친척이나 친구를 방문하고, 말을 타러가고, 스키나 하이킹을 하러 가는 등 짧은 가족 여행도 다녀왔다. 그렇다면 이제는 실제로 가족 동반 휴가를 의논해 볼 차례다.

우리 집의 경우는 좀 특이했다. 휴가 시즌이면 우리는 집에 머무르는 경향이 많았는데, 특히 아이들이 어릴 때는 더 그러하였다. 밖으로 여행을 나가더라도 보통 2, 3일 정도의 캠프 여행으로 그쳤다. 그럼에도 불구하고, 그 시절을 회상할 때마다 우리 가족이 솔트레이크시티(Salt Lake City)에 살았다는 사실이 큰 행운이었다는 마음이 들곤 했다. 반경 500마일 이내에 그랜드캐니언, 자이온 국립공원, 브라이스캐니언 국립공원, 메사 베르데, 그랜드 테톤 국립공원, 엘로스톤 강, 캐니언 랜드, 아치즈 국립공원, 썬 밸리, 공룡 국립공원, 그리고 남서쪽의 사막과 북서쪽의 근해는 말할 것도 없이 미국 서부의 숨 막히는 풍경이 있었다. 우리는 그냥 집에 앉아있을 수 만은 없었다.

그래서 우리는 밖으로 나가기 시작했다. 우리의 첫 번째 공식적인 가족 동반 휴가는 캐피탈 리프 국립공원으로 5일간 캠핑을 간 것이었다. 편도 거리만 약 300마일이었고 차로 대략 6시간 정도 걸렸다. 세 명의 아이들과 딸 친구 하나, 그리고 성인은 나 혼자였다.

나는 여행이 스스럼없이 진행되는 것을 보며 입이 딱 벌어졌다. 우리는 정말 기분 좋은 시간을 보냈고, 모두들 스스로 즐길 줄 알았다. 그 누구도 짜증내지 않았고, 그 누구도 끔찍한 비명을 지르지 않았으며, 차멀미하는 사람도 없었다. 몇 번의 하이킹을 하는 동안 공원 관리인들이 제공하는 캠프파이어 이야기판에도 참여하고, **뺨을**

스치는 서늘한 바람이 기분 좋은 들판에서 자라는 멋진 종류의 야생 아스파라거스도 발견하면서, 우리는 서두르지 않고 편안하게 쉴 수 있었다. 여행하는 동안 위기를 만났다면 아마도 그것은 딸들이 챙긴 배낭 속에 거울이 빠졌다는 사실을 발견한 정도였다. 우리는 원기를 회복하여 상쾌하고 재충전된 느낌으로 집에 돌아왔다. 이후 몇 년 동안 우리 가족은 마치 순례자들처럼 우리가 사는 지역의 가장 아름다운 곳들을 찾아보는 일련의 가족 여행을 시작하였다.

특별한 비결은 없다. 상식의 혼합과 약간의 계획과 그것을 어떻게 구성하느냐가 관건이었다. 싱글아빠 여러분은 아이들과의 여행을 성공적으로 다녀오면, 실제로 전통적인 가족보다 유리한 면을 깨닫고 놀랄 것이다. 싱글아빠 가족은 부부의 의견차이로 비롯되는 티격태격, 기 싸움, 갈등 등의 문제를 사전에 제거하였다. 우리는 어린 시절에 부모의 격렬한 말싸움이 이어지는 동안 뒷좌석에 움츠리고 앉아 있었던 기억을 지울 수 없다. 우리가 무엇을 잘못했는지 몰라 자책하며 기죽어 있었던, 신이 나서 떠들썩하던 아침의 활기가 어이없을 만큼 풀이 죽은 모습으로 끝이 났던 작은 사건들을 기억한다. 결혼한 커플들이 심각한 상황일 때 자동차 여행은 특히 가장 안 좋은 관계로 발전할 가능성이 높다.

다음은 아이들과 여행할 때 마음속에 새겨야 할 몇 가지 구체적인 제안이다.

어디로 가서 무엇을 볼까? 싱글아빠가 마음먹기에 달려있고, 그 가능성도 무궁무진하다. 다만 한 가지 제안하고 싶은 충고는, 목표가 무엇이든지 가볍게 시작해서 점차 여러분의 방식대로 발전시켜 나가라는 것이다. '가볍게' 시작하는 첫날 여행은 반나절 정도의 드라이브로도 충분하다는 것이다. 근처에 머무는 날들도 2, 3일 정도면 적당하다. 모든 아이디어는 가족 구성원의 관심을 고려하면서 긍정적인 경험을 만드는 것이어야 한다. 싱글아빠가 하루 종일 차창을 스쳐 지나가는 풍경만 바라보는 것보다는, 구체적인 목적지를 향해 가는 동안에 앙금처럼 남아 있던 슬픔과 고통마저도 삶의 충만함으로 변화시켜야 한다. 그러나 때로 자동차 여행은 우리를 지치게 해서 최상이었던 기분이 마치 하얀 백지처럼 가물가물해지게도 한다. 그러므로 여러분 마음이 가는대로 주저앉아 짐을 푸는 충분한 시간을 허락하라.

목적지 선택은 거주 지역에서 무엇이 가능한지, 아이들과 즐길 수 있는 것이 무엇인지, 그리고 얼마나 많은 비용이 드는지에 달려 있다. 캠핑을 즐긴다면, 주립공원이 시작하기에 좋은 장소다. 그곳은 비교적 국립공원보다 덜 붐비고, 아직은 유명한 행락지로 소개되지 않아 관광지의 소란스러움이 적다. 만약 텐트에서 자는 것이 흥미롭지 않다면, 아이들과 함께 가족에게 제공되는 리조트도 고려해 보라. 생각만큼 비싸지도 않고, 특히 비수기 요금의 이점을 본다면 더욱 그러하다.

휴가 계획을 세울 때 정보 수집의 최상의 자원은 자동차 동호인 모임이다. 아직 회원이 아니라면, 1년에 5만 원 정도로 쉽게 가입된다. 서비스는 정말 투자할 만한 가치가 있다. 여행 조언, 여행 계획, 여행 책자, 여행 할인, 응급 도로 서비스와 견인에 관한 것 등이 제공된다.

차에 실어 가지고 갈 것 　　자녀들의 나이와 욕구에 따라 다르지만, 다음 내용이 어떨까?

1. 아이들을 위한 베개와 담요.
2. 가장 좋아하는 장난감과 게임.
3. 각자 좋아하는 CD 한두 장, MP3, 헤드폰이나 이어폰(다른 사람들을 방해하지 않으면서 좋아하는 음악을 듣는다).
4. 모두 들을 수 있는 재미있는 이야기 테이프.
5. 가벼운 스낵 종류. 설탕과 소금이 적은 그라놀라 바와 같은 것, 말린 과일, 땅콩, 치즈, 무화과 열매, 자일리톨 껌, 크래커나 칩 등.
6. 음료는 레모네이드, 과일주스, 펀치와 같이 카페인과 설탕이 적은 것.

어떤 싱글아빠는 아이들 각자를 위한 개인용 여행 가방을 함께 놓아둔다. 그 가방은 여행이 슬슬 잘 굴러 갈 때는 열지 않는다. 이러한 시도는 아이들이 그들의 가방을 여는 순간 한껏 호기심으로 부풀어 오르게 한다. 그 속에 무엇이 들었는지 눈망울을 반짝거리며 재미있어 하는 어린아이들에게는 더할 나위 없이 신나는 일이다. 심지어 십대 아이들도 그들이 가장 좋아하는 밴드의 새 음반에 열광까지는 아니라도 그들이 아직 가지고 있지 않은 음반을 싱글아빠가 찾아냈다는 데에 경이로움을 보일 것이다. 궁극적으로 이러한 작은 마음 씀씀이로 얻어지는 즐거움은 차멀미에 약한 누군가에게 책을 읽거나 그림 그리는 것을 단념시키게 하는 가장 좋은 방법이다.

아이와 함께하는 여행 　　대부분의 아이들은 훌륭한 여행자들이다. 그들은 본래 호기심이 많고, 그들 주변의 세계를 탐험하는 것을 매우 좋아한다. 그것은 문제가 되는 곳에 가까이 있다는 의미이기도 하다.

　여러분은 어떻게 여행을 긍정적인 경험으로 만들 것인가? 여기 4 가지 제안이 있다. 여러분은 이미 첫째를 들었다. 짧고 재미있는(사랑스런) 여행으로 시작하라. 둘째, 아이들과 함께 하는 여행은 아이들의 오줌보는 말끔히 비고, 뱃속은 포만감으로 가득 차 있을 때가 최고다. 셋째, 적어도 한 시간에 한 번, 특히 누군가 차를 세워 달라고 요구했을 때 즉시 정차하라. 차를 세워 달라고 요구하면서 아이들은 마치 상황을 통제하는 리더로서의 느낌을 갖는다. 그들은 고속도로 위에 갇힌 죄수가 아니라고 느낀다. 넷째, 조수석은 누구나 탐을 내는 자리다. 반드시 차례를 정하라. 아이들에게 이것은 분명히 큰일이다. 휴게소에서 쉴 때마다 새로운 자리로 옮기는 협상이 이루어진다면, 여러분 모두 공평하고 만족스러운 윈윈 전략 성공이다.

길 위에서의 응급 상황 대처 　　한 무리의 아이들과 함께 떠난 고속도로 위에서 갑자기 차가 서버리는 것보다 더 최악은 없다. 집을 떠나기 전 스페어 타이어의 상태를 확인하고 타이어 잭과 러그 렌치가 제대로 작동하는지 확실히 해두라. 후드 아래의 모든 중요한 오일의 레벨을 확인하라. 트렁크에 여분(1/4정도)의 엔진오일을 준비하고, 만약 라디에이터가 과열되는 경우에 대비하여 생수를 여유 있게 실어라. 스페어 팬벨트, 배전 캡, 점화장치세트, 그리고 송수관 테이프를 포함하는 응급 수리 키트를 함께 가져가야 하는지 자동차 정비소에 자문을 구하라. 덧붙여 상비 기본 도구와 삼각대, 소화기, 6개 정도의 길 조명등과 손전등을 싣는 것이 위험하지 않은지도 물어보라.

어떤 싱글아빠들은 오랜 여행을 떠나거나 멀리 떨어진 지역으로 갈 계획이라면, 카폰이나 내비게이션, GPS, 교통 방송 수신기에 투자하는 것이 좋은 아이디어라고 생각한다. 외부와의 연결을 유지하는 것은 좋은 방법이고, 응급 상황일 경우 실제 유익한 도움을 받게 된다.

마지막으로 항상 차 안에 응급처치 책자와 구급상자를 준비해야 한다. 그 외에 밴드, 붕대, 연고, 살균제, 후각을 자극하여 정신 차리게 하는 약, 두통이 있는 사람을 위해 아스피린이 아닌 진통제와 복통을 호소하는 사람을 위한 비상약 등도 포함된다.

멀미 대처법　　아이가 아프기 시작하면 아름답고 환상적이던 순간들은 순식간에 자취도 없이 사라지고, 자동차 여행은 어찌할 바 모를 안타까움 가득한 현장이 된다. 다른 아이들에게 미칠 영향은 말할 것도 없고, 어쩌면 확실히 휴가를 망칠 수도 있다.

아이를 집에 남겨두고 떠나는 것 말고 멀미에 대처하는 방법은 무엇이 있을까? 첫째, 혹시 근원적으로 치료되어야 할 의료적 문제가 있는지 미리 소아과 의사에게 진찰을 받아라. 가벼운 변비나 중이염처럼 단순한 것일지도 모른다. 이것을 제거하면서 소아과 의사는 메스꺼움을 줄일 처방을 해줄 것이다. 또한 일반적으로 심하지 않은 상황에서 효과적으로 사용하는 비타민제와 같은 몇 가지 의약품들을 약국에서 구입할 수도 있다.

여행 중에 한번쯤 일어날 만한 상황을 예방하기 위한 대안 몇 가지가 있다. 신선한 공기와 가끔씩 창을 활짝 열어 환기를 시키는 것은 아이를 앞자리에 앉히는 것만큼이나 도움이 된다. 차 안에서는 담배를 피우지 말라. 아이가 책을 읽고, 글을 쓰고, 그림을 그리는 것보다 실제로 스쳐 지나가는 경치를 둘러보는 즐거움을 만끽하도록 하라. 아이들 중 하나가 실제로 아프다고 말할 때, 아이의 관심을 전환시키는 몇 가지 마인드 컨트롤을 연습하라.

한 번에 한 아이   모든 자녀들과 함께 여행을 떠나는 것은 행복한 일이다. 만약 가능하다면 한 번에 한 자녀하고만 여행하는 것도 즐거운 일이다. 이러한 계획으로 아빠는 온전히 한 자녀와 훨씬 의미 있는 시간을 함께 보내게 된다. 두 사람 모두 즐길 만한 목적지나 활동을 선택해야 한다. 그러나 아이들 중 그 누구라도 "아빠는 날 사랑하지 않나 봐!" 하는 느낌을 갖지 않도록 세심하게 보살펴야 한다. 모든 아이들은 아빠와 보이지 않는 탯줄처럼 정서적으로 연결되어 있다는 확신을 통하여 자신이 소중한 존재임을 깨닫는다. 그러므로 아빠의 사랑이 모든 아이들에게 균형을 이르도록 확실히 하라. 싱글 아빠들에게 당부한다. 우리 싱글아빠들의 바람은 '완벽한 아빠'가 아니라 '충분히 좋은 아빠'가 되는 것이다.

싱글아빠네
특별한 아이

| 아픈 아이
| 파괴적인 아이
| 영재 아동
| 외동아이

싱글아빠네 특별한 아이

여기서는 싱글아빠가 자녀를 양육할 때 더욱 특별히 표면화되는 아이들의 이야기를 하려 한다. 싱글아빠의 자녀가 아플 때, 파괴적인 아이일 때, 영재일 때, 외동아이일 때 발생되는 상황들을 살펴본다.

아픈 아이

아이들이 자라면서 아프지 않을 수는 없다. 싱글아빠는 그들을 위해 더욱 세심하게 보살피고 안락함을 마련해 주려한다. 그러나 뜻대로 잘 되지 않고 진땀만 나는 게 이런 경우다. 여성이야 아이 둘만 키우면 반 소아과 의사라지만, 남성은 그렇지 못하다. 싱글아빠의 역할이 보다 효과적으로 이뤄지기 위해서 다음 몇 가지를 숙지해야 한다.

우선, 자녀의 병력을 통하여 증상을 규정해야 한다. 지속적인 두통, 열, 인후염, 목이 쉼, 부은 얼굴, 귀앓이, 구토, 설사, 지속적인 마른기침, 호흡곤란이나 부자연스러운 호흡, 식사 습관이나 수면 습관 변화, 보기 드문 발진, 어떤 식으로 설명되지 않는 근육 통증이나 경련 가운데 사소하게 보이는 어떠한 증상이라도 방심해서는 안 된다. 급할 때 손쉽게 찾아볼 의학용 참고 서적을 비치하는 것이 가장 좋다. 웬만한 증상은 책의 부록 부분에 바로 여러분을 위해 편집한 것처럼 정리되어 있다.

다음으로, 가족의 주치의를 만나는 스케줄이나 정기적인 의료 검진 일정을 기억해야 한다. 다음 중 어떤 한 가지 증상이라도 지속된다면 즉시 연락을 하라.

24시간 이상 지속되는 열, 지속적이고 반복되는 인후염, 심한 기침 또는 목이 쉼(특히 2세 이하의 자녀), 심각한 추락이나 사고, 의식을 잃음, 머리의 타격, 경련, 호흡곤란 등을 포함하는 응급 상황의 경우는 주치의나 클리닉에 즉시 알려라.

질병 진단은 전문가에게 맡기는 것이 최선이다. 조기 발견과 적기 치료는 질병의 정도를 통제하면서 합병증 가능성을 감소시키고, 더 심각한 건강 문제로 발전할 가능성을 미연에 제거한다.

싱글아빠들은 가정에서 안전하게 수행하도록 보편적인 응급조치법을 교육받아 두어야 한다. 코피, 벌레 물림, 숨 막힘, 기절, 살짝 베임, 데임, 가벼운 타박상의 치료를 포함한다. 또 전화기 옆에 지역 독극물 해독 센터 전화번호를 비치하라.

약을 복용하는 자녀에게 조치해야 할 사항도 숙지한다. 아스피린을 포함한 모든 약품을 피하고, 복용량과 처방전 없는 의약품이 영향을 미칠 수 있는 모든 가능성을 조심한다. 사실 이 경우, 주치의나 클리닉에 자세한 정보를 주는 것이 최선이다. 그들이 온전히 투약하는지 살펴보고, 치료 과정이 완전히 끝나는 것을 확인하라. 이것은 특별히 전체를 복용했을 때만 효과를 보는 항생제 같은 약물과 관련해서 중요하다.

아픈 아이를 집에 혼자 두어도 괜찮은 때가 언제인지 알아둔다. 아이가 순조롭게 회복되는 과정이라든가, 고열이나 더 이상의 걱정할 만한 증상이 나타나지 않아야 한다. 그렇더라도 필요한 음식물이 충분히 제공되는지 점검하고, 전화로 자주 확인을 하라. 자녀가 아빠랑 연락하는 방법을 아는지 확인하고, 혹시 귀가 시간이 늦어질 경우 도움을 요청할 믿을 만한 친구나 이웃을 확보해 둔다.

마지막으로, 아픈 아이를 언제 학교나 어린이집에 보내야 안전하고 적당한지 알아야 한다. 물론 기관의 유형, 질병의 근원, 아이가 어떻게 느끼는지에 따라 다르다. 그러나 주의한다는 측면에서는 충분해야 한다. 여전히 전염성이 있거나, 미열이나 다소나마 어떤 의미 있는 합병증 증상을 보이는 경우에는 절대로 문밖으로 내보내서는 안 된다. 일단 학교나 어린이집에 보낼 때는 자녀가 아팠다는 것, 질병의 근원, 어떤 약을 복용해야 하는지 등을 알려주면 도움이 된다. 담당 선생님들은 여러분의 노력에 매우 고마워하고, 자녀의 안녕에 관심을 가질 것이다.

파괴적인 아이

아이들이 파괴적인 행동을 보이는 이유에 대해서는 많은 의견이 있다. 그들은 여러분의 관심과 주의를 끌기 위해서 못된 행동을 할 수도 있다. 혹은 학급 친구나 친구 관계에서 문제가 생겼거나, 퍼즐이나 게임이 제대로 풀리지 않아 좌절감을 느꼈거나, 그저 단순하게 너무 피곤하거나 배가 고플 수도 있다.

모든 아이들은 때때로 억압되었던 감정을 실제로 행동한다. 싱글아빠들은 이따금 아이들의 내면에서 소용돌이치는 감정이 폭발하듯 터져 나오는 분노나 짜증을 관대하게 다루는 법을 배운다. 그러나 어떤 아이들은 그 혼란스러운 소용돌이가 너무 자주 일어나기도 하고, 마치 불의의 피해자라도 된 양 씩씩거리며 집안을 휘젓고 다닌다. 단순히 모른 척 넘길 수만은 없는 상황이다.

아무튼 이러한 행동은 싱글아빠가 얼마만큼 견디는가에 따라 달라진다. 때로는 싱글아빠도 아이들 감정에 상처를 주기도 하고, 평정심·인내심·이해심을 잃기도 한다. 그렇게 모든 것이 엉망진창이 되어버린 상황에서, 마치 우리는 무엇을 어떻게 해야 할지 넋이 나가버린 느낌을 받는다. 아빠 역할을 제대로 해내는 것의 어려움을 뼈저리게 느끼게 되는 이런 때야말로 더할 나위 없이 외롭고 힘들 것이다.

따라서 우리는 아동의 파괴적 행동의 근원이 의학적·신체적·심리적·사회적·정서적인 세계에 그 뿌리를 두기도 한다는 사실을 기억할 필요가 있다. 행동을 실천에 옮기기 전에 모든 가능성을 고려해 봐야 한다. 만약 안절부절못하거나 주의력 결핍처럼 보이는 행동이 아직 밝혀지지 않은 의학적 문제나 어떤 질병의 증상과 관련된 것이라면, 아이를 야단치려는 성급함이 오히려 어리석음이 아니겠는가.

파괴적 행동을 보이는 아이는 낮은 학업 성취도, 학교 공포증, 분노 또는 정서적인 외상과 같은 결과로도 나타난다. 그러나 대부분 파괴적인 행동을 보이는 아동의 일반적인 원인은 ADD/ADHD(Attention Deficit Disorder/Attention Deficit Hyperactivity Disorder: 주의력결핍/ 주의력결핍과잉행동장애)로 알려져 있다. 대략 전체 아동의 5~10%가 어떠한 형태든지 ADD/ADHD로 고생한다고 보고되고, 남자 아이들이 여자 아이보다 10배 이상 발생 가능성이 높은 것으로 나타난다. 일반적으로 3세경에 증상이 나타나 지속됨에도 불구하고, 많은 ADD/ADHD 아동들은 취학 연령이 되어 학교에 입학해서야 그들의 파괴적 행동이 교사에 의해 관찰되기도 한다. 그 전까지는 진단은커녕 꿈에도 그러한 의심조차 받아본 적이 없다는 것이다.

ADD/ADHD의 기초적인 증상은 부주의, 충동, 부적절한 행동, 낮은 집중력, 주의산만, 욕구불만의 낮은 내성, 빠르고 예측 불허의 기분 변화, 빈번한 짜증, 그리고 일반적으로 체벌에 둔감하다. ADD/ADHD 아동은 종종 그들의 과제와 활동을 조직화하는 데 어려움이 있으며, 과제를 끝내야 하는 것 자체를 어려워한다. 그들은 주의를 집중하지 않거나, 선생님이 무슨 말을 하는지 아예 관심이 없다는 인상을 줄 수 있다. 그들은 늘 부산스럽고, 종종 한 자리에 오랜 시간 앉아 있기 어려워한다. 그들은 집단 활동에 어려움이 있거나, 친구를 사귀고 친구 관계를 유지하는 데 문제가 있으며, 친구들 사이에서 때때로 부정적인 평가를 받아 따돌림을 당하기도 한다.

ADD/ADHD의 정확한 원인이 잘 알려져 있지 않더라도 역할 요인으로는 유전적인 영향, 임신·출생 시 어려움, 뇌 손상, 병력, 약물 또는 알레르기 반응, 아동기에 앓았던 질병에서 발생되는 합병증 등이 있다.

ADD/ADHD는 뇌의 신경 전달 물질 체계의 화학적 이상을 수반하여 발생한다. 적절한 신경학적인 기능을 위해서 요구되는 필수적인 화학성이 ADD/ADHD 아동의 뇌에는 보이지 않는다. 결과적으로 ADD/ADHD 아동은 삶의 다양한 영역에서 기본적인 발달과업을 완성해 가는 과정 내내 어려움을 겪게 된다.

ADD/ADHD 아동들은 다른 아동과 몇 가지 중요한 방식에서 다르다. 그들의 격한 성미 때문에 친구들과의 관계가 소원하다. 더구나 그들은 자주 시각적인 운동, 미세 운동, 전체 운동과 근육운동의 공동 작용에 제한을 받는다. 그들의 집중 시간은 굉장히 짧기 때문에 주의가 쉽게 분산되며, 한 가지 일을 꾸준하게 하지 못한다. 또한 그들은 참고 억제하고 행동을 통제하는 능력이 부족해서 행동화 경향을 나타내기도 한다.

그들이 정상이거나 정상에 가까운 지능을 가지고 있다 할지라도, 그들은 학교생활에 서툴고, 특히 기억이 요구되는 일, 추상적 사고나 문제 해결에 서툴다. 일반적인 학급에서 이러한 아동은 종종 자리에 앉아있지 못하고, 심하게 떠들거나, 숙제를 해오지 않거나, 순서를 기다리기가 힘들고, 다른 사람을 방해하거나 끼어들며, 친구들의 권리는 전혀 안중에도 없이 존중할 줄 모르는 등의 태도로 교사에게 발견된다. 게다가 ADD/ADHD 아동은 분주함과 복잡함으로 가득한 도심지 한복판에서 마치 발동기가 달린 것처럼 마구 뛰어 돌아다니며, 신체적으로 위험한 활동인데도 불구하고 멈추는 것 자체가 어렵고, 일반적으로 자신의 충동이나 행동을 조절하는 데 어려움을 겪는 것처럼 보인다.

이러한 아동이 정상적인 삶을 살아가기 위해서는, 조기 발견하여 적절한 치료를 받는 것이 무엇보다 중요하다. 만약 여러분의 자녀가 ADD/ADHD로 고생하는 것인지도 모른다는 의심이 들면, 걱정되는 상황을 바로 주치의에게 상담해야 한다. 특정한 의학적 검사가 없을지라도, 주치의는 자녀의 행동에서 가능성 있는 모든 원인을 우선 제거하려 할 것이다. 취약 요인들 중 어떠한 증상에 관한 아이들의 의학적 기록 파일과 마찬가지로, 바로 의학적 검사가 필요할 수도 있다. 여러분의 가정 주치의는 소아과 의사, 심리학자, 신경학자, 아동심리학자와 같이 특히 ADD/ADHD 진단에 전문적 기술을 가진 다른 의학 전문가들과의 상담을 권할 수도 있다.

만약 자녀가 ADD/ADHD 로 진단되었을 경우, 담당 의사와 교사가 최선의 대처 방안에 협조하도록 적극 나서야 한다. 현재 이 아동들의 치료를 위한 접근은 종종 약물의 혼합, 부모 교육, 아동 관리를 포함한다. 집단에서 ADD/ADHD 아동은 약물에 잘 반응하는 것으로 나타난다. 최근의 증거자료들은 약물을 복용하는 아동의 80%가 주의력 증가와 충동 조절, 친구와의 관계가 개선되었음을 보여 준다. 또 그들의 혼란스러움이 감소되고, 수업 시간에 좀 더 집중하는 것으로 나타난다.

여러분은 ADD/ADHD의 근원과 아이들의 기능에 미치는 영향 등 가능한 많은 정보를 수집하는 것이 중요하다. 여러분은 아이에 대한 기대를 수정하려 하고, 통제를 넘어서서 나타나는 행동과 관련하여 체벌을 원치 않을 것이다. 그러나 동시에 여러분은 자녀의 욕구를 최대한 충족시키기 위해 환경을 어떻게 수정해야 할지, 다양한 아동 보호 전문가들과 협력해야 한다. 예를 들면, 특별한 교육 프로그램을 알아볼 수 있다. 일반적으로, 이러한 아동들은 자유롭고 그들의 노력에 대한 보상을 즉각 받는 등, 부적절한 자극으로 방해받지 않는 환경에서 최고의 기능을 나타낸다. ADD/ADHD 아동들은 학교와 가정이 그들을 향한 기대가 무엇인지 명확히 이해했을 때 적절하게 반응한다. 여러분은 학교 교사와 함께 협력함으로써 자녀의 행동 결과에 근거한 관리 체계를 구축해야 한다. 특히 시스템 구축과 같은 수단의 일관성은 성공적인 결과 여부에 매우 중대한 영향을 미친다. 마지막으로, 여러분 자녀에게 ADD/ADHD의 이해를 도울 만한 몇 가지 좋은 책들을 참고하라.

영재 아동

대략 전체 아동의 3~5% 정도가 영재 아동으로 나타난다. 영재 아동은 창의력, 문제 해결, 리더십, 독창성을 포함하는 지적인 기능의 한 가지 혹은 그 이상의 특정 영역에서 우수한 재능이나 능력을 가진 아동을 말한다. 그들은 종종 수학, 과학, 예술 또는 음악 분야에서 특별한 재능을 보인다. 이러한 독특한 재능과 능력은 만약 그들이 일찍 발견되고, 부모와 교사에 의해 지속적으로 강화된다면 무한대로 변화할 수 있다.

영재 아동을 양육하는 일은 쉽지 않다. 그들은 모든 것을 또래에 비해 더 빠른 속도로, 더 이른 시기에, 더 잘 하는 경향이 있다. 이는 갈등과 경쟁의 심화로 이끌지도 모른다. 게다가 영재 아동이 지속적인 지적 자극과 도전의 욕구를 나타낼 때, 특히 그들이 학교에 가게 되었을 때 보통 학급 환경은 지극히 실망스러울 수도 있다. 아이가 영재라는 기쁨은 잠깐이고 그보다 훨씬 많은 시름과 절망의 시간을 보내기도 한다. 이런 아이는 도저히 가르칠 수 없다며 교사가 아예 문제아나 낙제생이라는 꼬리표라도 붙인다면, 그들은 곧 생기 없고 부주의하고 파괴적인 행동을 보일 것이다.

영재 아동 역시 조기 발견이 도움을 제공하는 열쇠가 된다. 여러분은 자녀가 보여 주는 다음의 신호에 기민해야 한다.

- 거의 모든 것에 지칠 줄 모르는 호기심을 보인다.
- 광범위하고 복잡한 단어를 사용하는 등 어휘력이 뛰어나다.
- 상당히 발달된 유머 감각이 있고, 동음이의어나 말장난의 예민함을 잘 사용한다.
- 문제 상황에서 일어날 수 있는 몇 가지 다른 면들을 구체화하며 독창적이다.
- 단순한 것보다 복잡한 행동을 선호한다.
- 어떤 것을 빠르게, 그리고 독립적으로 배운다.
- 기억력이 뛰어나다.
- 계속해서 해석을 찾고 통찰력 있는 질문을 한다.
- 추상적인 사고 과정을 사용한다.
- 수학, 미술, 음악, 연극, 쓰기, 과학, 운동 분야에서 높은 수준의

능력을 보인다.

- 고차원의 신체적 심리 운동 발달을 증명한다.
- 시간 관계에 민첩한 인식을 보여 준다.
- 나이에 비해 높은 수준의 언어와 읽기 능력에 흥미를 가지고 있다.
- 다양하고 복잡한 취미를 추구한다.
- 기민한 이해 능력과 현재 상황의 해석 능력을 보여 준다.
- 하고 싶은 일을 시작하면 몇 시간이고 빠져들어 집중한다.
- 사물 이면의 원인과 이유를 알고 싶어 한다.
- 문제, 퍼즐, 함정 문제 등의 답 찾기를 즐거워한다.
- 반복적인 일과 행동에 조바심을 보인다.
- 놀이와 학업에서 높은 수준의 독창성과 창의성을 보인다.
- 관계를 이해하고 단정을 내리는 우수한 능력을 가지고 있다.
- 사실적인 자료에서 모호성을 찾아낸다.
- 무엇이 옳고 그르며 공평하고 불공평한지 뛰어난 분별력을 가지고 있다.
- 어떤 것을 설명하기 위해 구두로 유추하는 능력을 보인다.
- 권위에 도전하는 경향성을 보인다.
- 자연적인 현상에 가까운 관찰자다.
- 다른 사람의 발견에 열광하고, 발견한 사물에 호기심을 보인다.
- 계획된 시간 이후에도 계속해서 활동하려는 열망을 가진다.
- 생각과 계획에 의해 행동한다.
- 독립적인 행동과 자기 주도적인 학습을 보여 준다.
- 주의 집중하는 시간이 길고 주제에 집중하는 능력이 뛰어나다.

- 다른 사람이 쉽게 핵심 파악을 하지 못하면 혼란스러워한다.
- 왕성한 상상력을 가지고 있다.
- 지극히 높은 수준의 에너지를 보여 준다(힘과 열정이 많다).
- 성취 수준이 높다.

이러한 특성이 영재 아동의 모든 면에서 나타나는 것은 아니지만, 시간이 흐르면서 지속적으로 그중 몇몇 특성이 관찰된다면 세심하게 살펴야 한다. 영재 아동들에게 그들의 특별한 재능과 능력을 증명할 다양한 방법이 주어지더라도, 독특한 재능을 규정하기는 어려울 것 같다. 그래서 대부분의 교육 전문가들은 몇 가지 다른 방법을 조합한 복합적인 규정 접근에 찬성한다. 과거의 지능검사나 성취도 검사는 이 목적을 위해 광범위하게 사용되었다. 그러나 이 접근은 표준화된 검사의 등장과, 기존의 것이 재능을 완전히 예측하거나 설명하지 못했고, 특별한 재능과 능력을 그대로 두어야 했기 때문에 몇 년간 탐탁지 않게 여겨졌다. 대부분의 전문가들은 이제 영재 아동을 확인 할 때 교사와 함께 임상심리사, 카운슬러, 학교 사회복지사와 같은 전문가들의 평가에 크게 중점을 둔다. 그럼에도 불구하고 일반적으로 자녀가 IQ 120이나 그 이상으로 측정되었다면 적어도 상위 집단에서 중간 정도라고 가정할 수 있다.

창조적이고 가능성 있는 영재 자녀를 양육할 방법은 많다. 창의력과 활발한 문제 해결 능력과 상상력을 키워주기 위해 집에 있는 책과 도구를 제공한다. 세상을 다르게 보는 아이들의 경향에 여러분의 의견을 보여 주고, 그들의 개인적이고 독창적인 노력의 표현에 반드시 보상을 하라. 여러분이 아이들의 새로운 생각에 가치를 두고, 그들의 호기심과 질문을 북돋아 주고 있음을 보여 주라. 도전 경험과 다른 종류의 문제 해결 전략을 기획할 상황을 제공하라. 어떤 위험을 감수하는 것을 허락하라. 그러나 반드시 적절한 안전과 보호를 동시에 유지하라. 자녀의 독특성을 받아들여라. 변화를 허용하라. 곧은 사고를 넘어 독창성을 분석하라. 독창성은 종종 비판적인 태도를 포함함을 인식하고, 자녀와 이를 개방적으로 토론할 것을 준비하라. 영재 아동들은 여러분이 답하기 어려운 숱한 질문들을 계속 쏟아낼 것이다. 자녀에게 더 높은 수준의 용기와 자극을 제공해 줄 친구와 다른 성인들을 찾도록 도와주어라.

　영재 아동을 키우는 것은 경험할 만한 가치가 있는 일이지만 부정적인 면도 가지고 있다. 영재 아동은 그들의 역할 조정 문제를 가진다. 열거된 사항을 보면 친구 관계에서 문제가 발생할 가능성이 있다. 영재 아동을 다르게 바라보는 경향 때문에 그들 학급 친구나 친구들에게서 비웃음을 당할지도 모른다. 그들은 자신의 독특함을 받아 줄 다른 친구들을 찾는 데 도움이 필요할지도 모른다. 어떤 영재 아동들은 학습 진도가 맞지 않는 친구들에게 집단 따돌림 당하지 않으려고 그들의 특별한 기술과 능력을 숨기려고 할지도 모른다.

　영재 아동은 또한 자존심에 관한 문제를 가질 수 있다. 모든 일을 완벽하게 해야 한다는 신념이 자신의 가장 나쁜 적이 될 수 있고, 심지어 작은 실수에도 심한 좌절을 경험하기도 한다. 그들은 평균화된 학교교육에 대한 학습 동기가 부족하거나, 비효과적인 학습 습관을 가지거나, 하나의 흥미 또는 구체적인 일에 지나치게 몰두하여 다른 프로젝트나 과제를 무시하기도 한다. 어떤 영재 아동은 특정 학교 과목에 흥미가 없거나 실패의 두려움이 앞서 낙제로 고민하기도 한다.

　비록 자녀가 아직은 어린 영재라 할지라도 이러한 현실적 상황은 파악해야 한다. 사회적(SQ)·정서적(EQ) 지능은 일반 지능(IQ)과 같지 않다. 자녀에게 독립심과 책임감을 점차 강조해야 하지만, 적당한 한계를 유지하라. 비록 무언가 이상하더라도 그들의 노력을 반드시 칭찬하고, 비판하거나 철자 실수 같은 부정적인 결과에 벌하지 마라. 이러한 아동들은 특히 성인에게서 받게 되는 어떤 비판이나 부정적인 피드백에 매우 민감하다. 여러분은 자기 의존에 중점을 둘 필요가 있고, 문제를 그들의 능력 수준에서 풀도록 허용해야 한다. 만약 여러분이 학업 문제의 압력을 최소화한다면 그것은 최선의 방법이지만, 그러나 정직하고 건설적인 투입과 그들이 배울 수 있는 정도의 평가를 제공하라.

　가능하다면 특수 교육기관이나 지역사회에서 개설한 영재를 위한 특별 프로그램에 자녀를 등록한다. 물론 이러한 프로그램들은 대부분 도움이 되지만, 오히려 부작용도 일어날 수 있다. 분명한 이득은 자녀와 똑같이 독특한 방법으로 세상에 접근하는 다른 영재 아동과 상호 작용하는 것이다. 그러나 한편, 자녀가 영재가 아닌 친구들이나 동료들과 점점 관계를 유지하기 어려워하는 모습을 발견할 수도 있다. 여러분이 자녀의 교사, 교장, 카운슬러, 학교 심리사, 학교 사회복지사들과 결정을 내리기 전에 모든 대안을 탐색하는 것이 최선의 방법이다.

　다음은 영재교육 대상자를 포괄성의 철학에 입각해 판별하고 영재교육의 질적 향상에 중추적 역할을 담당하는 기관들이다.

　- 한국교육개발원 영재교육센터

- 영재교육연구원
- 한국영재교육학회
- 한국영재학회
- 한국과학영재학교
- 국내외 영재 사이트

외동아이

여러분이 예상한 것과는 달리, 싱글아빠에게는 몇 명의 자녀 양육보다 한 명의 자녀를 양육하는 것이 더 어려울 수 있다. 한 명 이상의 아이들과의 삶은 바쁘고, 극도로 흥분되고, 혼란스럽다. 그러나아이들이 필요한 시기에 다른 누군가에게 의지할 수 있는 명확한 이점이 있다. 그러나 외동아이를 둔 가정에는 해당되지 않는다. 외동아이를 가진 부모들은 희망, 포부, 기대, 부모로서의 모든 투자를 이어린 한 꼬마에게 쏟아 붓는다. 어떤 외동아이에게는 매우 무거운 짐이 되어, 대체적으로 그러한 압력에 무릎을 꿇는 경향이 있다. 반면 셋 이상의 자녀를 둔 가정의 경우엔 부모의 자식 사랑과 걱정이 비교적 모든 아이들에게 분산된다.

또한 외동아이를 둔 부모의 경우, 아이들의 삶에 지나치게 관여하는 경향과 어떻게 해서든지 부모의 확장으로서 아이를 보려는 경향이 있다. 외동아이에게는 부모와 과잉 동일시하는 과정을 희석시켜줄 형제 같은 완충장치가 없다. 외동아이는 또한 왜 싱글아빠가 제한된 삶의 방식에 집착하는지 예컨대, 왜 낚시를 하거나 여자 친구

집에 머물면서 주말을 보내는 데 자유롭지 못한지 그 이유를 보여 준다고 할 수 있다. 따라서 외동아이는 부모의 감정적 전이를 싫어도 받아들일 수밖에 없는 입장이 된다.

싱글아빠가 양육하는 외동아이는 부모가 정한 우선권과 가사를 배당하는 위계질서에 근거하여 가족 관계를 이루지는 않는다. 외동아이는 성인과의 상호 작용에 길들여져 가족으로서의 역할과 책임감 또한 어른과 거의 대등할 정도로 이루어지기도 한다. 사실 외동아이는 작은 성인으로 대접받기 쉽다. 이것은 성숙을 촉진하고 문제 해결 능력을 북돋아 주기도 한다. 그럼에도 불구하고 외동아이는 아직 그 정도의 책임을 맡을 준비가 되어있지 않다. 더욱이 외동아이는 자동적으로 작동하는 오락과 즐거움의 근원으로 부모를 보는 경향이 있다. 결과적으로 싱글아빠가 외동아이를 양육하는 것은 실제로 몇 명의 자녀를 양육하는 싱글아빠와 비교해 볼 때, 자신의 흥미를 추구하기 위해 확보할 수 있는 자유 시간이 훨씬 적다는 것을 인식하게 될지도 모른다.

외동아이는 부모의 기분 변화에 대처해야 할 상황이 왔을 때 타고난 동맹군이 없다. 따라서 외동아이는 종종 그들 부모의 감정 상태를 읽는 데 전문가가 된다. 이는 아이의 관점에서 이득이 된다.

아이가 학교에 가든지, 캠프에 가든지, 대학에 입학하든지, 친척들을 방문하든지, 친권이 없는 부모와 시간을 보내든지, 분리는 양쪽 모두에게 극히 어려운 경험이 된다. 결국 부모와 외동아이는 친구, 위로를 주는 사람, 지지자 등으로 서로가 서로에게 기대한다. 대부분 그들은 시종 변함없이 함께해 온 경향이 있다. 따라서 분리에 의한 분노는 보편적이지 않고, 이를 준비하기 위해 무언가 필요하다.

다음은 외동아이를 양육할 때 기억해야 할 싱글아빠를 위한 몇 가지 제안이다.

1. 여러분 자신의 확장으로서 자녀를 보는 것을 피하라. 자녀를 개인으로 받아들이고 감사하라. 여러분과 자녀의 유사성만큼이나 다른 점에도 가치를 두어라. 자녀가 그들 자신으로서 존재할 수 있도록 충분한 기회를 허락하라.

2. 여러분의 삶의 방식으로 자녀에게 끼칠 부정적 영향을 걱정하여 숨기고 있을지도 모르는 분노의 감정을 무시하지 마라. 만약 필요하다면 여러분이 싱글아빠가 되었을 때 경험했던 개인적 자유의 상실을 슬퍼하는 시간을 가져라. 그러나 동시에 싱글아빠가 됨으로써 결과적으로 얻게 된 많은 이익과 보상에 감사하는 마음을 가져라.

3. 집안을 운영하는 일에 대등하게 접근하는 것이 좋을지라도 여러분의 자녀가 여전히 아동임을 기억하라. 아이에게 갑자기 성인의 책임을 맡을 능력이 생겼으리라고 기대하지 마라. 결국 여러분은 여전히 부모이고, 할당된 일을 분배하는 것과 우선순위를 정하는 것은 여러분에게 달려 있다.

4. 흥미를 추구하고 집밖에서 활동적인 일에 적극 참여하도록 자녀의 용기를 북돋아 주라. 여러분이 함께 있을 때 신이 날 즐거운 일들을 발견할지라도, 여러분 스스로 각자가 추구하여 할 일을 찾는 것 또한 중요하다.

5. 두 사람 다 결국에는 각자 독립적인 삶을 이끌어 나간다는 사실을 받아들여야 한다. 양육은 본능에 의해 이루어지는 지속적인

과정이다. 이 마지막 문장의 풍자를 무시하지 마라. 그것은 명확히 여러분이 자녀를 사랑하기 때문에 결국에는 분리된 삶을 추구하는 자녀를 기꺼이 놓아줘야 하는 것을 말한다.

딸을 키우는 싱글아빠

딸을 키우는 싱글아빠

싱글아빠가 딸을 양육할 경우, 처음에는 무엇을 어떻게 해야 좋을지, 딸이 여성으로 성장해 가는 과업에 어떻게 접근해야 할지, 확실한 것은 아무 것도 없는 상황에서 아마도 당황할지 모른다. 아들의 경우에는 두 사람의 유사성을 바탕으로 성적 모델 학습이 이루어지기 때문에, 함께 땅을 딛고 서 있다는 느낌은 당연하다. 혹시 확신이 서지 않을 때에는 우리가 소년기에 어떠했는지, 자신의 개인적인 기억을 떠올리면 대개 해결된다. 그러나 딸을 기르는 싱글아빠는 여성 특유의 경험도 없으니, 부딪쳐 오는 수많은 이슈를 어떻게 대처할지 마음의 준비가 어렵게 느껴진다. 그러나 용기를 내자. 아빠와 딸 사이인데, 단순하더라도 사랑과 최선을 다하는 정성이 따른다면, 싱글아빠들도 잘 해낼 수 있을 것이다. 게다가 딸을 효과적으로 양육하는 데 필요한 기술과 전문적 지식을 지원하는 통로도 많다.

싱글아빠와 딸

싱글아빠가 아들을 키우는 데만 집중할 수 있다면 그것은 즐거운 일이다. 그러나 최근 통계는 싱글아빠에게 양육되는 아동의 44%가 딸인 것을 보여 준다. 이는 아빠보다는 오히려 엄마가 딸아이의 복지와 보호에 책임을 가져야 한다는 사회적 통념에 도전한다. 대부분의 사람들은 엄마가 딸의 양육에 명백하게 부적절하지 않다면 아빠가 딸을 키우는 것을 이상하게 보기 때문이다. 그래서 만약에 여러분이 딸을 키우고 있다면, 친구든 이웃이든 친척이든 교사든 학교 상담가든 사회복지사든, 그들로부터 전해지는 염려 섞인 부정적 반응에 대처할 준비가 필요하다.

싱글아빠는 딸과 친밀한 관계를 유지함과 동시에 적절한 거리를 두어야 한다. 아빠의 역할이 중요하다고 생각하면 할수록 부녀 관계에 대해 전문가의 진단을 받고 싶을 수도 있다. 왜 딸이 엄마가 아닌 싱글아빠와 사는지 묻는 질문에 답하도록 준비하라. 계속 방어하듯이 긴장할 필요는 없지만, 때때로 심한 비난을 받을 수도 있기 때문이다.

여러분은 반드시 해 낼 수 있다는 자신감을 가져야 한다. 많은 싱글아빠들은 성공적으로 딸을 키워왔다. 실제로 여러분은 초경과 같은 정서적인 여성 특유의 문제를 객관적으로 수용할 수 있다. 그렇기 때문에 특정 상황에 더욱 적절히 대처할 뿐만 아니라, 개인적인 선입견이나 편견의 영향에서 자유로워진다.

많은 싱글아빠들은 딸이 여성으로 성장하는 데 중요한 역할을 한다. 최근의 연구에 의하면, 아빠와 성장한 딸은 엄마 밑에서 큰 딸보다 더 독립적이고 자기를 신뢰하며, 직업을 선택하는 데 따른 준비를 잘하는 경향이 있다고 주장한다.

아빠와 딸 사이의 관계가 전통적인 가족이든 싱글아빠 가족이든, 성장을 위한 무한한 가능성은 양쪽 모두에게 충족되어야 한다. 물론 여러분은 파티 드레스와 에나멜 슈즈 쇼핑과 십대 소녀들이 모여 밤을 새워 노는 것, 그리고 남자 친구를 대처하는 등 여성 특유의 고민과도 친숙해져야 한다. 실제로 여러분이 딸의 세계로 접근하고자 했을 때 거부당하면 섭섭한 것처럼, 딸이 여러분의 세계로 접근하는 것을 거부한다면 훨씬 더 섭섭해 할 것이다. 결국 두 사람이 함께 지내면서 좋은 관계를 유지하려면 서로의 격려와 지지가 필요하다.

그러는 한편 딸을 키우는 싱글아빠인 여러분에게 다가오는 특정 주제와 친숙해져야 한다. 월경, 성적 관심, 데이트 등이 그것이다.

딸아이의 월경

간단히 말하면, 월경은 임신을 위해 세워진 자궁벽에서 주기적으로 배출되는 조직과 혈액이다. 월경주기는 다양하지만 일반적으로 한 주기의 시작에서 다음의 시작까지 21일에서 35일의 범위 안에 평균 약 28일이다. 주기의 차이는 이상하다거나 비정상을 나타내는 것은 아니다. 월경은 일반적으로 3~7일 정도 지속되고, 혈액 분비의 평균적인 양은 약 90~100g 정도다. 만약에 다음 월경이 시작되기 전에 출혈을 한다면, 즉시 가정이나 의학클리닉의 도움을 받아야 한다.

초경은 보통 12~14세에 시작되지만, 사람에 따라 일찍은 10세 늦게는 18세 정도에 나타날 수도 있다. 월경주기는 초경이 시작된 그 해의 마지막 즈음에 정착하여 일정해야 한다. 딸아이 스스로 월경이 언제 시작하여 얼마동안 지속되는지를 포함하여 주기에 관한 정확한 기록을 남기는 것이 좋다. 이러한 기록을 간직하면 활동 계획을 세우는 일을 포함하여 몇 가지 면에서 도움이 된다.

어떤 사람들은 여전히 월경을 비밀·미신·미스터리·두려움·수치심과 관련된 질병의 일종으로 생각한다. 월경은 자연히 순환하는 것으로, 달의 주기와 유사하여 달의 병으로써 처음 언급되었다. 역사적으로 월경은 저주 또는 비밀로 불렸고, 월경하는 여성은 위험하고 깨끗하지 못한 것으로 생각되었다. 로마의 자연주의자 플리니우스는 세기 초에 월경하는 여성은 마름병을 가진 곡식, 저주받은 정원, 취한 꿀벌, 유산하는 암말 등을 야기하고, 와인을 식초로 바꾸고 우유를 시게 만든다고 말했다. 그는 월경하는 여성들은 신체적·정신적인 활동을 할 수 없다는 일관된 생각을 가지고 있었다. 게다가 월경을 일시적으로 나타나는 정신병의 증상으로 보았기 때문에, 월경 중에 어떤 종류의 책임을 결정하거나 가정한다면 신뢰할 수 없다는 통설이 있었다.

여러분의 딸이 월경에 관한 지식을 갖추려면, 월경을 이해할 만큼 충분히 성장해야 하고, 또 월경에 관심을 가질 나이가 되어야 하지만 사춘기에 도달하기 이전에 반드시 이러한 정보를 알고 있어야 한다. 그렇지 않으면 그녀의 초경 사건은 심각한 충격으로 남게 된다.

특히 첫 월경이 다량이라면, 불쾌함과 심한 생리통을 수반할 수 있다. 물론 그 때문에 심각한 어려움이 야기되지는 않으며, 학교에 가거나 밖에서 노는 등 일반적으로 정상적인 활동이 가능하다. 그러나 월경 중에는 반드시 무언가를 하도록 딸아이를 지나치게 몰아세우는 등의 일은 삼가는 것이 좋다.

게다가 확실한 신체적인 증상 외에도 초경이 주는 심리적이고 사회적인 불편함을 갖게 된다. 또 초등학교에서는 거의 생리대를 갖추어 놓지 않기 때문에, 월경을 시작한 소녀들은 학교에 주머니를 들고 다녀야 하는 등 특별한 적응 문제에 직면한다. 일반적으로 월경 기간에는 위생상 세탁이나 목욕을 할 때 주의할 필요가 있다. 샤워는 해도 되겠지만, 아주 뜨겁거나 차가운 물은 피해야 한다. 질 세척기나 여성 위생 스프레이와 같은 제품의 사용은 필요하지 않고, 실제 꽤 위험할 수도 있다.

최근 두통, 우울, 과민함, 메스꺼움, 복부 통증, 피부와 다른 신체 부분의 통증 등을 수반하는 월경 전 증후군에 관해 알려지고 있다. 딸아이가 순환 주기에 이러한 증상들 중 어느 한 가지라도 경험한다면 가정의나 진료소에 상담하는 것이 최선이다.

싱글아빠의 월경에 관한 태도는 딸아이가 적응하는 데 매우 중요한 요인이 된다. 여러분은 월경과 그것의 대처에 유연해야 한다. 월경의 긍정적인 면에 초점을 맞추도록 시도하라. 딸에게 꽃을 보내거나, 여성으로 성장했다는 긍정적인 메시지를 전달할 어떤 상징을 고려해 보라. 딸이 구체적으로 휴대용 여성 제품을 결정하고 구매하는 것을 도와라. 가능하다면 아이가 펼쳐가는 삶의 여정에서 월경을 자연스러운 일부분으로 받아들이도록 만들라. 초경을 맞이하는 딸에게 파티를 준비하는 것도 하나의 방법이 된다. 성적으로 성숙한 여성이 되었다는 자부심과 엄마가 될 수 있다는 것을 증명하게 된 첫 걸음에 가까운 친지가 모여 축하해 준다면, 자아의식에 긍정적으로 작용하여 심지어 생리통의 유무에까지 영향을 미친다고 산부인과 의사들은 이야기한다.

딸의 성적 관심

청소년기에는 성 호르몬의 분비와 더불어 성적 발육이 시작된다. 일반적으로 소년들보다 소녀들의 사춘기 성적 성숙이 더 빠르다. 따라서 신체 · 성적 성숙도가 심리적 적응에 영향을 미치는 등 적응상의 문제가 발생하게 된다. 또한 20, 30대에 이르는 여러 해 동안 성적인 성장과 관련해 딜레마에 직면한 그들은 결혼을 지연하기도 한다. 십대 소녀들은 그들이 만나는 모든 새로운 감정과 감각과 정서에 끊임없는 질문을 던지는 것처럼, 성적인 욕구를 어떻게 다뤄야 하는지에 대한 의문에도 명쾌한 해답을 얻어야 한다. 우리의 딸아이들은 의심할 여지없이 완전한 성인 관계로 들어가기 전에 긍정적인 신체 자아상과 성적 정체성을 형성해야 한다.

따라서 피임에 관한 정보 제공은 필수 불가결한 것이며, 또한 개방적이고 진솔한 자세로 함께 대화할 수 있어야 한다. 십대들의 임신 비율은 놀라운 속도로 증가하여, 현재 통계적으로 밝혀지는 미혼모는 미국 전체 임산부의 20% 이상을 차지한다. 매년 대략 100만 명의

19세 이하 소녀들이 임산부가 된다. 이들은 대개 미혼이고, 신생아를 책임지고 돌볼 만한 사회적 위치를 확보하지 못할 정도의 어린 여성을 포함하는 원치 않은 임신이다. 그리하여 피임은 중요한 이슈가 되었다.

미국의 가족계획 연합은 우리네 딸들을 위한 훌륭한 자원이다. 대부분의 주요 도시에는 성교육, 피임 교육, 가족계획, 미혼모 상담에 관한 정보를 제공하는 지역 가족계획 센터가 있다. 피임약 정보나 도구의 보급과 마찬가지로 자문과 진단을 위한 의학적인 지원도 가능하다. 관련된 모든 정보는 철저하게 비밀 보장이 된다. 또 대다수의 지역사회는 주립 공공 건강 부서, 가족계획 진료소, 여성 건강 센터 등을 통해 유사한 서비스를 제공한다.

우리의 딸아이가 성적인 행동 패턴을 결정하는 과정에서 피임의 다양한 방법과 도구 사용법의 교육, 임신 예방의 전반적인 효과와 복잡한 문제 또는 원하지 않는 방향에서 일어나는 모든 가능성을 완전히 인지하도록 하는 것이 최선이다. 최근 발표된 데이터에 따르면, 복용하는 피임약은 여전히 피임에 효과적인 방법으로 사용되고, 살정자제 거품이 결합된 콘돔과 페서리나 자궁경부에 씌우는 플라스틱제 피임 기구도 효과적이다. 일반적으로 용인될 수 없는 피임법은 약물투여, 살정자제 거품이 없는 콘돔, 좌약, 질 세척, 배란기 측정법 등이다.

성병 예방은 피임만큼 중요하며 어느 누구도 가볍게 여길 수 없는 문제다. 가족계획과 다른 지역사회 건강 기관들은 정보와 카운슬링을 위한 좋은 자원으로서 도움이 된다. 에이즈로 진단된 수많은 사례가 급속도로 증가하여, 우리 사회의 개인 정보가 보호되는 모든 영역에서 무지 또는 허위 정보가 난무하는 공간은 존재하지 않는다. 여러분의 자녀들은 안전한 성관계를 경험할 수 있어야 하며, 불안전한 성관계를 통하여 엄청난 결과가 발생할 수도 있다는 가능성을 충분히 인지해야 한다. 이것은 단순하게 다시 한 번 주어지는 기회를 노리는 경우는 아니다.

마지막으로, 실제 성적 행동에 반응하는 싱글아빠의 태도는 딸아이 자신의 성적 정체성을 찾는 데에 의미 있는 역할을 한다. 여러분의 행동을 통해 자신이 가정에 세운 모델을 고려해 보라. 예를 들면, 딸과 함께 앉아서 친밀함과 사랑 관계를 이야기하고, 여러분의 삶에서 실제로 대처한 경험 등을 개방적으로 이야기하고 싶어 할지도 모른다. 어쨌거나 경험은 우리들에게 가장 좋은 스승이며, 이러한 관점에서 여러분은 보다 큰 경험을 가진 사람이다. 여러분이 꼭 당부해두고 싶은 이야기를 듣는 딸아이의 진지한 태도에, 아마 여러분은 놀라게 될지도 모른다.

딸아이의 데이트

어느 날 딸아이에게 찾아온 성적 관심은 모든 감정과 욕구와 더불어, 싱글아빠를 비롯한 다른 가족 구성원은 물론 딸의 친구들과도 스스럼없이 나누는 친밀감과 함께 자리 잡도록 해야 한다. 바야흐로 딸의 데이트가 시작된다. 딸아이는 자신이 받아들여지는 것에 대한 열망, 친밀함 그리고 뭔가 바라는 감정을 갖게 된다. 십대 소녀들은 종종 가족과 친구를 통해 경험하는 친밀감과 로맨스를 통해 갖게 되는 친밀감의 차이를 놓고 고민한다. 이것은 청소년기로 옮겨갈 때 꽤 혼란스러울 수 있다. 사실 우정과 사랑의 경계선은 애매하다. 동시에, 여러분은 종종 흉허물 없이 지내던 우정에서 발전하여 거의 최상의 로맨틱한 애정으로 가득 찬 모습의 딸에게 "이게 바로 네 모습이야!" 하고 싶을지도 모른다.

이제 또 여러분의 딸은 자신의 자유와 독립심과 개인적인 자율성을 주장하고 싶어 한다. 이때 만약에 귀가 시간 등을 지나칠 정도로 엄격하게 제약한다면, 결국에는 재앙으로 끝이 날지도 모르는 비밀스런 관계로 딸을 몰고 가는 것이나 마찬가지다. 딸의 행동을 통제하는 방법으로 귀가 시간을 선택하기 보다는, 오히려 딸과 마주 앉아서 몇 가지 지침이나 서로 수용할 만한 타협점을 모색하는 편이 훨씬 낫다. 딸아이는 적어도 자신의 최대 즐거움을 실행에 옮기기 위해서는 아빠의 염려를 이해할 필요가 있고, 아빠 또한 딸아이가 어디에서 누구와 함께 있는지, 언제 집에 들어오는지에 대한 분명한 정보를 가지고 있어야 한다. 물론 여기에 덧붙여, 그것이 딸아이의 독립심인지, 단순히 프라이버시를 지키고 싶은 욕구인지 아빠로서 명확히 헤아려야 한다.

딸이 실제로 누군가와 데이트를 시작했을 때, 싱글아빠가 딸아이의 입장에서 모든 상황을 보려고 노력한다면 매우 훌륭한 도움이 된다. 예를 들면, 딸은 의심할 여지없이 아빠가 자신의 일거수일투족을 지속적으로 확인하는 것을 그만두기를 바란다. 딸은 책임감 있는 행동으로 아빠의 신뢰를 얻고 싶어 한다. 이때 싱글아빠가 딸아이의 남자 친구가 되어 바라본다면 그 또한 큰 도움이 된다. 만약 그가 싱글아빠를 대해보지 않았다면, 여러분에게 위협감을 느낄지도 모른다. 그를 집으로 기꺼이 받아들이려는 노력을 하고, 편안하게 느끼도록 해주고, 가족 활동에 그를 포함시키도록 노력하라. 딸아이와 남자 친구는 둘 다 여러분의 노력에 고마워할 것이다.

싱글아빠가 이 어린 남자를 아는 것과 그가 여러분을 알아가는 것은 중요하다. 데이트 강간이 증가하는 사회 현상을 고려한다면 그 중요성은 아무리 강조해도 지나치지 않다. 딸아이가 단지 "안 돼!" 라는 한마디로 상대방을 충분히 제지할 수도 없음을 이해해야 한다. 따라서 우리의 딸들은 위협적인 상황에 대처하고 성적인 습격으로부터 자신을 보호하는 방법을 교육받아야만 한다.

보고된 십대 소녀들의 강간 사건 절반 이상이 데이트 상대나 아는 사람에 의한 강제적인 성폭력으로 나타나고 있다. 이와 같은 통계는 19세 이전의 어린 여성 4명 중 1명 정도는 데이트 강간의 희생자임을 짐작케 한다. 이러한 통계치는 보고 된 사례에만 근거한 것이다. 강간 피해자는 죄책감, 수치심, 자기혐오 등의 감정을 수반하기 때문에 실제적인 수치는 상당히 높을 수도 있다.

이러한 현상이 증가하는 몇 가지 요인이 있다. 그 중 한 가지는 많은 십대 소녀들이 단지 "안 돼!" 라고 말하는 것만으로도 원치 않는 성적 진전을 충분히 막을 수 있다는 가벼운 오해에서 비롯된다. 정말로 이것이 진실이라면 좋겠다.

몇몇은 단순히 빠져나갈 길이 없다고 느낄 수도 있다. 그들은 자신이 그렇게 하기를 기대하거나, 무드에 취해 성관계에 동의해야만 한다고 믿는다. 게다가 그들은 만약 남자 친구의 요구에 응하지 않았을 경우, 관계를 포기해야 하지 않을까 하는 정서적인 두려움을 가질 수도 있다. 또는 그들의 안전에 실제 두려움을 느끼는 상황이나 환경에서 어찌할 수 없는 자신을 발견할 가능성도 있다. 이성적으로 행동하던 그들의 능력이 술이나 마약으로 손상되었을 수도 있다. 마지막으로 혼란스러운 상황이거나, 혹은 기대 또는 최후의 선을 강요하는 그들에게 맞서서 주장할 수 없을지도 모른다.

그러나 그 무엇보다도 우리가 여기서 이야기하고자 하는 것은, 개인적인 역량 강화의 문제다. 여러분의 딸은 인생의 중요한 국면에서 자신에 대한 통제력을 가져야 한다. 우선, 우리의 딸들은 데이트 강간의 현실을 인식할 필요가 있고, 문제가 일어날 만한 가능성이 감지되는 상황의 판단과 대처 방법을 익혀둬야 한다. 다음으로, 원하지 않는 성교에 대처해야 할 상황이 왔을 때 이겨낼 정신력이나 체력의 한계를 깨달아야 한다. 공격은 항상 최선의 방어라 했다. 상대의 눈을 직시하여 위축되지 않음을 확인시킴은 물론, 큰 소리로 단호하게 말하면서, 침착한 태도로 맞서야 한다. 그래도 상대 남자가 여전히 이해하지 못하면, 우리의 딸들은 육체적으로 자신을 방어하는 방법과 위기 상황을 빠져나오는 방법 등을 사용하는 수밖에 없다. 따라서 이러한 기술과 방법을 사전에 익혀둬야 한다.

성 역할 고정관념

마지막으로, 딸이 성장하면서 맞이하게 될 성 역할 고정관념에 직면한 싱글아빠의 역할을 고려해 보자. 사실 이러한 고정관념은 투명한 신념의 형태로 존재하기 때문에, 많은 사람들은 그러한 신념을 갖고 있다는 사실조차 자각하지 못한 채 사회화된 결과로 학습된 것이기도 하다.

예컨대 텔레비전, 대중매체, 영화, 장난감, 교사, 교과서, 친척, 이웃, 친구 등은 모두 우리의 딸들에게 '소녀는 남자 아이처럼 유능하지 않고, 중요하지 않고, 힘도 세지 않다.'는 메시지를 전달한다. 이를 통해 아이들은 성 정체성을 직·간접적으로 내면화한다. 초기에 많은 소녀들은 결코 소년들만큼 할 수 없다는, 기꺼이 두 번째 자리에 머물러야 한다는, 학교에서 빼어나거나 성공을 위해 노력할 필요가 없다는 관념을 뿌리 내리기 시작한다. 최근 나는 이웃의 다섯 살난 여자 아이에게 앞으로 커서 무엇이 되고 싶은지 물었다. "간호사요!" 어린 꼬마는 자랑스럽게 말하였다. 내가 다시 물었다. "의사가 되고 싶지 않니?" "바보 같은 소리하지 마세요." 꼬마는 마치 나를 다른 행성에서 방금 도착한 외계인을 보듯이 쏘아보며 단호히 대답했다. "여자들은 의사가 될 수 없어요!"

성 역할 고정관념의 주제를 다룬 몇 가지 흥미로운 연구가 이루어졌다. 미국의 교육학자 마이러 새드커 박사는 아동들이 심지어 남자 간호사 안내인이 딸린 여의사를 방문하는 것을 포함한 병원 견학을 방금 마쳤음에도 불구하고, 간호사는 항상 여자고 의사는 항상 남자라는 신념을 갖고 있음을 발견했다. 이런 모순과 직면하게 될 때 아동은 단순히 어른들이 자신들에게 거짓말을 한다고 대답했다. 이와 유사한 초등학교 아동의 집단 연구에서 아동들은 어린 소년이 남성 간호사의 보조를 받는 여의사를 방문하는 비디오를 본다. 그 비디오를 두 번이나 시청하였음에도 불구하고 대다수의 아동은 여전히 의사는 남성이고 간호사는 여성이라고 주장했다. 그렇다면 성 역할 고정관념은 의식의 세계에 한 번 자리를 잡게 되면 극복하기 어려운 것인가. 아동들의 세상에 대한 인식은 그저 단순하게 이미 그들에게 형성된 이전의 신념에 꿰맞추어질 뿐이다.

성 역할 고정관념에 영향을 미치는 근거로, 아이들이 즐겨보는 TV 프로그램, 특히 토요일 아침 만화가 있다. 예외가 있기는 하지만, 대부분의 이러한 프로그램에는 성 역할 고정관념을 강화하는 캐릭터가 등장하여 전통적인 성 역할 이데올로기를 자연스럽고 아름다운 것으로 묘사한다. 남성 캐릭터들은 변함없이 강하고, 힘 있고, 적극적이고, 활동 중심적으로 그려진다. 그들은 리더이고 그들의 용기와 영웅적 자질은 결국 보상받게 되는 문제 해결사다. 반면에 여성 캐릭터들은 수동적이고, 겸손한 것으로 나타난다. 그들은 종종 구조를 필요로 하는 희생자로 나타난다. 어쩌다 그들의 행동이 지나치게 활동적이거나 공격적인 모습으로 부각된다면 실제로 처벌을 받을지도 모른다. 이야기 속의 사건이나 과정에 어떠한 정도로 영향을 끼치는 여성 캐릭터라면 어김없이 그것은 마녀의 모습으로 등장한다.

아동의 장난감과 게임 역시 성 고정관념적인 태도와 행동을 우리 아이들에게 북돋아 주는 경향이 있다. 말하는 바비 인형을 만든 제조업자의 의도는 분명하지만, 뜨거운 물에 들어간 바비는 "수학은 어려워!"라고 말한다. 완구점은 어린 소녀들에게 직업적 활동과 사회적 문제를 추구하는 것이 아니라, 그들이 자라면 집안일을 하고 아이를 돌보는 일을 자연스럽게 수용할 만한 상품으로 넘쳐난다.

이러한 상황은 여러분의 딸이 취학하게 되었을 때 학교는 성 역할 고정관념에 더 충실한 역할을 수행하고 있음을 발견하게 된다. 사실 성 차별적 사회화는 실제로 더 강화되어 갈 수 있다. 그 증거로 교사들이 학급에서 일반적으로 여아들보다 남아들을 더 잘 대한다는 사실이 발견되었다. 교사들은 남아들에게 더 많은 개인적인 관심 속에서 건설적인 피드백을 제공하고, 문제를 짚어주며, 호의적인 수행 평가와 그들의 외모나 선행으로 칭찬을 해 준다. 게다가 교사들은 학업 능력에 건설적인 피드백을 보내려고 할 때에도, 마치 비난하는 것처럼 받아들인 여학생들을 울게 만들까 두렵다고 보고한다.

불행하게도 이러한 환경은 중·고등학교 동안에 더욱 심해진다. 많은 소녀들의 자존감은 12세 정도에 감소하기 시작한다. 이때 아마도 자신감의 위기가 올 수 있다. 미국 대학 여성의 연합 전무이사 앤 브라이언트에 따르면, 그 시기의 소녀들은 주변에서 그들이 살아갈 미래의 모습을 담은 여성들을 보기 시작한다. 여성이 남성만큼 힘이 없거나 존중받지 못하는 모습을 보았을 때, 그들은 그들의 미래를 그리 대단하게 느끼지 않게 된다. 학업 수행 능력은 떨어지고 많은 소녀들은 특히 과학과 수학의 범위를 포함하는 어려운 과목에서 선택적으로 이탈하기 시작한다. 그러나 이러한 상황을 좋은 쪽으로 받아들이려면, 비록 소녀들은 무능하거나 열등하다는 메시지가 계속되더라도 부모들은 자신감을 개선시키고 자존감을 키워 균형을 맞춰주려고 애를 써야 한다는 것이다.

추구하고 싶은 것이 무엇이든지, 이루고자 하는 것이 무엇이든지, 자신의 이해와 신념에 따라 기꺼이 행동하려는 딸에게 용기를 북돋아 주고자 한다면, 여러분에게 다음 몇 가지를 제안하고 싶다.

1. 딸에게 과학과 수학의 영역에서 기본적인 학습 수준을 넘어서 잘 할 수 있다는 확신을 갖도록 용기를 북돋아 주어라. 이러한 과목은 약사, 엔지니어, 건축가, 컴퓨터 과학자, 사업가와 같은

고임금 노동력으로 시장 경제에 참여하는 직업 진로의 탐색과 진입에 건설적인 밑거름으로 회자된다.

2. 딸에게 편향된 성 역할 태도와 텔레비전 쇼와 영화와 책과 매거진에 부각되는 볼거리로서의 여성의 모습에 문제를 제기하도록 하라. 문화 순응적인 모습에서 문화 창조적인 사회화를 위해 딸에게 강하고 능력 있는 여성 캐릭터가 그려진 책을 제공하고, 활발하고 적극적으로 활동하는 여주인공이 등장하는 '미녀와 야수' 버전과 같은 영화를 보러 가라.

3. 그렇다고 여러분의 딸이 인형, 인형 집, 장난감 오븐 또는 다른 전통적인 여성 장난감을 가지고 노는 것을 막지는 마라. 이것을 금지하면 반대의 결과만 초래하게 된다. 그러나 동시에 그녀가 문제 해결과 독창적이고 친밀한 경쟁에 기반을 둔 게임에 참여하도록 용기를 북돋아 주어라.

4. 딸의 학교생활에 다음과 같은 것이 포함되도록 하라. 수업 시간에 발표를 하도록 용기를 북돋아 주고, 선생님의 관심을 받을 건강한 방식을 가르쳐라. 학교 활동을 주관하는 학교 직원들이 단지 치어리더와 같은 응원단만이 아닌 모든 영역에 보다 활동적인 여학생들을 참여시키도록 전략을 수립하려는 의지와 용기에 갈채를 보내라.

5. 딸이 자신의 확장되어가는 세계관을 인지하고 올바르게 인식하도록 도와주라. 그녀가 성장하는 독립과 자유의 감각을 탐색하는 데서부터 시작하도록 하라. 그녀의 용돈, 잡다한 일, 교통수단에 책임감을 갖도록 하라. 항상 그녀를 실망과 위기에서 보호하려고 노력하지 마라. 스트레스를 받는 도전의 경험을 통해 그

녀는 자신의 강점과 능력을 인지하고 올바르게 인식하기 시작한다.

6. 마지막으로, 딸의 인생에서 아빠가 중요한 역할을 한다는 것을 분명하게 인지하라. 소녀가 된 딸은 아빠가 보여 주는 남성의 역할을 관찰함으로써 여성적인 행동을 습득하고, 아빠가 삶의 어려운 상황에 어떻게 대처하는지를 통해 세상과 소통하는 법을 배운다. 싱글아빠의 성공을 딸과 공유하고, 자신의 실패에 철저하게 책임을 져라. 개방적이고 진실한 대화를 유지하라. 함께 있는 시간을 소중하게 여겨라. 이 마지막 사항은 딸이라는 존재가 여러분에게 결코 가볍게 다루어질 수 없는 소중함 그 자체이듯이 늘 명심해야 한다.

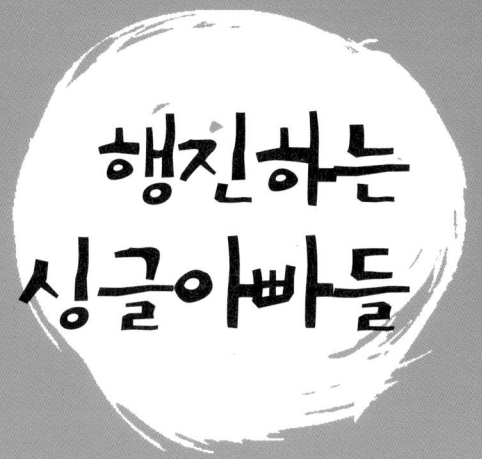

행진하는
싱글아빠들

| 텔레비전에 등장하는 싱글아빠
| 영화에 등장하는 싱글아빠
| 미디어가 자아인식에 미치는 영향

행진하는
싱글아빠들

텔레비전은 우리 세대에 처음으로 등장했다. 1950년대 초반의 아동으로서, 친구와 함께 이웃집 옥상에 설치된 TV 안테나를 확인하고, 그 집을 돌아다닌 기억이 난다. 안테나가 설치된 집에는 TV가 있었고, 당시 TV는 충분한 부의 상징이었다. 우리는 기대에 부풀어 초인종을 누르고, 들어가서 TV를 시청해도 될지 물어보았다.

날마다 계속되는 삶에 의미 있는 역할을 일상적으로 보여 주는 텔레비전, 영화 그리고 미디어에 그 누구도 별 관심을 두지 않았다. 우리는 우리가 보는 것, 듣는 것, 읽는 것에서 분명히 영향을 받았다. 다양한 대중매체는 우리가 사는 세상에 관한 의견, 우리가 사는 물건, 우리 자신의 태도에까지 영향을 미쳤다.

내가 이 책을 쓰기 위하여 자료를 수집하면서, 미국인이 살아가는 다양한 가족의 형태 중 싱글아빠의 역할에 미디어가 아주 많은 관심과 초점을 맞추어 왔다는 것을 발견했을 때 퍽이나 놀랐다. 그것은 최근의 현상만은 아니었다. 실제 텔레비전 쇼, 영화, 그리고 지난 50년간 더 나아진 부분을 포함하는 값진 전통 양식에서도 싱글아빠를 주제로 다루었다.

여기서 우리는 미디어가 어떻게 싱글아빠를 어떻게 표현하였는지 탐색할 것이다. 그러는 동안 우리 싱글아빠가 일반 대중에게 어떻게 비치는지 발견하게 될 것이고, 또한 우리는 스스로를 지각하는 인식의 근원을 벗겨낼 것이다.

텔레비전에 등장하는 싱글아빠

미디어의 기획의도에서부터 기본적인 테마로 싱글아빠를 설정한 텔레비전 쇼가 꽤 많았다. 우리는 이미 다음과 같은 프로그램에서 싱글아빠들을 만났다.

나의 작은 마지, 내 친구 시드니, 소총병, 누가 보스인가, 미혼부, 찰스 인 차지, 가족 일, 은 숟가락, 보난자, 펑키 브루스터, 나의 세 아들, 풀 하우스, 앤디 그리피스 쇼, 나의 두 아빠, 에디 아빠의 구애, 블로섬, 활발하고 귀여운 여자, 빈 둥지, 샌포드와 아들, 스타트랙, 사랑스런 배, 드렉셀의 교실 등 22개다(여기에 앤디 그리피스 쇼의 후기버전 2개를 포함한다면 24개다).

이 수치는 '원 데이 앳 어 타임' '케이트와 앨리' 등과 같이 극히 제한적으로 싱글엄마의 역할에 초점을 맞추었던 쇼와 대조된다. 얼핏 드러난 프로그램 숫자로만 단순하게 비교한다면 미디어의 관점에서는 싱글엄마보다 싱글아빠를 더 수용하는 것처럼 보인다. 실제로 최근까지 텔레비전에 등장한 싱글엄마는 시청률을 높이는 영향을 끼치지는 못하고, 단지 싱글엄마를 사회적 약자의 입장에서 고려해야 할 존재로 대부분 묘사하였다. 할리우드가 실제 이 주제를 어떻게 다루는지 살펴보기 위해 이들 싱글아빠 쇼를 가까이 살펴보도록 하자.

나의 작은 마지　　싱글아빠의 삶을 묘사한 첫 번째 쇼다. 뉴욕 시 행정관인 아빠와 성인이 된 딸과의 상호 작용을 보여 준다. 쇼의 기획의도에서부터 신뢰와 사랑이 담긴 가정의 울타리를 코믹하게 그리고자한 흔적이 보인다. 그러나 그러한 효과를 담아내려 했던 줄거리의 대부분은 딸의 익살스러움이 아빠의 직장과 가정생활을 쑥대밭으로 만들어버리는 에피소드로 가득 차 있다.

소총병　　옛 서부 전직 야구 선수가 싱글아빠로써 기존의 질서와 다른 삶을 위해 투쟁하는 모습을 다루었다.

미혼부　　십대 딸의 양육을 맡게 된 무책임한 바람둥이 아빠의 모습이다.

가족 일　　이란성 쌍둥이 딸과 아들을 가진 부자 싱글아빠 이야기다. 아이들의 양육 방법을 모르는 그는 집사에게 그 모든 책임을 일임한다.

보난자 "싱글아빠가 할 일이 별로 없구나!" 하는 생각이 들게 하는 프로그램이다. 오로지 아빠의 새 부인을 찾아다니는 세 아들과 싱글아빠의 모습을 만날 뿐이다.

나의 세 아들 싱글아빠 주제를 다룬 텔레비전 프로그램 중 가장 초기 작품 중 하나로 꼽힌다. 최근 외톨이가 된 건축가가 활동적인 십대 아들 셋을 양육할 상황에 직면하게 된다. 마침 그의 집으로 이사한 찰리 아저씨의 도움과 지지를 받게 된다.

앤디 그리피스 쇼 외톨이가 된 보안관 아빠와 그의 아들 이야기다. 싱글아빠가 보안관 활동을 하는 동안 집안일을 하는 비 아주머니가 아내와 엄마와 할머니의 역할을 한다.

에디 아빠의 구애 싱글아빠와 아들의 이성에 대한 관심과 외부세계와의 만남이 주제다.

활발하고 귀여운 여자 지방대학 교수인 싱글아빠와 함께 사는 활발하고 귀여운 여자의 생생한 사실적 이야기다.

샌포드와 아들 고철상 아들과 함께 사는 만년의 싱글아빠 이야기다.

사랑스러운 배　　크루즈에서의 로맨스가 주제인데, 부녀 관계가 부차적인 줄거리다. 싱글아빠 선장이 십대의 딸을 유람선에 동반했는데, 선원들도 그 아이를 친딸처럼 보살핀다.

내 친구 시드니　　같은 아파트에 사는 노신사와 어린 소녀의 이야기다.

누가 보스인가　　십대 딸을 둔 싱글아빠와 그 집에 가정부로 고용된 싱글엄마의 이야기다. 싱글엄마인 가정부 아줌마는 지나치리만큼 집안일에 개입한다.

찰스 인 차지　　찰스는 아빠라기보다는 베이비시터임에도 불구하고, 아동가족의 기본적인 돌봄 제공자로서 남성캐릭터가 기능하는 역할을 탐색한다.

은 숟가락　　제트족 전처에게 어린 아들의 양육권을 포기하도록 강요하였던 유별나고 어린이 같은 백만장자는 갑자기 싱글아빠가 된 자신을 발견한다. 역할에 충실하기로 결심한 아빠와 아들은 공통의 관심사를 만들기 위해 고민한다.

펑키 브루스터　　뉴욕의 노숙자 엄마에게 버림받아 고아원에 가게 된 펑키의 곤경을 묘사한다. 도망 간 펑키는 그녀가 숨어들었던 아파트에 살던 이해심 많고 상냥한 할아버지 같은 신사와 친해진다. 결국 그에게 입양된다.

풀 하우스　　성인 남성이 아동 양육의 책임을 공유하기 위해 협상을 전개하는 이야기다. 젊은 싱글아빠는 어린 세 자녀를 키우는 데 도움을 받기 위해 자형과 가장 친한 친구의 도움과 지지를 받는다.

나의 두 아빠　　두 남자가 최근 엄마가 죽은 십대 소녀의 아빠라고 서로 주장했던 토픽을 오래된 '이상한 커플' 주제로 패러디하여 흥미롭게 다뤘다. 두 남자의 주장은 법정에서 증명될 주장이 아니었기 때문에 판사는 그들에게 공동 양육권을 판결했고, 그들이 같은 아파트에서 사는 것으로 협상이 이루어졌다. 소녀를 사이에 둔 한 아빠는 적절하고 까다로운 반면, 다른 아빠는 뒤틀리고 어리석은 사람이다.

블로섬　　싱글아빠와 두 오빠와 함께 사는 십대 소녀 이야기다. 여기에서 흥미로운 점은 이야기가 소녀의 관점에서 전개된다는 것이다. 그녀가 싱글아빠 가정에서 사는 사실은 그저 이야기를 펼쳐나가는 기초적인 배경에 불과하다.

빈 둥지　　다 자란 딸들을 둔 소아과 의사 싱글아빠 이야기다. 최근 신경쇠약에 걸린 큰 딸은 요리사고, 둘째는 경찰관이다. 아빠는 두 딸과 함께 살고 싶어 하지만, 결국 딸들은 각자의 길을 가고, 드디어 홀로 남은 아빠는 자신만을 위한 집을 바라보게 된다.

스타트랙-다음 세대　　아들의 보호를 위탁하게 된 전사의 이야기에서, 미래 시대 싱글아빠를 본다.

드렉셀의 교실　　두 십대 딸을 둔 싱글아빠가 최근 주요 회사의 행정관리 감독자 일을 잠시 그만두었다. 싱글아빠는 도박 빚과 증가하는 이혼 수당 지불과 밀린 세금 계산서에 맞닥뜨렸을 때에야 비로소 돈을 더 벌어야 한다는 필요성을 깨닫게 된다.

그는 옛 교사 자격증을 가지고 나가 3학년 교사로서 직업을 찾는다. 그는 최선의 노력을 다하지만 학생들과 그의 딸 모두에게 끊임없이 휘둘린다.

위의 프로그램들을 분석해 보면, 텔레비전에서 싱글아빠를 묘사하고자 했던 전반적인 경향이 나온다. 그것은 뚜렷한 세 가지 패턴이다.

1. 가사에 대한 호의적인 생각

가족 일, 나의 세 아들, 앤디 그리피스와 같은 초기의 텔레비전 쇼에서는 싱글아빠들은 인자하고, 점잖은 가장이면서 북새통 살림의 소동에도 놀라지 않는 모습으로 묘사된다. 이러한 남자들은 대부분 아내가 불가사의한 상황에서 세상을 떠난 홀아비들로 설정되었다. 다분히 시청자의 동정심을 유발하려는 의도다. 가정에서 이 남성들은 아내나 엄마의 기능을 하는 찰리 삼촌이나 비 아주머니와 같은 또 다른 어른에게 살림과 아이들을 돌보게 함으로써 기본적인 책임에서 벗어난다. 아빠는 아이들과의 거리를 유지하고, 전통적인 가족 신념과 가치를 지켜나가야 한다는 기획 의도를 보여준다.

2. 귀여운 아빠

웃기는 역할을 맡은 싱글아빠의 역할도 있다. 은 숟가락, 나의 두 아빠, 풀 하우스와 같은 쇼에서 싱글아빠들은 집안일을 하는 방법을 아무 것도 모르기 때문에 실수투성이 얼간이로 나타나거나, 현실에서 그런 사람을 만나기는 쉽지 않을 것이라고 느낄 만큼 이상적으로 그려진다. 어느 쪽이든, 이러한 묘사는 현실과 연결되지 못한다.

3. 그리 중요하지 않은 아빠

마지막으로, 최근 몇 편은 그들의 환경에 대해 큰 관심을 보이지 않는 싱글아빠들의 특성을 보여 준다. 블로섬, 빈 둥지, 드렉셀의 교실에서 우리는 좋든 나쁘든 그들이 처리해야 할 집안일과 아이들의 욕구를, 그저 단순하게 처리하여 충족시키는 남성을 보게 된다.

영화에 등장하는 싱글아빠

텔레비전만큼 완전하지는 못할지라도 영화 또한 싱글아빠의 주제를 다루어 왔다. 실제로 지난 20년 동안 많은 영화가 미국 남성들의 역할 변화에 초점을 맞추었다. 1978년 오스카 수상작으로 베트남 전쟁 퇴역군인 이야기인 '귀향'이 발표되자, 할리우드는 남성성의 관념을 기꺼이 부드러움의 한 모서리에 놓는다고 발표했다. 이러한 관념은 수년간 '보통사람들' '애정의 조건' '황금연못' '텐더 머시스'와 같은 영화를 통해 더 탐색되고 정의되었다. 실제로 '텐더 머시스'에서 부드러운 마음을 가진 유랑자 이혼남이 우연히 어릴 때

헤어진 딸을 만나게 되면서, 마음의 고통을 설득력 있고 인상적으로 그린다.

1979년에 발표된 '크레이머 대 크레이머'는 새로운 유행처럼 싱글아빠가 되는 것에 대한 인식을 높였다. 영화는 어린 아들의 보호를 맡게 된 싱글아빠가 시행착오를 거치면서 아들과 함께 새로운 삶을 만들어나가는 모습을 감동적으로 그린다.

특히 싱글아빠를 그린 작품 중에 개인적으로 가장 좋아하는 것은 '알라바마 이야기'다. 지역사회에서 인종차별적인 태도와 맞서 싸워야 하는 남부 변호사와 싱글아빠의 이야기다.

물론 할리우드는 새로운 남성성의 관점을 공유해 왔다. 우리는 '미스터 마마'를 통해 길에서 비틀거리고 실수하면서 갑자기 가정부가 된 아빠를 기억한다. 주목할 만한 장면은 계획한 대로 잘 돌아가지 않는 그의 작은 아이들과 함께 그가 처음으로 집안 청소를 하는 모습이다.

유사하게 '세 남자와 아기' 후속편인 '세 남자와 작은 숙녀'는 기저귀를 갈고, 우유병으로 우유를 먹이고, 아이를 양육하면서 꽤 많은 웃음을 자아낸다. 특정 관객들은 명확하게 의도된 만큼 일상생활을 잘 처리하는 남성의 모습을 선보였다고 주장했지만, 아동 양육은 무능했다.

그러나 다른 면으로, 싱글아빠의 삶에 초점을 맞춰 더욱 진지하고 복잡한 주제로 끌어올린 영화도 있다. 한 가지 암울한 예로, 십대의 두 딸이 살인광의 희생자가 되었음에도, 형사로서의 역할을 계속 해야 할지 고민하는 경찰수사관 싱글아빠의 이야기 '연쇄살인'이 있다.

미디어가 자아인식에 미치는 영향

우리가 자신을 보는 관점과 다른 사람들이 우리를 보는 관점은 둘 다 미디어에서 나타나는 다양한 이미지와 태도의 영향을 받는다. 싱글아빠들이 고민하는 적어도 다섯 가지의 중요한 영향들은 다음과 같이 정리된다.

1. 미디어는 우리에게 가능한 역할 모델을 제시한다.

'크레이머 대 크레이머'는 내가 싱글아빠로써 명백하게 어떠했는지를 올바르게 인식하도록 도와주었고, 결과를 낙관적으로 느낄 수 있는 이유를 제시해 주었다.

2. 미디어의 묘사는 현실성이 부족할 수 있다.

텔레비전 쇼와 영화는 싱글아빠의 의미가 무엇인지 비현실적으로 보여 주기도 한다. '브래디 브런치'를 보면 혼합 가족을 현실과 동떨어진 드라마 속의 인물로 그려냈고, '풀 하우스'와 같은 쇼에서도 싱글아빠가 되는 것의 관련성을 많이 그려낼 수 있었음에도 실제는 설득력이 떨어졌다.

3. 미디어는 우리를 웃을 수 있도록 해 준다.

우리들 정신 건강의 명확한 신호는 우리 스스로를 웃길 수 있는 능력과 우리의 상황에 대해 타고난 유머를 이해하는 능력이다. 건강한 유머 감각을 유지하기 위해서는 싱글아빠로써 우리의 생존이 중요하다. 우리가 우울한 기분을 느끼고, 어떤 것도 올바르게 되어간다고 느끼지 못할 때는 차라리 저녁 시간을 아이들과 '미스터 마마'나 '세 남자와 아기'를 보면서 보내라. 한결 기분이 나아질 것이다.

4. 미디어는 우리와 관련된 이슈를 더 잘 인식시켜 준다.

'텐더 머시스'에서 수년간 떨어져 지낸 뒤에 다 자란 딸을 만나는 장면의 싱글아빠가 상실의 감정에 직면하는 모습은, 우리가 아이들과 함께 살 수 있어서 얼마나 행운인지를 깨닫도록 해 준다. 유사하게 텔레비전 쇼 '빈 둥지'는 우리 아이들이 가정으로부터 떠나가게 될 때 직면하는 몇 가지 이슈를 인식하게 해 준다.

5. 미디어는 다른 사람들이 우리를 어떻게 보는지 가르쳐 준다.

재방영되고 있는 '앤디 그리피스', 현재 상영 중인 '누구의 보스인가' '드렉셀의 교실'과 같은 작품은 우리 주변 사람들의 태도가 텔레비전이나 영화의 영향을 받는다는 것을 보여 준다. 우리는 싱글아빠가 의미하는 것이 무엇인지를 제대로 알거나 잘못 아는 사람들에게 어떻게 접근해야 할지 알아둘 필요가 있다.

미디어는 우리가 좋든 싫든 싱글아빠의 삶은 물론, 우리의 친구와 이웃의 삶에도 영향을 미친다. 이것을 인식하지 않는다면 바로 어리석은 우리 자신을 보게 될 것이다. 또한 동시에 우리가 괜스레 웃거나 울고 싶어질 때 미디어를 이용하여 감정을 다잡을 수도 있다.

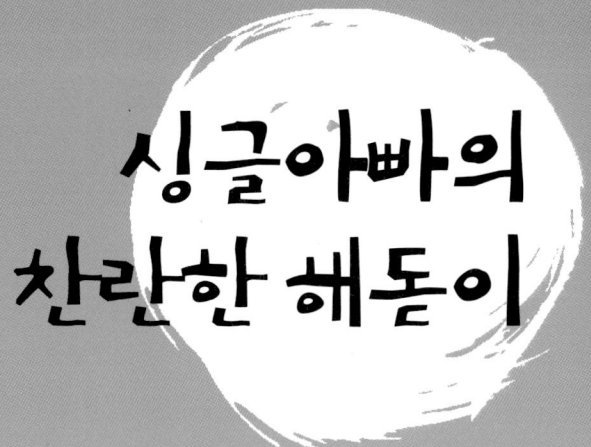

싱글아빠의
찬란한 해돋이

| 그랜드캐니언의 해돋이

싱글아빠의 찬란한 해돋이

"싱글아빠로서의 존재가 우리의 삶에서 겪은 가장 힘든 일이었다."

이 책을 준비하면서 내가 만났던 싱글아빠들의 거의 예외 없는 고백이다. 그러나 그들은 싱글아빠가 '지금까지 겪은 경험 중에 가장 보람 있고 만족스러운 것' 이라고도 했다. 또 싱글아빠라는 '좋지 않은 상황에서 최선을 다하기 위해 노력하고 있다' 면서 다양한 경험을 털어놓기도 했다. 짧게는 몇 년에서부터 10년 넘게 싱글아빠로 살아왔지만, 아내 없이 혼자가 된 순간처럼 완전히 '새로운 아빠가 되어야 한다는 것' 의 의미를 실감나게 느껴본 적이 없다고 했다. 그들은 또한 하루하루 자녀를 양육하면서 기본적인 모든 일을 해내야 한다는 것이, 전혀 상상할 수조차 없는 방식으로 그들의 삶에 영향을 미쳐왔다는 데에 동의했다. 그러나 그러한 경험은 자녀들을 더 깊이 사랑할 수 있었던 감동적인 시간이었다고 이구동성으로 이야기했다. 이제 마지막으로 나는 좀 더 효과적으로 싱글아빠가 기능하는 방법을 보다 상세하게 제안하고자 한다.

1. 자녀 양육을 위한 전반적인 접근을 단순화하라.

싱글아빠는 아이들을 대하는 방식이 항상, 그리고 반드시 기민하고 영리해야만 되는 것만은 아님을 올바르게 인식해야 한다. 아무도 여러분에게 게임이나 오락을 하는 내내 깨어 있어야 하는 의무를 지닌 '사랑스런 배' 의 유람선 지도자 줄리의 역할을 요구하지 않는다. 또한 한 달에 이틀 정도 아이들을 즐겁게 해주는 일차적인 역할만 담당하는 주말 아빠도 아니다.

무언가 지나치다 싶을 때 어떤 일이 발생하는지 보라. 나는 한 때 숲에서 하이킹을 하는 싱글아빠와 그의 어린 아들을 관찰했다. 덤불과 나무를 만날 때마다, 그리고 오솔길에서 그는 멈추어 아들에게 그들이 본 것이 무엇인지 의미 있는 강의를 해 주는 듯이 보였다. 이 아빠는 자연 본성의 궁금증을 아들에게 교육시키면서 옳은 일을 한다고 느꼈고, 이것을 함으로써 그들 사이가 정서적으로 더욱 단단하게 연결된다는 느낌을 가졌을 것이다. 그러나 별로 복잡하지 않은 일에까지 성인의 복잡성을 강요하지 않도록 해야 한다. 그냥 편하게 나무 사이를 걸으면 된다.

나는 한 달에 한 번 동물원에 가는 것과 같은 특정 행동들이 아이들과의 사이에 매우 효과적으로 작용함을 발견했다. 단지 시간을 함께 보내는 것만으로도 즐겁다. 우리가 할 일은 그저 아이들의 마음속으로 들어가 함께 하는 것이다. 모든 사람들은, 우리 어린아이들까지도, 각자의 속도에 맞추어 사물을 탐색하고 발견할 자유를 가진다.

2. 말과 행동을 일관되게 하라.

싱글아빠의 일관성 없는 언행보다 자녀와의 신뢰를 손상시키는 것은 없다. 여러분의 아이들은 오직 여러분에게 달려 있다. 결국 여러분은 그들의 삶 속에 실행 가능성을 제공해 주는 사람이다. 식사 시간, 집안일을 끝내야 하는 시간, 그리고 취침 시간에 이르기까지 일관되게 하라.

아이들은 여러분이 말한 그대로 받아들인다는 것을 기억하라. 여러분이 6시경에 집에 돌아올 것이라고 말했다면, 여러분은 6시경에 집에 와 있어야 한다. 만약 귀가가 늦어지게 된다면 반드시 아이들에게 전화를 하라. 누구라도 어떤 허락을 받고자 할 때, '어떻게 되겠지' '아마도' 등의 말은 사용하지 말라. 또한 약속을 반드시, 그리고 철저히 지키도록 하라. 만약 여러분이 자녀들에게 토요일 오후에 영화관에 데리고 가겠다고 했다면, 반드시 실천하라.

3. 자신에게 맞는 속도가 필요하다.

싱글아빠가 되는 것은 단거리 경주 보다는 마라톤 쪽에 가깝다. 여러분의 목표는 경주에서 가장 빠른 사람이 아니라, 결승점에 여러분의 발이 닿는 것이다. 여러분에게 맞는 페이스가 필요하다. 부모들의 기운이 소진됨은 대부분 모든 것을 한 번에 다 끝내려고 시도하는 데서 발생한다. 간단한 스트레스 관리 기법을 배워 매일 연습하라. 결국 여러분은 비교적 긴 기간 동안 이런 노력을 필요로 할 것이다.

4. 관심사를 추구하기 위한 시간을 찾아라.

스트레스를 줄이는 가장 좋은 방법 중 한 가지는 자신의 외부 관심사나 활동을 유지시키는 것이다. 너무 느슨하면 좋지 않다. 시간을 찾거나 시간을 만들어라. 자녀들은 무엇보다 여러분의 삶에서 아빠가 행복하고 만족하는 모습을 볼 때 여러분을 올바르게 인식한다.

5. 피하는 법을 연습하라.

싱글아빠의 자녀 양육에서 최선의 접근은 아이들과 내밀한 거리에서 쾌적한 거리로 잠시 떨어지거나, 그들로 하여금 숨을 돌릴 만큼의 시간을 허락하는 것이다. 그들 스스로 자신의 의견을 만들고, 그들이 좋아하는 흥미로운 것을 추구할 기회가 필요하다. 아이들이 만드는 모든 움직임이 미해결된 채 남아 있는 후버 엄마의 이야기를 알 것이다. 후버 아빠가 되는 실수를 저지르지 마라.

6. 반응하는 것에 선택적이 되어라.

여러분이 다른 선택을 할 수 있었다 하더라도, 아마 아이들을 훈련시키는 방법으로 아침 기상 시간을 이용했을 것이다. 앞에서 언급한 것처럼, 농구 게임을 조정하는 것을 생각하라. 몇몇 선수의 과잉 제어가 있었음에도 불구하고 게임을 진행하면서, 휘슬을 계속해서 불어댄다면 결국 모두 화를 낼 것이다. 물론 여러분은 명백한 파울을 발견하면 휘슬을 불어야 하겠지만, 그래도 일정한 정도의 협상 또한 가능해야 한다.

7. 자녀들의 어린 시절을 보호하라.

아이들의 어린 시절은 단 한 번뿐이어서, 그들이 할 수 있는 만큼 즐기도록 허락하는 것은 중요하다. 싱글아빠 가정에서 성장한 아이들은 의심할 여지없이 양부모 밑에서 자란 아이들보다 집안일의 공평한 분배와 집 주변 심부름을 더 잘한다. 그렇다고 그들이 성인의 역할을 해낼 것처럼 기대해서는 안 된다. 여러분의 기대가 무엇인지, 그리고 자녀들의 발달 수준과 성숙과 책임감 등 본인의 능력을 올바르게 인식하는지 주의 깊게 살펴보라.

8. 동시에 모든 것을 할 수 없음을 인정하라.

우리는 이미 슈퍼 대디 신드롬을 피하기 위한 방법을 이야기 했다. 결론은 싱글아빠로써의 한계를 알고, 여러분에게 청하게 될 많은 요구 패턴에 대처할 방법을 확인해야 한다. 슈퍼 대디가 되기 위해 노력하는 싱글아빠들은 그리 오랫동안 버티지 못한다.

9. 한 번에 한 가지씩 행하라.

이론상 이 훈계는 더 이상 들을 필요가 없다고 여겨질 정도다. 그러나 실제 상황에서는 꼭 그렇지만은 않은 이야기인 것 같다. 자녀 중 한 명이 어떤 문제가 생기거나 특별한 관심을 필요로 할 때, 싱글아빠는 자녀 전체에 갑자기 문제가 생기고 특별한 관심을 필요로 하는 상황에 처한 것을 발견할 수도 있다. 여러분은 들것만으로 충분한 환자인가, 즉각적인 처치를 필요로 하는 환자인가, 치료가 약간 지체되더라도 생명에 지장이 없는 환자인가 순간 판단을 정확하게 해야 하는 육군 이동 외과 병원의 의사들과 흡사하다. 물론 짧은 순간에 정확한 판단을 필요로 하지만, 결국 모든 사람들이 치료를 받는다.

10. 잘못했을 때는 즉시 사과하라.

싱글아빠가 된다는 것은 마치 여러분의 바지 엉덩이에 불이 붙어 허둥대는 것과 같다. 그리고 여러분은 늘 실수하지 않을까 하는 걱정에 얽매이지 않을 수 없다. 그래도 괜찮다. 싱글아빠 역할이 수월할 것이라고는 그 누구도 단언하지 못한다. 오히려 걱정스러운 것은 이미 실수로 엉망이 된 일을 책임지지 못하는 것이다. 따라서 여러분이 실수했다는 판단이 서면 바로 사과하라. 인간인 이상 실수는 하게 되고, 인간이 저지른 실수이기 때문에 인간의 힘으로 회복도 가능하다. 더구나 부자 관계는 인간관계에서 가장 회복력이 강한 관계가 아니던가. 전심전력으로 좋은 아빠가 되려고 노력하는 여러분을 아이들은 더욱 더 사랑하고 존경할 것이다.

11. 가정과 직장에서 책임을 다하기 위해 조화를 이루도록 하라.

직장도 중요한 일이고 원만한 가정생활 역시 소홀히 할 수 없는 문제다. 그러나 여러분의 직장생활을 조율해야 하는 상황은 분명히 등장한다. 아픈 아이를 돌보기 위해, 부모·교사 모임에 참석하기 위해, 아이들 중 누군가를 의사나 치과의사에게 데려가기 위해 계획에 없던 월차나 휴가를 내야 할 때는 상급자나 고용주와 협상해야 한다. 여러분의 업무 스케줄이 바뀔 수 있고, 잔업 수당의 감소나 삭감, 또는 여러분의 총 업무 시간을 줄이게 될지도 모른다. 한편 여러분은 업무상 출장이나, 집에서 아이들과 함께 보내는 시간이 줄어들 수밖에 없는 연구 과제를 받는 데 점차 난감해하는 자신을 발견할지도 모른다. 가족을 부양하면서 직장에서도 자아실현이라는 목적을 달성하고 싶은 진퇴양난의 상황에서, 결국 승진을 놓치거나 보직 변경을 하거나 아예 새로운 일자리를 찾아야 할지도 모른다.

12. 새로운 삶의 불확실성을 받아들여라.

직장 일을 조정한다는 것은 다가오는 미래에 겪게 될 불확실한 수많은 일 중에 한 가지 예에 지나지 않는다. 고용주는 대개 아픈 아이를 보살피기 위해 불가피하게 서둘러 일을 마쳐야만 하는 싱글아빠들의 상황을 받아들일 준비가 되어 있지 않다. 불확실성과 모호함이 여러분의 삶을 둘러싸고 있다는 것은 의심할 여지가 없다. 살아남으려면 이것을 받아들일 필요가 있다. 또한 그 모호함이 여러분 주변에서 골치 아픈 일이 될 수도 있음을 인정하지 않으면 안 된다.

13. 사회적 고립을 피하라.

싱글아빠든 싱글엄마든 똑같이 경험하는 문제 중의 한 가지는 사회적으로 고립되어 간다는 것이다. 따라서 그것이 남성 친구이든, 여성 친구이든, 다른 싱글 부모이든, 또는 결혼한 커플이든 다른 사람과 친구 관계로서 지원망을 확보하는 것이 중요하다.

14. 다른 사람의 충고나 지지를 찾아라.

단지 사회적 삶을 유지하는 것만의 문제가 아니다. 싱글아빠는 일상생활에서 다른 성인의 위로와 이해가 필요하다. 여러분 입장을 민감하게 느끼면서 용기와 지지를 보내 줄 사람들이 꼭 주변에 확보되어야 한다. 다른 사람에게 친밀감을 요청하는 것은 그리 쉬운 일이 아니다. 대부분 우리는 독립심과 자기 확신에 가치를 두고 살아 왔기 때문에, 단지 우리의 개인적인 자원이 고갈되었을 때만 어쩔 수 없이 다른 사람에게 도움을 청한다. 그러니 다른 사람의 지지를 찾지 못한다면 기진맥진해질 것은 불을 보듯 뻔하다.

15. 여러분 스스로 가장 좋은 친구가 되어라.

다른 사람의 지지에도 불구하고 여전히 자신의 가장 좋은 친구로서 행동하는 것은 중요하다. 매일 자신을 위해 기분 좋은 무엇인가를 하라. 저녁에 단 10분이라도 여러분의 머리를 맑게 하기 위해 밖으로 나가라. 양말 서랍장에 오직 여러분 자신만을 위해 쓰려고 작정한 돈을 얼마라도 뚝 떼어서 간직하라.

그랜드캐니언의 해돋이

몇 년 전 나는 아이들과 그랜드 캐니언 북쪽 가장자리에 여행을 다녀왔다. 늦게 도착하였기 때문에 우리는 배낭 등 짐 보따리와 어우러져 하룻밤 잘 수밖에 없는 모텔 방을 겨우 얻었다. 나는 막내와 함께 침대를 써야 했다. 한밤중에 아이는 아프기 시작했고, 침대에 먹은 것을 모두 토했다. 나는 일어나서 침대 시트와 담요를 치우고, 온 정성을 다해 아이를 닦아주고 옷을 갈아입혔다. 그리고 여분의 담요로 잘 덮어준 후에야 아이는 다시 잠이 들었다.

나는 셔츠의 단추를 몇 개 풀고 신선한 공기를 마시기 위해 밖으로 나갔다. 그때가 아마 새벽 5시쯤이었을 것이다. 동쪽 지평선 저쪽 하늘에서 태양의 반짝임과 같은 먼동이 트는 것도 같았지만 사방은 여전히 캄캄했다. 나는 자동차에서 손전등을 꺼내 들고 정처 없이 돌아다녔다. 이윽고 주차장에서 멀리 떨어진 캐니언의 가장자리로 이어지는 5마일 코스를 찾을 수 있었다.

캐니언의 가장자리에 도착한 나는 으스스한 새벽 한기를 녹이려고 납작한 바위 위에 몸을 웅크리고 앉았다. 눈을 들자 하늘은 칠흑 같은 어둠에서 서서히 보랏빛으로, 사암 색으로, 산호 빛으로 바뀌어가고 있었다.

바로 그 순간, 싱글아빠가 된다는 것이 무엇을 의미하는지 나는 깨달았다. 지치고, 춥고, 배고프고, 집으로부터 800마일 떨어진 곳, 눈은 충혈 되고, 토악질한 냄새가 나고, 세 아이를 거느린 바로 나 자신이 거기 있었다. 이러한 모든 묘사대로라면 나는 비참해야만 했다. 그러나 그와 정 반대였다. 나는 솟구쳐 올라오는 희열에 넘쳤다. 결국 나는 그랜드 캐니언 위로 솟아오르는 태양을 보고 있었다.

지금까지 내가 저지른 실수가 무엇이었든 그것은 내 삶을 개척해 나가는 나의 것이었다. 내가 맛보았던 성공이 무엇이었든 그것 역시 바로 내가 얻었던 나의 것이었다. 나는 깊이 숨을 들이쉬면서 내 얼굴 가득 퍼지는 햇살과 부드러운 바람결에 마음을 실어, 지금까지 걸어온 내 삶의 여정을 되돌아보았다. 그 어떤 다른 방법이 아닌 바로 그때 그 방법으로 내가 그 모든 것을 이루어왔다는 생각을 했다. 진심으로 내가 살아 있음에 감사했다.

그래서 마지막으로 짧은 시간, 인내, 노력, 헌신, 그리고 알고 있는 모든 사람을 받아들이고, 이해하는 마음을 가진 여러분 역시 머지않은 미래에 여러분만의 찬란한 일출과 만나게 될 것이라고 말하고 싶다.

지은이 소개

■ Chuck Gregg, Ph.D.

현재 유타대학교 교육심리학과 명예교수이자 APA, ACA 정회원이다. 저자 자신도 이혼한 아버지로서 아이들과 좋은 관계를 유지하기 위해 노력해 왔으며 그 결과 세 아이 모두 전문직에서 일하고 있다. 싱글아빠에 대한 다양한 주제로 강연과 집필 활동을 활발하게 하고 있으며, 싱글아빠와 그 가족을 위한 효과적인 부모역할 프로그램도 진행하고 있다. 아이들과 함께 좋은 환경을 갖춘 Salt Lake, Utah에 살고 있음을 행운이라고 생각한다.

옮긴이 소개

■ 정 은

현재 꽃동네현도사회복지대학교 교수이자 정은가족치료연구소장이다. 가족치료학회 슈퍼바이저로 싱글엄마들의 사회적응을 위한 프로그램 및 상담을 진행하고 있다. 사별한 어머니로서 알파걸로 불리는 딸과 sisterhood를 유지하고 있다. 저서로는 『가족치료 이론과 실제』, 『여성복지론』, 『현대사회복지의 이해』가 있다.

싱글아빠로 살아가기
Single Fatherhood

2007년 9월 15일 1판 1쇄 인쇄
2007년 9월 20일 1판 1쇄 발행

지은이 | Chuck Gregg
옮긴이 | 정 은
펴낸이 | 김진환
펴낸곳 | (주)**학지사** ·

주소 | 121-837 서울특별시 마포구 서교동 352-29 마인드월드빌딩 5층
대표전화 | 02)326-1500 / 팩스 02)324-2345
홈페이지 | http://www.innerbooks.co.kr
등록 | 2006년 11월 13일 제313-2006-000238호
정가 | 13,000원
ISBN | 978-89-92654-00-5 03370

※ 이너북스는 학지사의 자매회사입니다.

이 도서의 국립중앙도서관 출판시도서목록(CIP)은
e-CIP 홈페이지(http://www.nl.go.kr/cip.php)에서 이용하실 수 있습니다.
(CIP제어번호: CIP2007002685)